藏物觅珍

姜晋/著

文心藏趣丛书

百花文艺出版社
BAIHUA LITERATURE AND
ART PUBLISHING HOUSE

图书在版编目（CIP）数据

藏物觅珍 / 姜晋著. -- 天津 ：百花文艺出版社，2012.4
（文心藏趣丛书）
ISBN 978-7-5306-5912-0

Ⅰ. ①藏… Ⅱ. ①姜… Ⅲ. ①文物－收藏－中国 Ⅳ. ①G894

中国版本图书馆CIP数据核字(2012)第041995号

百花文艺出版社出版发行
地址：天津市和平区西康路35号
邮编：300051
e－mail：bhpubl@public.tpt.tj.cn
http://www.bhpubl.com.cn
发行部电话：(022)23332651　邮购部电话：(022)23332478
全国新华书店经销
桓台县方正印务有限公司　印刷

*

开本 880×1230毫米 1/32 印张 10.25
2012年4月第1版　2012年4月第1次印刷
定价：40.00 元

前言 徜徉古玩地摊

对于淘旧物的人来说，地摊是他最乐意徜徉的“风光地”。

近几年里，各大中城市的地摊买卖火得很，特别是捣鼓古玩旧物的地摊异常活跃。或许是已进入了新世纪，怀旧情绪日趋浓郁的缘故，人们对那些历经岁月沧桑的艺术品、工艺品、印刷品等产生了浓厚的兴致，一些大都市里，古玩街建了起来，古玩店开了出来，古玩地摊也见缝插针地摆了开来。

说来也奇怪，众多收藏界的“拾荒者”，无论是款爷，还是工薪族之辈，都有不会放弃每一次逛地摊的机会。那些杂品罗列，风尘仆仆歇地墙角街沿的地摊，比起那高高在上，幽静雅致，书卷气十足的艺术品和古董店来，显得那般粗俗而琐碎，但这里却汇集着四面八方的“淘宝”的脚步，在一片嘈杂声中携带着一双双寻觅的眼睛，沙里淘金，与地摊前南腔北调的卖主们进行着无休止的讨价还价。但是，地摊上的寻觅是兴奋的，富有诱惑力的。那些依然凝聚着岁月光影的青花瓷盘、彩碟、陶罐、老唱机、旧钟表、铜手炉、印章、善本、砚台、墨盒、紫砂壶、帐钩、鞋拔、乃至布衣百姓家中的坛坛罐罐，只要够年纪，有一定的文化含量，总是淘宝者们猎取的对象。这些旧物杂什，如今也都能进古玩店的橱柜，但对众多收藏者来说，这种淘购的乐趣和亲近感远不如地摊来得强烈、实在。

如今的地摊，可以说是锤炼收藏者眼力的“熔炉”。在这种沙金混杂、珍珠鱼目同存的场所，收藏者在一次次淘辨中反省，在反省沉痛的教训中成熟。过去国家的博物馆和文物商店的专家们在民间觅购文物古玩，靠的是自己堂堂正正的专业机构和专家的眼光、经验，而今这种局面已被打破。收藏者、私营业主、古玩商们可以放开手脚去走南闯北寻珍觅宝，以“铲地皮”的手段搜罗各家各户的古董旧物，这其中也不乏被人“明珠暗投”的文物珍宝发现。而过去国家专业文物商店古董经营的生意优势在如今收藏者和古玩商的疯狂淘购竞争正渐渐消失。

如今古玩地摊上诸如瓷器、陶器、铜器、文房用品以及各种竹木牙角雕和书画等等都有仿品、赝品出现，而且制作工艺日益精湛。那些地下作坊和制作工厂制出成品后，混迹于市场的主要窗口就是地摊。经常活动在古玩大市场第一线的生意人在不断实践中长了眼力，积累了经验，也不断充实了资力。而相比之下，没那么多时间“泡”进这市场实战的专业人员反倒渐渐成了文物鉴定和经营的外行。

古玩地摊虽然这般庞杂，这般良莠混沌，但偏偏有很多人从这里起步，最后成了收藏家，成了古玩富商。我想，逛地摊是一门大学问。

目录

家中有瓷 / 001
奇石“清供” / 010
天赐“雨花” / 018
独具风采的古代犀角雕 / 026
会唱曲的风筝 / 032
雕花水烟筒 / 037
核舟神技 / 041
核里乾坤 / 048
赏用两美的小提琴 / 055
北戴河淘贝 / 061
“竹林七贤”话竹雕 / 068
“留青”刻竹 / 072

铁笔浅刻竹臂搁 / 076
竹根雕里的“渔家乐” / 080
“捡漏”竹雕古笔筒 / 086
特殊年代的红像章 / 094
一幅未被尘封的沧桑画卷 / 105
“金猴”邮票 / 112
寻珍“西湖博览会”免资片 / 119
老明信片上的广州园林 / 126
百年斑鳖旧影之谜 / 129
老画册上的线条 / 135
雕刻版邮品 / 141
五十年代的《美术日记》 / 149
回眸老苏州 / 156
多宝格上玲珑珍 / 164
琴炉 / 169
铜镜如画 / 174
寻寻觅觅宣德炉 / 179
诗筒 / 187
扇骨手中展风韵 / 191
文玩木雕说黄杨 / 198
虬角雕 / 204

奇巧之艺话鸟笼 / 208
明清牙雕腰牌清赏 / 215
昆刀刻玉“子冈”牌 / 221
古意盎然话槎杯 / 226
木雕架座 绿叶扶红花 / 233
古匣 / 238
“金鱼王”与我的金鱼缘 / 245
笔墨丹青绘园林 / 253
印香炉的趣味 / 260
錾花铜手炉 / 266
砚屏 / 275
观音像与我的“佛缘” / 281
苏州“蟹八件” / 286
刻铜墨盒 / 289
水盂之美 / 295
苏绣“发绣”绽奇葩 / 300
苏州文物商店旧事多 / 307

家中有瓷

我平时总有这么一种感觉，每当自己接近瓷器的时候，总有一丝质朴的暖意淡淡袭来，总觉有一种被历史文明光彩相映照的圣洁。这种感觉有时可能被夸大，谁家没有点瓷碗、瓷杯、瓷瓶、瓷盘，都是家常之物。虽然我国古代制瓷有官窑、民窑之分，官窑系宫廷开设，瓷制品光润细腻，图案及瓷彩发色讲究，有不少画意乃出自名家手笔；民窑则是民间设窑而制，其瓷制品批量大，制作欠精，一般多为布衣百姓所用的日常器具。不管是官窑民窑，人们喜爱瓷器是因为它雅洁之中所蕴含的平常与质朴。用餐之瓷碗，饮茶之瓷杯，插花之瓷瓶，常亲近在手边、嘴边。其观赏性有之，但更多的是实用。自古至今，那瓷质的杯碗盘碟总比那些瓷瓶、瓷观音之类的供设品产量大。

瓷在日常生活中易损、易碎，这是瓷之贵的一种体现，但是，瓷制品一窑窑不断地产出，这又觉得瓷也贱。贵贱本来就是一个对立统一的定式，如果偏爱与猎奇的人多了，瓷的天平就会向一方倾斜。如今时兴玩古，很多人为讨一个风雅，把家中上了点年纪的坛坛罐罐全供奉了起来，给它们以身价。一些文物店、古玩店老板也常挨家挨户淘

作者家中收藏的明清瓷器杂件。

购瓷玩，有时在寻觅中发现某个布衣老太捧着个青花旧瓷碗用饭，也要上前问这问那，横竖会出个老太感到实惠的价钱去购它下来。

于是如今城内不少这类店堂的博古架、橱柜里面，高高低低尽摆放着这些旧瓷器。瓷器从“仆人”的角色一下全转换成了贵客，并且十分心安理得地任人的目光一遍遍来仰慕、抚爱。我常常这么想，上了年纪的瓷器如不在年青时被毁身，老来必定有福。至少不会再无休止地去劳碌一生。可以被主子找个雅致的地方颐养天年，显示一下“瓷门家族”应有的名声。不过，能在千万个流逝的日月挨到可以被人作为古董的年纪，身上没磕没碰，无“病”无“疾”，这本身就是造化。玩瓷者讲究的就是瓷器“口无裂缺，身不挂线”的一种饱经沧桑后持有的完美，这完美对易裂易碎的瓷器来说一辈子难能可贵。

我家中的那些瓷器还远远未够上被人目光敬奉的资历。说来这些古瓷器大多是过去的家常器具。不过,这平常年轻也很好,风华岁月多为人承担些实在事,何必过早地追慕身价,去充当老资格的玩物丧他人志。

但是,在如今的古玩收藏中,书画和瓷器毕竟是一个大门类,有其深厚的历史渊源和艺术性,值得后人去不断研究和探寻。中国的陶瓷工艺有五千年的文明史。瓷器在中国人的眼里,是一种雅俗同好,赏用兼备的东西。千百年来至今,上至皇帝,下至百姓及各阶层人士,都对瓷器有着一份特殊的情感。

我痴迷收藏近四十年光阴。藏瓷算是仅次于儿时就痴迷的集邮之后的另一项早期爱好。回首多年来曾一度痴迷明清瓷器,为淘宝走南闯北在各地古玩市场摸爬滚打,有收获,但也有无数次"打眼吃冲",白丢了不少冤枉钱的经历。有很多回我真有点想不明白,为何我对寻瓷觅宝如此心仪,却往往难得盼来那回眸一笑。后来我才明白,收藏古瓷器所谓的悟性少不了这两点:一、需在博古览物的历练中多长眼力,提升收藏品位;二、需永远保持一种平和的心态去待物藏物,所谓"无欲则刚"。这两点解决好了,你眼里的好瓷器就有可能与你不期而遇。

静心检点我多年来所藏的近百件历代瓷器,真正可作久藏的只有三件:一件康熙青花人物瓷盘,一件清初青花瓷笔海,一件清同治粉彩鸡缸杯。有意思的是,这三件经我多年藏瓷精挑细选后的瓷玩,竟然都有些不大不小的残次。但何以让我这番珍视呢,这里面可能是凝聚了我觅瓷经历中的种种曲折与体悟,自然也含有我一份个人偏爱。

先说说那件清康熙"婴戏图"青花人物瓷盘。此物还是八年前我从安徽歙县老街所得。说到歙县这个地方,是古徽州府治所在,是徽州文化及国粹京剧的发源地,也是文房四宝之徽墨、歙砚的主要产地。安徽歙县深厚的历史文化积淀可知一斑。

那时，我们苏州一行古瓷收藏家组织去安徽黄山和宏村古民居游览。回苏州时途经这古徽州府地歙县，听这里的人说县城老街上有多家古玩店经营古董瓷器。大家顾不上吃饭便兴冲冲地一起前往。说来也巧，在这县城老街东首一家古董瓷杂店，我与几位藏瓷同好在那里经一番番挑肥拣瘦，最后大伙的目光几乎不约而同锁定在了一件青花“婴戏图”人物瓷盘上。招呼中，店老板从柜中拿出了瓷盘让大家细看。此瓷盘口径约 20 公分，在盘碗类中属中等尺寸。瓷盘上的青花发色沉稳且亮丽，盘中绘一少妇与小儿在园中戏乐之情景，其笔墨率意，以一种变形的笔触将人物戏乐中那种喜形于色的活泼形象进行了艺术夸张和概括，因而也折现出了一种康乾盛世国泰民安的景象。瓷盘胎骨坚密，瓷质光润，盘后还有“桃子”形的画押款。此瓷盘子属典型的康熙瓷应无多大的疑问。但美中不足的是，此瓷盘的下口沿有丝浅浅的挂线。也许正因为存在这么一点儿残次，与我同来的几位瓷友都对是否购买这件“残瓷”犹豫了起来，此时只听得大家在七嘴八舌间夹杂的一片惋惜之声。

也就在这种时候，已有多年藏瓷经历的我，霎时间会感觉际遇这样的瓷盘十分难得。多年来我对康熙青花人物瓷器比较关注。康熙青花人物瓷绘，一般来说都是继承了明代崇祯时期民窑青花人物瓷绘的特点及技法，画意质朴雅致，笔法率意洒脱。我眼前的这件青花人物瓷盘，其画面人物硕大而丰盈，笔意亦不俗，这在同类瓷盘中当属少见。稍作考虑后便毅然决断，在同伙们犹豫不定中抢先与店老板砍价后将其购下。在回去的路上，和我同去的几位瓷友再谈此事来都还有点儿后悔。大家静下心来后闲聊时认为，此瓷盘虽有微残，但确是一件较少见的康熙民窑瓷盘精品。此瓷盘能在如今淘宝者走马灯一般的古玩市场留下来，可能就是它身上的那点瑕疵吧。而我收藏古瓷从不去苛求完美，与它知遇也算是一种缘分。

清代同治年间的瓜棱口粉彩鸡缸小杯，发色雅丽，精巧细致，有点儿模仿明代成化斗彩鸡缸杯的意思。

清同治粉彩鸡缸小杯的另一面。

我想，康熙年间的民窑青花人物瓷盘应该说件件都不差。不少人物画的瓷盘不仅画意洒脱雅趣，且很少有重复和雷同的画面。恰如后人所称“历代瓷器中，康熙瓷绘画为各代之冠”的那样，康熙人物瓷画的文化品位可见其一斑。一番浮想中，我又想象歙县在古时候也是徽商云集之地。繁盛的经营让这里的家家户户都丰衣足食，其衣食住行自然会衍生出各种讲究。就像这盛放食物和茶酒的盘碗杯碟之类，选来非要景德镇上好的青花、粉彩瓷器。精美之器盛放的美味佳肴，点缀着徽州商人的口福。这也正是一代代人餐风沐雨，辛勤劳累而梦想成真的生活境况啊。这件精美的“婴戏图”青花人物瓷盘也许就是某个普通徽商之家的盛器。主人在劳顿后静静地享用它，朝朝暮暮，年年岁岁，时光如流水。这瓷盘上母子戏乐的光阴犹如青花那样鲜活而澄明，延续到了今天的岁月。

另一件清康熙青花瓷笔海同样也是我的珍爱。记得此件瓷器还是我在上世纪八十年代末在苏州一家古董店内无意中捡的漏。那时收藏淘购瓷器古董完全不像现在，不管你有意无意，有识无识，捡漏是常事。苏州老街上这家古董店的店老板是位不到三十岁的年轻人，他子承父业，将其老父生前收购留下的各式古瓷文玩经精选后继续出售。我捡漏的这件康熙青花瓷笔海，从道理上说本应属于他店里的精品而被保留。缘何会摆上他的柜台出售，我想或许也是因为器物稍有微瑕吧。

此笔海其口径20公分，环口抹酱色釉，束腰，玉璧底，糯米胎质，粉白细腻。其釉面青花发色清雅纯正，笔海的外壁开光式画面上绘有两幅清供博古图。整件器物基本完好无碍，只是在笔海的内壁上有一蚕豆般大小的蟹爪裂纹，但并不伤及笔海内壁的胎骨。因而笔海的外壁丝毫未受影响。但可能也就是这点微瑕，对古瓷执求完美的店主肯廉价转让于我。

清康熙“岁朝清供图”青花大笔筒。

现在想想，好就好在是上世纪八十年代，那时候上古董店买瓷器杂件，可能白痴也会捡漏。实际上，讲到这所谓的残与不残，瓷器的精品与常品是完全不一样的。精品稍残，因其自身的珍稀而“瑕不掩瑜”；而常品、普品因产量大而存世多，若再有残次就无太大的价值。这可能就是艺术品真正的价值观之所在。现在，每每有闲再细赏起我这两件青花瓷，它们身上集中折现的康熙年间的那种世情民风，一直使我浮生一种恍若隔世的桃源之梦，绵延在这青花铺就的前世今生里。

我的第三件宝贝是件清同治时期的粉彩鸡缸杯。

清同治时期，由于世经战乱，岁月动荡诸多因素，其国力渐衰。制瓷业亦已日渐衰退。但在短暂的稳定时期，有着深厚传统的制瓷业仍不乏优良的器物面世。同治粉彩瓷器中，有一种各形各式的粉彩绿釉瓷小杯，就是瓷中之佳品。同治粉彩绿釉小杯，多以明代永乐压手杯的形制烧制。小巧且沉稳，拿在手中，刚巧可塞满掌心。正如专家所言"将覆合手中，大小恰合掌心，并有凝重之感"。小杯中，还一种画意仿明成化斗彩鸡缸杯的粉彩瓷杯也称之为鸡缸杯，只填以粉彩烧制。而杯内所施的绿釉，则是沿袭了前朝乾隆时期胎内施绿釉之手法。其杯内绿釉与杯面的粉彩花鸟绘画，皆浓艳亮丽。我所藏的这类小杯中，就见有瓜棱形、海棠形、梅花形、荷叶形、桃子形等多种形制的器物。可见同治时期的小型瓷器的制作还是十分讲究且富有创意的。

再说这件粉彩鸡缸杯，因其画意有点儿成化鸡缸杯的味道，我姑且就视它为粉彩鸡缸杯吧。该瓷杯口径不过五、六公分的样子，盈盈一握间小巧玲珑。瓷杯瓜棱形，敞口收底。杯内施绿釉，外壁则是粉彩花卉类的画面。在一片莺飞草长的春色中，有一雄鸡在芳菲天地里引吭啼鸣，精神得很。虽然这粉彩与成化斗彩鸡缸杯完全不在一个档次上，但我所爱的是这同治小杯的制作能融合前朝之款式、釉彩及画意于一炉而脱胎成器，这本身就是一种创造和发展。

说到鸡缸杯这玩艺儿，这里，瓷友们千万不要误会。像这类清代中后期绘有雄鸡形象的粉彩小杯，都是一种仿明代成化斗彩鸡缸杯的意思而衍生出来的东西。但无论其艺术价值、存世量以及珍罕性等方面，都不能与明代成化斗彩鸡缸杯类比。明代斗彩鸡缸杯属稀世奇珍，现在大凡爱瓷者都了解。前几年曾见得有关媒体报道了一件稀奇

清康熙“婴戏图人物”青花瓷盘。

事。说某大都市一位房地产开发商，在拖欠银行巨额贷款求助无望之际，年迈的母亲取出一只祖传的明代成化鸡缸杯，说拿去卖了吧。谁能想到，一只小小的鸡缸杯身价逾千万，危难关头帮这位开发商挺过了难关。

明代成化年间的斗彩鸡缸杯存世量极少。明沈德符《万历野获编》中称："窑器初贵成化，次则宣德。杯盏之属，初不过数金，顷来京师，成窑酒杯每对至博银百金，为吐舌不能下。"万历《神宗实录》中写道："神宗时尚食，御前有成化彩鸡缸杯一对，价值十万。"清初朱彝尊《曝书亭集》中记载："万历窑器索白金数两，宣德、成化者倍蓰之，至鸡缸非白金五镒市之不可，有力者不少惜。"可见历代文人把成化皇帝饮酒的鸡缸杯抬至天价。成化景德镇御窑厂根据市场所需，先后烧制了很多鸡缸杯，但是能够流传下来的极少。

明成化斗彩鸡缸杯玲珑雅巧，颜色鲜艳明亮，笔法流畅圆润，画意生动活泼。其绘画是由宫廷御用画家设计图样上报御批后,由“仁智殿”的老师亲自在小杯上以半工笔手绘而成。杯上雄鸡高歌,回首张望;雌鸡飞跃啄食,姿态栩栩如生。画中山石清秀,兰草幽青,一派盛世景象。

想来藏瓷也与收藏其它老器物一样,是缘于一种偏爱,缘于一份珍惜。也可能我藏瓷的经历还不算太长,家中也无重器可以炫美。我所藏的这件同治粉彩鸡缸小杯本也应属常品，只是如今这种小巧精致的彩瓷小杯越来越少见了，所以它在我眼里就是一件值得珍惜的瓷玩。

奇石“清供”

蕴含着山川之精脉，凝聚日月之晖彩的奇石自古至今都是天地的造化，大自然的杰作。苏州人玩赏雅石奇石的习好由来已久，这主要是苏州地区历史上一直以太湖石、昆石等大自然的奇峰雅石闻名于世。在园林里，山石叠嶂的太湖石假山是园林的骨骼，与清清的池水和亭台楼阁、曲径回廊相映成趣。而在过去，那些苏州文人雅士和商贾之家的客厅和书房内，素雅的供桌和书案上常常会供置一块玲珑婀娜的奇石，既可作陈设点缀雅室，又可于闲暇时品味玩赏。根据中国传统文化中“室无石不雅”的崇尚，自古人们就将山中千姿百态的奇雅之石经发掘后“请”进家门，或当庭园布饰，或为案头清供，视石如嘉宾；赏石、玩石，将石作知己。一块奇石含日月之辉彩，凝山水之灵气，惹得无数文人雅士如痴如醉。

我生于上海，但自幼迁居苏州，生长于这片园林天地，并受益于这方园艺天地的熏染，对园林中的各种假山奇石产生了很大的兴趣。以致后来一直在闲时玩物中不忘寻觅各种灵秀的供石。记得最早还是上世纪七十年代初期，一次，我从一位工人朋友那里搞到了一张抄多宝格上的微型奇石，可作案头点缀。

家物资购物券，于是一天抽空来到苏州市中心观前街的玄妙观东脚门一家抄家物资店。徜徉店内，见橱柜中、案桌几架上摆满了各种抄家汇集来的瓷器古董、钟表、古籍线装图书及多种精美的古旧生活用具等。当时人们凭票可低价购得一两件古董或有一定艺术性的古旧日用器具等。但对石头感觉新奇的我浏览中发现一处橱架上摆放着一座黄太湖石。此石半尺来宽，一尺多高，石中洞涡连环，层层叠套，迂回曲折处“别有洞天”，玲珑素雅。其石座用黄花梨木雕成树根状。这是一座典型的案桌供石，想必该是过去哪位江南商贾或文人雅士之家的遗物。我因看后就爱不释手，决定用券将其购下。

黄太湖石供石。

昆石雪花峰。

我对收藏奇石的兴趣也有三十多年的时间，要说藏石靠缘分，但真正能收藏到一块上品的供石也并不是件易事。古代那被人传为美谈的“米芾见石就拜”的故事，在当代藏石家耳朵里不过也就是一则普通的旧闻而已。如今的藏石者，有时为得一块奇石可以掷千金、奔万里；可以冒险上峻崖，舍命下深渊。我有一位爱石如命的朋友，他有一块形似蘑菇，绽放着“珊瑚花”的海化石，就是他在西沙当兵时冒着差点被海蛇咬死危险而得到的。如今在一次奇石展览上，朋友这块“珊瑚花”海化石由于形态婀娜，肖似美人，被一位在本地工作的港商看中，愿掏一万港币觅购。我那石痴朋友一摇头说：“不，这块石头是我在海上把脑袋系在裤腰上换来的，我那命难道就值一万块钱？”他那汹汹的“冲”人之言完全是一副“石痴”的腔调，弄得那港商连忙摆手敬而远之。

与奇石投缘还有一件让人羡慕不已的事，那就是在1987年10月，解放军某部军官吴恭让在河西走廊的戈壁滩上采集到一块酷似中国版图形状的奇石，这奇石不仅周边形状像，而且表面皱痕的凹凸起伏也几乎与大陆地貌无异。人们可从其表面感觉天山、祁连山、吐鲁番盆地、大兴安岭以及黄河、长江入海口等地形地貌。1993年1月，藏石者吴恭让应上海大世界吉尼斯大赛组委会之邀，携“中国石”参赛，并获大奖，引起轰动。这一奇缘使吴恭让从此多了两项业余爱好：藏石和写作。藏石，他有全国独领风骚的奇石“中国石”；写作，他自采集到这奇石后，突发奇想，写出了长篇科幻探险小说《中国石在行动》，并且还有一批以奇石为题材的文学作品将相继出版。吴恭让这样一位普通的军官从此在中国藏石界成了有特殊贡献的人。

这些藏石者的经历常使我倾慕，有时我也梦想，能否幸运地觅得一两块人间奇石，作为案头雅珍与人生的岁月长相伴。若山高路远寻觅不得，能持有这份心情也不错。有情若真与人间的奇石结缘，拥不拥有只是个时间问题了。

在各种奇石中，昆山那冰清玉洁的昆石是我之最爱了。我藏有一块珍贵的昆石，系上世纪九十年代初从江苏昆山侥幸得之，至今想来还有点儿得意。昆山有座玉峰山，山形如马鞍，是5亿多年前寒武纪海相环境的产物。山中藏着一种晶莹洁白的昆石。此石玲珑剔透，峰峦起伏，姿态动人，故又被人爱称其为“玉玲珑石”，亦称“昆岗石”、“昆石”。昆石数量十分稀少，但从西汉至今，玩赏的历史到有2000多年了。宋代大诗人陆游写的七律中赞叹说：“雁山菖蒲昆山石，陈叟持来慰幽寂；寸根蹙密九节瘦，一拳突兀千金值。”元代张雨在《得昆山石》诗中写道：“隐若连环蜕仙骨，重于沉水辟香寒。孤根立雪依琴荐，小朵生云润笔床。”可见古人对昆石都推崇备至。

莹洁的昆石有不少品种，尤以鸡骨峰、海蜇峰和雪花峰最为名贵。二十多年前，我曾去昆山为一位朋友联系盆景生意，路经亭林公园前一条小街，看到有家经营旧木器家具的店铺，进店闲看时，无意间看到店内一张旧榉木条案上放着三块莹洁多姿的昆石，其中就有一块后来被我取名为“瑞云”昆石。这块美石配有红木座架，像一幅立体的山水画展现在眼前。店内的三块昆石下都标着价钱，不过价格都不贵，加起来总共才560元钱。花500多元钱就能买回三块难得一见的昆石，这简直太好了。当时我心中窃喜，但不能喜形于色。当时，我看到有位身材瘦小的店老板叼着香烟坐在那儿看杂志，于是上前打招呼：“老板，你这旧木器店的旧家具不错嘛，怎么也卖石头？”老板回话：“我们这种旧货小店，什么老东西能赚钱就卖什么，不拘一格。”

我与老板聊了起来。老板说，这三块昆石是本地一家富商后代卖给我们旧家具时搭来的。那富商后代如今出国去了加拿大，出国前把一些旧家具都处理掉了，这几块昆石可能也是他们家祖上的赏玩之物。聊天后，我切入了正题，希望能售价再低一些就将三块昆石全买下了。老板笑了笑回话：“你还想便宜，不瞒你先生，就这个价半小时前就有本地一位喜欢藏石的中年男子吴先生定下要买了，他因身上没带钱，这不，正回去拿钱来呢。”听老板那泰然自若的话语，可能不是谎话。事不迟疑，我即刻拿出560元钱对店老板说：“好，不还你价了，我全部买下。”老板一愣：“那人家回去拿钱来买石头怎么办？”“这有什么，他只是嘴上说说，也没给你定金，怕什么，我是买你东西现钱现付嘛。”店老板想了想我的话也在理，而且能立马付钱，反正那人最后来不来还是个未知数，那就卖了吧。事后说来也巧，据说我买下这些石头刚离开小店不久，那位藏石者揣着钱来了，但这会儿刚迟了一脚。这位藏石者气恼之下还和这家旧木器店的老板吵了一架。

说到奇石，园林内的假山石也非常多姿多巧，一些传世名石更令爱石者羡慕。江南人造园林庭院堆叠假山需要太湖石。从如今世上发掘出的各种太湖石来看，古往今来在我国被行家公认的假山巨石只有四座：苏州瑞云峰、冠云峰，上海玉玲珑，杭州绉云峰。除杭州的绉云峰为英石假山石峰外，其他的三座均为太湖石。可以想见，太湖石中有“藏龙卧虎”的天然瑰宝。有人说这“四大名石”就像九天结伴下凡的四仙女，凌波微步，袅娜而行永驻于人间。这四大奇石中，瑞云峰最让人叹为观止。它峰高 6 米余，屹立在当年江南织造府西行宫的水池中心，与清波碧泓相映衬。如今看来，它不愧为当年世人所誉为“江南四大名石之首”，无论是体态、风韵和气势都堪称江南一绝。据说当年乾隆皇帝观赏此石后惊叹其清秀奇特，玲珑剔透。瑞云峰通体褶皱多窍，涡洞连接，若环池而观，面面俱佳，处处入画，如开仙境，真无愧为人间奇石。以后乾隆每次下江南都必驻跸于此，以探视瑞云峰为乐。

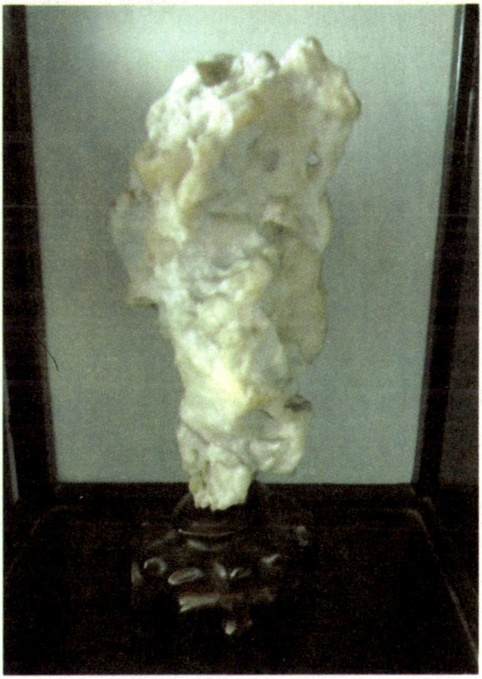
祁连山地区风砺石微型供石摆件。

瑞云峰与现存苏州留园的冠云峰同为北宋末年花石纲遗物，俗称“大小谢

英石笔架山摆件。

姑”。这“谢姑”如同美女佳娘，被人宠为仙妃。北宋末年，宋徽宗赵佶在东京大兴土木造万寿山，征天下异花奇石充实其间。苏州当时的造园玩石奇人朱勔与父朱冲为迎逢皇上，巧取豪夺采办来大量的太湖石，其中就包括瑞云峰和冠云峰在内的绝世珍品奇石。后因不久北宋灭亡，这些珍品才得以幸运地留在了江南。

“大小谢姑”留在江南以后，“小谢姑”瑞云峰还有一段坎坷的经历。瑞云峰未得高攀皇宫名苑，此后一个时期被一度弃置于荒郊野地，直到明代被一位富豪之家董氏所获得。董氏慧眼识宝，将这闲置荒郊的奇峰异石请入家园，并奉为上璧。后来董氏与苏州巨商徐泰时联姻，就以此石赠嫁。用石头做嫁妆开天辟地恐怕就此董氏一家。瑞云峰巨石重数万斤，在运往徐家时，船翻入大运河落水，董氏破资招募善于泅水的人，动用百夫之力才把它捞上来。徐氏在阊门外有东、西花园，得此陪嫁之物，亦珍若拱璧，遂置于东园（留园）之中。乾隆皇帝游江南，地方官员莫不建行宫、置陈设以邀宠，瑞云峰便因接驾之需，移至葑门内带城桥下塘江南织造府西侧的行宫花园内。

实际上，不论是乾隆珍赏也罢，还是董氏宠爱有加也好，只要是真金璞玉，纵然是土掩百丈，沙埋千载，也总有发现它的目光穿透岁月的风尘，也有属于它的日月耀映千秋。站在瑞云峰前，人们仿佛能一览它那孔孔连环，褶皱而多窍的身姿，这种褶皱多窍使瑞云峰原来略显庞大的躯体变得更空灵而幽邃，仿佛有群峦叠嶂，流云飞卷，大千山河的气势在这曲折回环之间得以充分地展现。

奇石的天然之美是人类望之兴叹的境界，然而，如果美石有灵，它也一定能感知：在这个世界上，真正发掘和雕塑它的，是人类那永不知倦的渴望美的目光。

天赐“雨花”

地上的鹅卵石有什么稀奇，走在江边的沙石上，随脚说不定就能踢出一块圆滚滚的石卵子来。这是很多人的基本认识。但是，鹅卵石中也不乏珍品。在中国的南京，有一种形似鹅卵石的小小彩石叫“雨花石”。

因为这雨花石五彩斑斓，又像天上的雨花那样晶莹剔透，所以很多有想象力的诗人将这种石子称为“天赐雨花”而降生人世的幸运石。又有人说，因为南京的雨花台中有很多红黄相间的雨花石，其颜色是无数烈士的鲜血染成，雨花石由此而得名。后一种说法自然纯属一种美丽想象，寄寓着后人对雨花台先烈的崇仰和缅怀。我因从小曾就读过老作家海笑那篇《红红的雨花石》的小说，每年怀着对革命先驱无比的敬仰去南京雨花石祭扫烈士墓时，常常会认认真真地走遍雨花台每一个角落寻找那红红的雨花石。但实际上，想在雨花台一脚就踩到一颗雨花石只是一种梦想。

雨花石真正的产地在南京的六合、仪征一带。南京这座有着千年历史的石头城，在它周边不远的乡镇的泥层深处竟奇迹般地蕴藏着亿万颗斑斓莹润的雨花石。南京人为此痴迷了。当然，不断被这晶莹的彩石痴迷的不仅仅只有南京人，全国各地及海内外来南京寻觅雨花石的脚步络绎不绝。各地的雨花石收藏组织也如雨后春笋般地建立了起来。虽然雨花石一般来说不过都只有鸽蛋般大小，但自古至今不断被发掘出来的精品雨花石，其斑斓的色彩和神奇的图案常常令人拍案叫绝，并为此痴迷而癫狂。

雨花玛瑙石“花山迷窟”。

其实，雨花石收藏的喜好和狂热并非在当代。南京有着 5000 年绵延不断的雨花石文化史。南北朝萧梁王朝时，“云光说法，天雨赐花”，雨花石与佛教文化结合，雨花台成了雨花石的发祥地。有资料佐证，盛唐至五代雨花石已进入宫廷。唐懿宗的女儿同昌公主出嫁就曾以出产于金陵的“九玉钗”雨花石作陪嫁。两宋时期，以雨花石为题材的诗文大量涌现，大文豪苏东坡写下了历史名篇《怪石供》，对雨花石一类的长江卵石作了生动的描述。雨花石并被收入影响颇大的石谱《云林石谱》。南宋著名词人辛弃疾咏雨花石有：“袖里珍奇光五色，他年可补天西北”的名句。至元代郝经以石明志，在仪征写下了《江石子记》，对雨花石有更多精辟的论述。明代出现了描绘精致的雨花石图，林有麟以 35 枚雨花石珍品，绘图收入他编写的《素园石谱》，这是迄今我们能见到的最早的雨花石图。清代孔尚任吟咏《六合石子》（雨花石），对雨花石的源流剖析精深，对雨花石的质、色、纹、形的描写生动入微。堪称一首雨花石的史诗。清末又出现“雨花三杰”——王猩囚、张轮远、许问石三位藏家，广藏雨花名石，著书立说。三人被称为“南许北张天津王”。民国以来，雨花石收藏越来越热，周恩来、徐悲鸿、老舍、沈钧儒、梅兰芳等许多政界、文艺界名人几乎都喜欢雨花石。画家陆俨少于抗战期间，逗留重庆近七年之久，留连江边，多次淘汰，共得石七枚，翠竹兰草、梧桐仕女、平沙落雁、秋林夕照、梅雀寒林等，他借此消遣，从中领悟画理。

电视片《木鱼石的传说》中一首歌唱得好："有一个美丽的传说，精美的石头会唱歌，只要你懂得它的珍贵，山高路远也能获得。"这个传说里所说的石头，虽然是一种泛指世上所有的美石，但如果冠在雨花石上也不乏光彩。一颗"色、泽、纹、形"俱佳的精品雨花石确实属于璀璨奇宝。最初它们那种"藏在深山人未识"的境遇已不断被爱石者犀利的目光发掘而袒露出来。就像"珍珠不怕埋没"一样，珍

雨花石"春、夏、秋、冬"组石之"春"。

雨花石"春、夏、秋、冬"组石之"夏"。

雨花石"春、夏、秋、冬"组石之"秋"。

雨花石"春、夏、秋、冬"组石之"冬"。

爱者自有万里迢迢而来相会的脚步。

藏石者玩赏雨花石的方法都很有意思:藏家在家中备一批黑、白瓷花口小碗或瓷盘。白瓷碗盛放深色雨花石,黑瓷碗放浅色雨花石。一碗一石,斟满水后,映衬水中的晶莹美石如花似月。而大瓷盘则适应用十多颗不同色彩的雨花石组成拼盘,斟满水后盘中五彩斑斓犹如天女散花。在南京梅园新村周恩来办事处的一间书房内,如今依然陈列着一盘周恩来当年珍藏的雨花石。可以想象,周恩来当年南京坚持革命斗争的岁月里,日月晨昏相伴的雨花石寄予了他多少美好的向往和憧憬。

雨花石虽色彩斑斓,各不相同,但一般来说,能清晰折现大自然中山水人物和动物花卉等图案的雨花奇石,就都是藏石家们心仪的宝物。这些精选后的雨花石一颗颗静静地安身在洁净的瓷碗中,蕴含着山川的精脉,映漾着日月的辉彩。藏石者们可以将它们搁置于案头或琴桌上,闲来无事中细细品味。也可随身携带,邀上几位同好在公园茶室里边聊边品,谈谈各自对某某“风景石”,还是“象形石”的领悟。

赏玩雨花石还有另一种玩法,如今可以用高清晰度的数码相机将水中美石摄下来扩成大图片。这种类似美女特写的近景照能最大限度地展现一颗颗雨花奇石的精萃部分。当今出版的诸多“雨花石集萃”图册中的雨花石精品,都是数码相机的留影。藏石家们手中的奇石如能被编成图书传播于世,这种收藏的成就感带来的乐趣更让人感到充实而历久弥新。

雨花石是我近年来藏石中的一个类别。因为家在南京的妹妹和妹夫也都痴迷收藏雨花石,我有机会抽空常去南京与他们互动,大家挑选着双休日一起带着背包去乡村和市场淘宝。因为南京远郊的六合地区产石最多,我与妹妹和妹夫曾数次前往当地,在六合周边几个

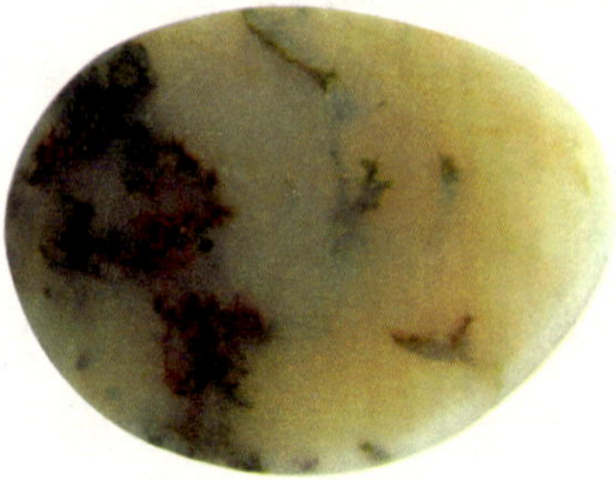

雨花石“金陵紫霞”。

雨花石“鱼翔浅底”。

雨花石“云林飞瀑图”。

大型沙石场上，从山丘上开挖的洞中，大量的沙石顺着一条条水沟弯曲而下，从各地赶来的无数淘石者就在这一条条从上而下的水沟旁一遍遍筛选着那些出自泥沙深处的精美卵石。虽然说这长江边上的沙泥中埋藏着大量卵石，但奇特精美的石子往往是千万颗里只能淘得一二。另外，南京清凉山的雨花石市场，经营雨花石最多，其品位也不低。我因常去淘石，久而久之认识了不少知名的雨花石收藏家诸如像马文斌、彭桂林、曹德雷等。从他们滔滔不绝的藏石得失经历和见解中，我分享着他们的“阳光、雨露”不断成长。以致多年后，这几位老收藏家再碰到我聊起雨花石来，都对我一套选石品石的理论刮目相看了。

在南京，雨花石收藏家比比皆是，而“见钱眼不开”的“石痴”也大有人在。在雨花石的故乡南京，有位雨花石收藏家丁凤龙，他有一枚比纽扣大不了多少的奇石，取名为“群峰竞秀”。此石为玛瑙石质，通体莹润，色彩纯蓝，其石纹层峦叠嶂，掩映于弥漫的云雾之间，犹如刘海粟大师笔下的黄山胜景。在一九九七年深圳东方奇石博览会上，这“群峰竞秀”奇石获了特等奖，令众多收藏者和珠宝商赞叹不已。一港商愿出7000美元购之，先后请了三名专家前来鉴赏，但这个丁凤龙最终不舍得割爱。有人认为：“黄金有价奇石无价”，爱石者的痴情往往会“视石如亲子”，一朝割舍，悔恨终身。这大概就是所谓的石缘。天下没有两块相同的石头，石缘的天平上，金钱这时就显得无足轻重了。丁凤龙先生还举了一个例子：他说自己在多年前仅花一元钱在石摊上觅到一块酷似英国原首相丘吉尔头像的雨花石，没几年工夫，此石身价翻了万倍。但越是这样，藏石者越不舍得出让。同样，南京的藏石者刘水先生有一名石“寒月”，淡月疏枝的景物月朦胧、鸟朦胧，简直让人醉入大自然月夜的诗境之中。现此石的求购价已与中档轿车相等，但有意思的是，石主并不动心。他认为这辈子不会再有更胜一筹的奇石了。在南京，那些雨花石藏家个个都称得上专家级的人物。他们不但有理论，有实践，在淘宝中对发掘奇石有独到的眼光。而且个个都有镇宅之宝。如像刘水的“寒月”奇石，马文斌的“蓬莱仙境”石，彭桂林的“黄河壶口瀑布”奇石等等。

雨花石英石**“鹊梅图”**。

可能是多年来受了这些知名藏石家的影响，我收藏雨花石，不管从选石标准

雨花玛瑙石 “中华红”，石质红绿相间，色泽俏丽。奇的是一幅相似红色中华的版图轮廓清晰，分外醒目。这种天然成形的图案是雨花石中比较罕见的一品。

还是历练眼光等，都基本按照那些老前辈们的观念去做。如，按照雨花石“色、质、纹、形”的传统选石标准，我认为选石第一要观其“色”。雨花石藏石界对雨花石的色彩有个评价，认为，“蓝为贵”、“紫为稀”，“绿为珍”。雨花石中最常见的颜色是红黄白黑。而有着清新爽目的翠绿颜色是当今玩石人的首选。南京的淘石者有“见绿就抓”的淘宝经验。其次论其“质”。雨花石由蛋白、石英、玉髓、玛瑙等质地。一般来说，蛋白石最珍稀，玉髓和玛瑙属于优良品质。石英就次之了。三是说其“纹”。雨花石中的纹千姿百态，可以构成无数神奇的象形图案，栩栩如生。一颗纹理生动形象的雨花彩石是上天赐予的，极为难得。四是说其“形”。这个形是需要雨花石“状如雀卵”一样小巧而可爱。形状基本上以扁圆形为主。

空闲时玩赏着自己多年精筛细选而得的数十枚精品雨花石，按照其“色泽纹形”的不同特点，我将其分别取名为“石猴母子”、“花山迷窟”、“山雨欲来”、“春、夏、秋、冬”、“鱼翔潜底”等等。其中，我最珍爱的雨花石有四、五枚，这些都是我在南京和六合等雨花石市场经多年辛勤淘石慧眼所得，曾有石友分别高价求其转让，只因珍惜其来之不易，故十年来一直还如获至宝一般藏在身边。如藏石中的一枚“山雨欲来”雨花石，是一块椭圆形黑色玛瑙石。其石虽微黑，但光洁莹润。石上是一幅气象浓郁的水墨画：山林丘壑，黑云笼罩。压境而来的黑白云雾似带着闪电的踪影，弥漫于山空，好一幅山雨欲来风满楼的气象。而“鱼翔潜底”的雨花石则是一块黄褐色的玛瑙石，此石是标准的鹅卵石，像棋子般大小。虽不算十分莹润通透，可不乏光泽。最大的特点是该石的画面形象生动，其湖底一片水草丛有鱼儿翔泳，欢快自怡，其乐融融。每每观赏此石，清趣之念油然而生。最鲜艳夺目的是那枚题为“中华红”的玛瑙卵石。此石比鸽子蛋大不了多少，但石子的色泽莹润细腻，红绿分明。整枚卵石状如人脸。奇巧的是此石绿色的部分似一片绿色的海洋，其间红色部分犹似中国的版图。特别是石上这个近似中国版图的图案上所呈现出的红色实属罕见。南京一位资深雨花石收藏家曾对我这枚“中华红”雨花石赞赏有加。他认为，虽然石上的中国版图形象只有百分之七十左右的相似，但可贵之处是图案边缘轮廓清晰，又是满红一片。此纯天然的石品与中华红的名字十分确切。这种巧合的几率可说是百万分之一也实不为过。

玩雨花石需玩到一定的境界才会玩出光彩，玩出精神，这是一位藏石家的心言。对于这一点，我开始时一直不以为然。何以见得玩赏这种小小的雨花石玩的是境界呢。世上大凡初识雨花石之美的人，还不是因见其色彩可人，便买上一些放在水仙盆里作作点缀而已。有多少人会为玩出境界而走火入魔，倾其钱囊去体验淘石藏石的乐趣呢。

实际上，现在我回想起来，真正的雨花石收藏家，都是走火入魔“玩境界”的石痴。赏玩雨花石真正的乐趣，是在淘宝的过程中发现石中的意境。而为给一枚奇石取一个既贴切又出彩的名字，往往也是藏石家一生的求索，也凝聚着藏石家对奇石深切的感悟和思考。雨花石中的最有诗画的意境，就蕴藏在其形式和内容完美的融合之中。

独具风采的古代犀角雕

五千年的中国古代文明发展史中，古代的雕刻工艺有着多姿多彩的艺术面目。其中,利用犀牛角为材料的雕刻工艺是一种有着深远历史渊源,与中国古代文明同步发展延续至今的特色工艺。

动物的牙角是动物身上最坚硬的部位。由于其质地的坚硬细密,雕刻出的图案和纹形线条清晰,棱角分明,也不易被磨损和走形。从原始社会开始，我国远古时期的人类就一直与动物于相互共处中生活,又在相互争斗中发展。由于人与动物的关系密切相联,中国古代有很多工具和实用品都取材于动物身上的资源。如远在旧石器时代,周口店的山顶洞人就以象牙雕刻作装饰品而随葬。在新石器时代,兽骨、兽牙、兽角等制成的器具就被人们与石器、木器、陶器等一同使用。《史记·微子世家》中记载:“纣始为象箸。”随着人类的审美眼光不断的提升，一些带有美学意义的图案和纹饰也不断通过雕刻施之于各种器具之上。因此,选用动物牙角以及骨头等进行雕刻,久而久之也就逐渐形成了一种古代的牙角雕工艺。古代的犀牛角雕刻工艺之所以能有别于其他一些材质的雕刻而高雅名贵，其中固然以犀角象牙物稀为贵，还与此类制品具有比较深厚的文化艺术内涵有关。古代的象牙雕刻的作品以文房用具笔筒、砚屏和折扇骨、挂牌及神仙人物件为多；犀角雕作品则以槎杯酒具和文房赏玩品为常见。古代的牙角雕工艺一向讲究选材的优劣，虽然犀牛角材料本身就很稀少，但古时候的工艺师们为雕刻完成一件精品，常常是精挑细选。挑选中的犀牛角以亚洲犀为优，非洲犀次之。古代在进行牙角雕刻选料时，那些被猎杀后的犀牛取出的牙角，质地光鲜滋润，细腻而紧密，材料从外至内都仍仿佛有活体生命的血脉流淌。雕成后的作品历经千百年不失神采。

犀牛是世界稀有动物，产于亚洲的东南及非洲一些国家。犀角是一种十分珍贵的兽角，有较粗的直线纹，角的顶端有小砂眼，近似蜂窝状。犀角呈圆锥形，稍有弯曲，长短不等，在十五至三十厘米之间。表面为乌黑色，内中渐浅，为灰褐色，也有浅灰黄色。犀角为珍贵药材，性寒、味苦酸咸，是消热、镇惊、止血、滋补的良药。因此，早在汉代人们就用犀角制成器皿饮酒、喝水以强身祛病。由于犀角得之不易，

明代《东坡夜游赤壁》犀角杯。

受到历朝政府的控制，甚至犀角制成的饰物都成为等级尊卑的标志。明清时期，是犀角使用量较大的历史时期，大部分从国外进口的犀角被制成药品，另一部分则成为雕刻家手中的雕刻材料。明清时期，由于竹、木、牙等以清供、文玩为主的雕刻艺术的兴起，从而也带动了犀角雕刻一度的繁荣。这几种雕刻在技法上有相通之处，可以相互借鉴，相互影响，这也使犀角雕刻在很短的时间内，即成为与竹、木、牙雕并驾齐驱的一个艺术门类。明清时期的犀角雕刻多由竹、木、牙雕刻艺人兼工。文献记载中，明人鲍天成、蒋烈卿、方弘齐等人，都是专治犀角的名匠。此外，明人濮仲谦、明末清初人尤侃，除精于竹、木、牙、玉石雕刻，在犀角制作上也颇负盛名。明清两代的犀角雕刻主要集中在苏州、扬州、南京、杭州、广州等地区。清代宫廷大约自雍正朝起开始制作犀角器，至乾隆朝达到鼎盛。清宫廷犀角来源于越南、南掌（在今老挝境内）、暹罗（今泰国）等国进献的礼物和各地督抚的贡品。犀角器因受形状的限制除以整角制成酒杯外，尚有盅、碗、钵、洗、盒、鼎、炉、瓶、笔山、笔架、花篮、盆景、扳指、嵌件以及供欣赏陈设用的人物、动物等雕刻。因为使用犀角杯饮酒可清热解毒，所以，它便成为犀角杯、槎等酒具的主要器型。

犀角属指甲纤维物，不属角质，是动物角中最大而实心的角。犀角上尖下阔，原基底为椭圆形，呈蜂窝伏，比例最重最大。角的表皮满布裂纹，表皮以下为黄褐色，渐进的黑色一直伸向角的中心，其中心黑色处是整个角最坚硬的部分。犀角雕刻用料多取于亚洲犀。目前世界上共有五种犀牛，两种在非洲，三种生活于亚洲。亚洲犀有双角的“苏门犀”、独角的“印度犀”。明清雕刻使用的多为“苏门犀”和“爪哇犀”。犀角在生长过程中由于各种因素的影响，其外观的色彩及大小都有差别，这些差别成为人们判断犀角优劣的重要因素。早在唐代对犀角的分类就有相关的记载。犀角中有通犀、花犀、斑犀之别。

通犀也称通天犀，指犀角中心有白缕直上彻端者，这种犀角据说能“出气通天”，十分稀有，因而异常名贵；花犀、斑犀则是犀角表面生有斑点者，因斑点的大小、色泽不同，而有花、斑之分，价值低于通犀。制作犀角器选料很不易，损耗性也很大。一个犀角，把裂纹粗糙的表皮削去后，原料已损耗了一半，再经雕琢挖空，往往成品不到原来重量的三分之一。更有部分犀角在未施工前是无法以肉眼判断其内部是有否缺陷，原因是犀牛打斗以角为武器，如果年幼的犀牛伤了角，成长后其角的新生纤维把伤处盖在内而不见伤痕，到工匠切割或雕刻到某个阶段才发现有内伤，伤处的纤维是弯曲不接的，遇上此情况，往往会令工匠们精心构思的作品前功尽弃。有一些常见的犀角器凹凸歪曲，不合比例，这就是原料上的缺陷所致，工匠们也只能因材施工后随形巧雕巧制了。

犀角器受当时玉雕、竹雕等工艺的影响，雕制方法有其相近之处。但犀角雕刻总的还是要根据自身的材料特点进行制作，因此它也有自身的一套雕制方法。长期从事犀角古器收藏研究的霍满棠先生曾介绍过古代犀角器“屈曲”（角尖部需进行弯曲处理）的制造过程。霍先生认为，犀角的原形是上部尖窄，下部阔大的。上部的纤维较细密和坚韧，颜色也较黑。工匠在雕花和修窄时，大多采用镂空和透雕技法尽量减省要屈曲的面积。犀角的纤维是较疏松和不耐火热的，必须用隔热的物料包缠着，然后把需要屈曲的部位放入水中煮数小时，模仿藤器制作的那种蒸煮法。当该部位软化到一定程度时，将犀角器放在事前准备好的定型模上，让弯曲的程度固定下来。经过一段长时间的晾干后，被屈曲的部位回复原来的硬度和固定了形状，再经过一番打磨便成了一件件完整的器物。明清时期的犀角器以犀角杯为多，这些犀角杯按雕刻品类来分大致可分为花形杯、山水杯、人物杯、仿古杯等。这几类犀角杯的图案装饰均用阴线、阳线、平凸、隐起、

明代山水人物雕犀角杯。

起突和镂空等雕法。镂空雕即是工艺上所说的镂雕，这种镂雕一般用于犀角杯器的把手，雕成枝梗或松树和杂树的枝干。仿古杯镂空雕刻的犀角杯把手上有时雕有龙和螭等神兽盘绕。此外，还有光素杯，有的以整个犀角制成天然形犀角杯，还有的用犀角零料制成无把或单把的酒杯。古时候清宫犀角器所用材料有犀角和广角两种。天然形、山水形、人物形、仿古形等犀角杯多用犀角制成，而花形杯则多以广角制成。两者颜色不同，前者黑紫色，后者尖部灰黑，下部浅黄。有许多犀角器经染色或涂漆后呈浓深发亮的黑紫色，本色者需经烫蜡以保护器表光洁。

喜爱艺术的我，小时候曾读过一篇叫《刺花的灯罩》的故事，内容讲述的是第二次世界大战中，希特勒法西斯在波兰奥斯威辛集中营中活剥年轻犹太女子的人皮后，刺上花卉图案做成工艺品灯罩的事。这种看来比罂粟花还要妖艳诡谲的艺术，里面藏着的是蛇蝎一般的内核。如果说，这种人与人在自相残杀中搞出的工艺不该再流传下去的话，那么，像古代那种猎杀动物后搞出的工艺如今被禁止继续流传，也是理所当然之举。从当今人们生态学的观念来看，动物是人类最亲近的朋友。在广阔无垠的大自然中，作为高级动物的人类，一直也是和自然界中的各种动植物息息相处，共度一个个岁月流年中的春夏秋冬。按当今保护动物的观点而论，诸如类似犀角象牙一类的雕刻工艺，正逐渐化为一抹历史的烟尘。当今天人们有兴趣再来回首巡视它时，其思绪是纷纭的，感受是五味俱全的。但是，作为传承工艺中的一种艺术手法和技艺的借鉴，牙角雕刻又无疑有着它无法磨灭的价值。

会唱曲的风筝

结扎风筝，是中国的一种传统民间工艺。放风筝是一种民间的娱乐活动，这项娱乐据说现在还被列为一种体育竞赛。而收藏风筝，这算不算是一种藏宝爱好呢。这可能在当今收藏界还不值一提。

其实，现在的人搞收藏要比过去宽泛许多，其门类和品种大多不限，古玩今玩皆可入门，只要它带有历史文化含量和地方特色，收藏的价值自在其中。在我杂七杂八的藏品中，我藏有一种南通地区特有的会唱曲儿的巨型风筝。缘何会对这种风筝有兴趣。如今，每个人搞收藏各有所好。我搞收藏有一个基本的出发点，就是收藏某一件物品一定要与我曾经的生活有某种联系，或者说是自己曾与此件物品有一段相处的岁月。收藏它，是收藏我曾经的光阴，旧日的情感。

南通地区是与长江为伴，与东海毗邻。脚踏这片广阔的土地，使人不禁会深深感受这苏北大地的广袤和开阔。南通地区广大乡村的庄户人家，过去有一种喜爱扎风筝放风筝的习俗，这种延续至上世纪六七十年代的习俗几乎成了当时乡人十分时兴的娱乐。

在南通地区，有一种会在空中奏鸣的巨型风筝让人震撼。这种风筝与各地的风筝相比，最大的特色是独一无二地会唱曲儿。作为中国四大风筝产地之一的南通地区，南通风筝保存了中国古代“弦响碧空称风筝”的特点，以独特的音响效果著称，与北方的造型风筝分为南北两派。南通的风筝俗称“板鹞”，其代表性的风筝以平板六角或六角的变形“七连星”至“十九连星”居多，最大的据说甚至有“四十八星”。风筝的体积一般大小都在一米以上，最大的竖起有四、五米高，需卡车运载。“板鹞”上缀满哨口，大小不一，下部的特大哨口选用葫芦、毛竹、白果、龙眼、乒乓球等制成。鹞面上并绘有神话传说等民间绘画，下部系两根数十米长的尾绳，一只大型的板鹞需多人拉升放飞，升空后大中小哨口分别发出低中高音，五音和谐，悦耳动人，声及数里，婉似“空中交响乐”。

我的老家在南通的二甲地区。二甲地区过去是南通风筝的故乡，那里扎风筝的好手不胜枚举。我姑妈的二儿子义星，虽然看似是个朴实的农民，可谈吐口舌活络，做事手脚灵巧，扎风筝是当地一流的高

南通地区的风筝（之一）。

南通地区的风筝(之二)

手。我收藏的“十九连星”板鹞就是义星早期的精品。

南通的江岸边一带的庄户人家对放风筝有着天生的嗜好。说来有人可能不太相信，像我表兄义星这种乡村里扎“板鹞”的高手，扎制出的这类巨型风筝，若站立起来可以超过两至三个成年男子叠罗汉的高度。这种风筝的骨架一般都用小竹竿和芦秆混合扎制，风筝摆出一个巨大的六角型框架，内里要分别扎出几十个小六角型，用带有韧性的纸糊贴各个小六角，每个小六角之间都间隔一定的空隙，可以穿风，犹如花格子漏窗。这就是人们所说的“七连星”、“十九连星”等等。有意思的是，这巨型风筝的骨架上都会分别系上风葫芦和风竹哨。风竹哨型状如棋子，在风中奏出脆亮的音响；风葫芦大圆肚子，声音低沉浑厚。风筝一上天，在劲风吹动之中风筝就会发出高低不同的音响汇成共鸣之声了。这风筝的两条尾巴也特别有意思，是用麻绳搓制而成，从粗到细足有七八米长，这风筝的尾巴一定要搓得紧，搓得匀，这样放飞在空中才能架住风力，稳住阵脚。

放巨型风筝的最佳时节是初冬。南通一带的乡村那时的黎明时分，江岸边地面风还很大，这时将风筝放出。待早晨七八点钟光景，原来地面上的大风已向高空抬升，此时地面上的风已渐远渐微，只留下了一片萧瑟的气象，而风筝则在高空中鸣唱着抑扬顿挫的曲儿。放风筝的人，看着这高天流云中的风筝那长长的尾巴斜垂下来，就像喷气式飞机尾后的那道长长的虹影。只要风力均匀，风筝可以在天上纹丝不动，地面上可听到“嗡嗡嗡”的一片声响，犹如飞机轰鸣一般。

说到放风筝，义星也一点儿不含糊。这个平时素爱争强好胜的表哥，在制作风筝中为了和别家的风筝比音响，他特地从外地采购来优质的葫芦和青竹，在家精心制作出上百只风葫芦和竹哨，全部配制在他的风筝骨架上了。有一年冬日，他带我去家中屋前的那条大河边的田野上，让我架住风筝，他放绳子，放到二三十米开外，看准风向后顶风一拉拼命地往前奔，顷刻，这巨型风筝从我身边带一片“皇皇”的鸣响飞翔了起来，倏忽间，整个村野四周都回响着一片轰鸣声。这声势真有点儿气壮山河。

一会儿，义星就把这牵引风筝的绳拴在了一棵大树上了，而后对我说：“就让它在天上唱曲儿吧。”实际上，将这风筝放飞在空中后事情还未完结。他拉着我回到了屋子里说：“饿坏了吧，先吃上早饭再看后面的戏。”我当时尚不明白义星这话的意思，真还有“老鼠拖木锨，大头在后面”的好戏上演么。果不其然，没过一袋烟的工夫，表哥又迅速拉上我的手跑出了屋门，当我们站在乡野放眼四方环顾远远近近的天空时，竟然在东西南北各村的上空有十多只巨型风筝上了天，这些风筝都拖着两条长长的尾巴在空中“嗡嗡汪汪”豪迈地唱曲。因为南通的这种巨型风筝与全国各地的风筝截然有别，且有着独一无二会在高空鸣响的特色，放飞风筝的各家各户不仅是在比手艺、比气派，也是在比试那引吭高歌的心曲。若哪家的风筝上风芦葫系得多一些，风筝在空中鸣唱的“轰轰”声就洪亮一些；哪家风筝上风竹哨系得多一点儿，风筝的“汪汪”之声就昂扬一些。但不管哪家风筝是“轰轰”，还是“汪汪”，都是让人听后感觉莫大的震撼。

在高天流云之中，风动处，这边的风筝一曲乍响，四方的风筝百声和鸣，此起彼伏，声浪阵阵。此时，这些上了天的巨型风筝都一个劲

民国时期的南通街市一景。

地相互争喧，不分高下，谁也不甘示弱。整个初冬的天空，此时俨然已成了风筝们的交响合唱大舞台。

岁月流年，随着年年那放飞的风筝而流逝。如今，那些庄户人家曾经流行的巨型风筝已渐渐消失在光阴的流波中。即使偶有留存下来的，也都被当地民俗文化博物馆和收藏家们收藏保存起来了。我因有亲戚会扎这种风筝，故而也是“近水楼台”，收集到了几只这种过去被南通地区庄户人家称为“空中飞行曲”的巨型风筝，为此也永远珍存下了一份儿时的情趣。

雕花水烟筒

苏州一位专藏江南民间旧物的收藏家珍藏着一个清代中期的镂花水烟筒。由于这个水烟筒的工艺制作很有特点，与一般的水烟筒不一样，这位收藏家在他多年收藏的近千件江南古代民间旧物中最珍爱这件藏品。

说起水烟筒这种铜制的烟具，长江沿岸及江南一带上年纪的老人可能都似曾相识。这种烟具一般选用上好的银白铜制作。烟筒整个部件有烟嘴、烟肚、储水仓、镊子插筒等等。平时抽烟靠水过滤，水真能过滤去烟丝中的尼古丁么？这并未得到科学的论证。不过，水烟筒这玩艺确实颇具艺术性。它整个造型就像一个人伸出手来竖起拇指那般。我也藏有两件玲珑精致的水烟筒，看了颇让人入迷。且不说烟筒上那精巧的烟嘴、烟丝仓、烟丝镊子等配件，单那套在烟筒上的镂花铜罩就让你百看不厌。铜罩周身镂空拉花，那形似古钱币花案、并刻着篆体文字的烟铜罩犹如古典园林长廊中的雕花漏窗，让人似徜徉在典雅古朴中有一份“柳暗花明又一村”的意趣。烟筒嘴上还吊有一串镂花银白铜链子，更添一份精巧与雅致。

据史料记载，水烟筒与其他一些日用铜器一样，各地的铜作坊多有制作。二十世纪初产生于云南东南一带，后在云南各地流行。随着人们生活的改善，云南民族同胞开始逐渐使用锡制或铜制的水烟筒替代竹制烟筒，使得过水吸烟更加科学和环保。纯锡，或白铜水烟筒不但在艺术性和观赏性上远远优于竹烟筒，而且其净化水质的功能是所有其他金属材料所不能及的。其后，白铜水烟筒的制作发展至广东、浙江和江苏等地。广东十八铺“陈莲记”铜作、嘉兴“沈春茂”、苏州“裕源兴”、苏省“钟元兴”等铜作名号制作的银白铜水烟筒都颇具特色，后来居上而享誉四海。

我分别藏有两件“陈莲记”和“钟元兴”铜作名号制作的白铜水烟筒。尤其是那件清光绪年间“钟元兴”铜作坊的刻铜“猴乐图”的水烟筒，像个绣花荷包一样小巧精美，委婉可人。这件水烟筒比一般

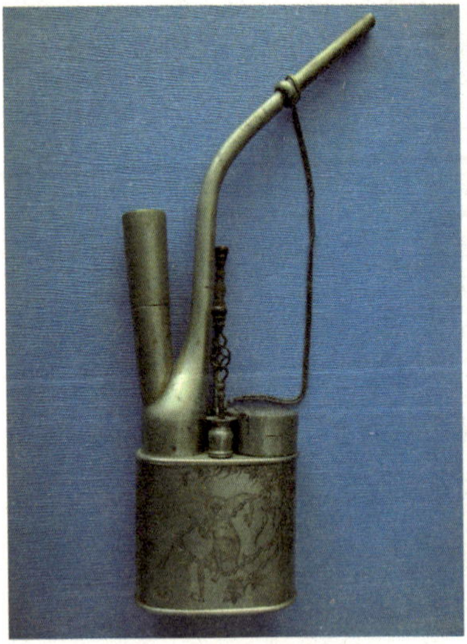

清代银白铜刻水烟筒。该烟筒正面刻一玩耍的猴子，刻画细腻，活灵活现，显示出烟具刻铜艺人精湛的技艺。

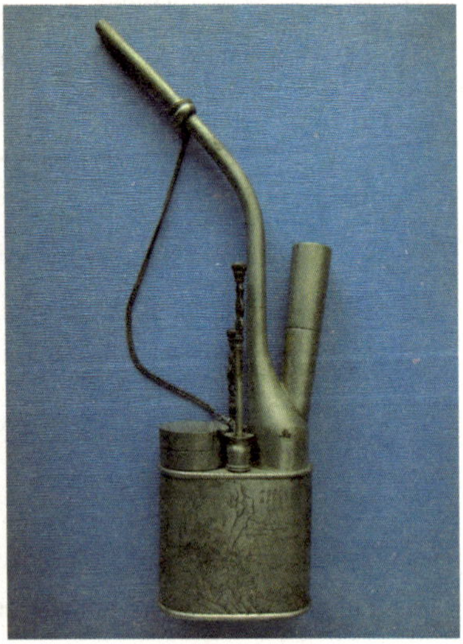

清代银白铜刻水烟筒的另一面，所刻一幅“山水楼阁图”，颇得江南“四王”画意之风采。

烟筒尺寸要小一号，可能这种尺寸的水烟筒为古时女子所用。其烟筒一面细刻一只毛茸茸的母猴，正展臂摇荡在林间戏乐。令人佩服的是，在这件硬硬的铜具上，工艺师竟然将猴子的一身茸毛和炯炯有神的眼神都丝丝缕缕，细致入微地刻画了出来；而猴身后树林的枝杈荆条等则刻画遒劲，刚劲之中映衬着毛猴的灵动。烟筒的另一面是幅“峡江揽胜”图，图上细刻深深古木、危崖峭壁，以及亭台楼阁和江流泛舟等景致，宛如天开图画，让人耳目一新。烟筒的两边还刻有“大吉祥”、“富贵宜”等篆体文字，呈现一派金石之气。一般来说，这种图文兼备，具有金石气的刻筒烟具大多为古时书香或商贾人家所用的器物。

我家乡南通地区有个余西镇。我姨奶奶就是过去余西镇上一书香门第之家的闺秀。余西人爱抽水烟，这个习惯一直延续至今尚未改变。我记得，过去余西镇上有一铜作坊就是专门制作水烟筒和手炉之类铜器的。不过，余西铜作坊的鼎盛时期在清末光绪年间。那时候，来自浙江嘉兴的铜作师傅在余西传艺继业，所制的铜器水烟筒、手炉和密码铜锁的工艺堪称一流，盛销大江南北。我姨奶奶过去所用的那只水烟筒就是清光绪年间余西铜作坊中的铜器佳作。我不会抽水烟，但喜爱收藏水烟筒。收藏这玩艺儿是有点儿怀旧的意思。我记得，过去余西姨奶奶抽水烟是她一种消闲的乐趣。每每茶余饭后，姨奶奶会习惯地拿起烟筒来，手指伸向烟丝仓内掏一抹金黄的烟丝轻巧地装进烟斗里，还顺势揿了几下将其揿紧。然后将蓄有火星的卷纸筒在嘴边“扑突”轻吹一下，卷纸筒顿时燃着了，迅即又被点到烟斗前，而后就一阵“咕噜噜，咕噜噜”地抽了起来。这烟筒肚里盛着的水是作过滤用，但水被抽吸时产生的波动声却给人营造了一种悠闲而静谧的氛围。我姨奶奶生前大概一辈子没离开过这水烟筒，生活中调理情绪、打发光阴、品味人生都在上面。余西镇上抽水烟的人很多，有时这一

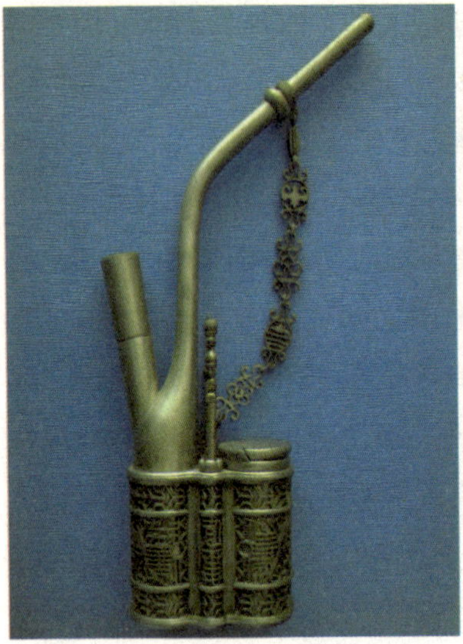
清末镂雕“延年益寿”白铜水烟筒。

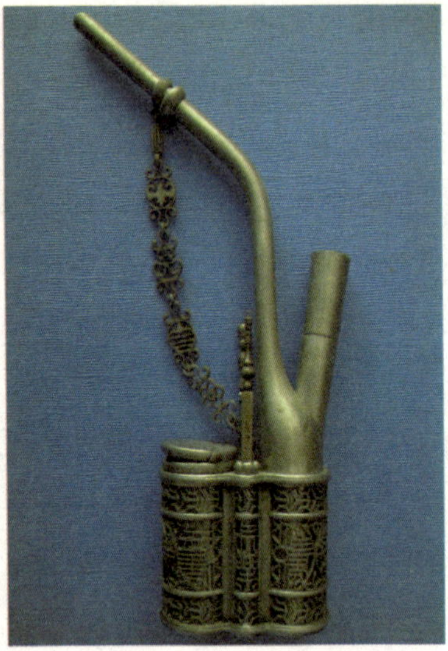
清末镂雕“延年益寿”白铜水烟筒背面图。

杆水烟筒会被左邻右舍的乡亲们传递接力轮流过瘾，丝毫不顾忌会传染上什么疾病。也只有当人们抽起水烟的时候，乡镇人这种都市人羡慕不已的自在会体现得那样馋人。

过去，北方人抽的是旱烟，而南方部分地区的人们则习惯喜好抽水烟。这可能是南方人与水有着千丝万缕的缘分。比起旱烟来，南方人的水烟用具自然要精致和艺术得多。水烟筒的艺术特点主要体现在烟筒的四周。我看到很多水烟筒上分别镌刻有神话传说、才子佳人、历史故事、飞禽走兽以及花鸟鱼虫等图案及铭文。这似乎与过去老房子上精致的砖雕、木雕艺术一样具有很强的观赏性。有人可能会问，一个用于吸烟的水烟筒为何非要制作得如此精致。应该说，古时候有很多日常用具，制作的手艺人会根据当时受用者的不同要求而精工巧作。水烟筒是常捧在手中的，古时候人们在吸烟时也不会丢掉那种赏用和把玩的闲情雅致，这可能就是人都向往美好事物的一种共性吧。

核舟神技

古代，中国南方的微雕工艺向有特色。特别在江浙地区，传统手艺一直注重精巧雅致，微中见宏，尺幅之间展示大千世界以及人生种种情趣天地。在各式各样的工艺巧作中，一种用果核（桃核、橄榄核）雕刻的核舟可谓在中国工艺的艺术长河中独树一帜。

核舟，是核雕中一个颇有特色的品种。众所周知，我国古代有一篇《核舟记》的美文，这是明代文人魏学洢记载的明天启年间常熟艺人王毅在一枚小小桃核雕刻出一件《东坡泛舟赤壁》核舟的故事。该核舟精巧绝伦，不过拇指一半大小的桃核舟在微小的尺幅间展现苏东坡夜游赤壁的情景。《核舟记》中有关这枚桃核舟的一些记载和描写有如："船头坐三人，苏东坡和黄鲁直相倚看书。佛印和尚仰望远处，船艉有船夫、书僮两人。船上有舱篷、楫、炉、壶及八扇开合自如的舱窗。……而计其长，曾不盈寸。"等等。让人读后不禁对这种核雕微型艺术拍案叫绝，叹为观止。《核舟记》中记载的王毅所制的桃核舟，迄今未见有这一真正的传世宝物存世。人们仅是通过《核舟记》这篇生动有致的文章感受明代艺人王毅首创核舟微雕艺术的精彩。

但十年前，浙江《宁波日报》披露了浙江镇海地区发现了一枚《东坡泛舟赤壁》桃核舟。这枚桃核舟经中国有关权威专家鉴定后，认为很可能就是明代王毅所制的几枚桃核舟中幸存于世的一枚。但不管怎么说，通过观看该报展示的一张实样图片可以看出此桃核舟的雕刻并不十分精致，船上人物神态及开合自如的舱窗等都未得到更为精湛细致的刻画。这也许与明代雕刻追崇简约质朴的风尚有关；又也许是由于桃核的表面较为粗糙，且高低不平，其质地远不如橄榄核那么坚实细腻，不易刻画展示微雕艺术中最细致入微的部分。千古文章可以妙笔生花，但是，通过如今宁波这件经专家鉴定的明代桃核舟展示的图片，再与现存各地博物馆的几枚清代著名核雕艺人的橄榄核来一番比较，用橄榄核雕制的核舟其工艺则更为精湛超拔。长江后浪推前浪，代代艺人总有发展和创新。继明代王毅首创核舟雕刻艺术后，现可见史料所记载的核雕名师有清代的陈祖章、杜士元、湛谷生和民国的殷根福以及当代的陈素英等这么几位。所幸人们如今还都能见到这些名师的存世核舟珍品。

橄榄核雕 “双层客船”。

存世所见的橄榄核舟中，雕刻最为精致的要数清代乾隆年间艺人陈祖章的“赤壁夜游”核舟了。陈祖章，清代乾隆年间广东牙雕艺人，其人雕技高超，刻画精微，当时他曾作为宫廷艺人被应召入宫，所刻的牙雕作品“月曼清游图”等已成为宫廷之贡品。据史料记载，陈祖章主要从艺牙雕，橄榄核雕刻是兼而为之。但是，由于陈祖章技艺高超，即便核雕系偶尔为之，照样也能出精品绝活。据相关史料载录，乾隆年间的牙雕艺人陈祖章应召入清宫造办处雕刻象牙等艺术品，有一回，陈祖章在雕刻的闲暇中吟咏了苏东坡那《后赤壁赋》诗篇，深深感受其人文意境，因此也引发了雕刻一枚核舟的念头。他想到自己家乡广东增城地区的一种叫“乌榄”的橄榄很有特色，该橄榄的果核长得比一般橄榄核要大一至两倍。而橄榄两头尖尖中间大，形似舟船，用作雕刻一枚“核舟”是十分合适的。于是陈祖章找来了家乡广东的果核精雕细刻，花了一个多月的时间，终于雕刻出了一枚“赤壁夜游”核舟。

“东坡夜游赤壁”历来是雕刻艺术家们常用的题材。明代王毅以桃核创作的“东坡泛舟赤壁”开启了利用果核似船形的巧思，后人陈祖章在学习借鉴前人艺术的基础上，用橄榄核雕刻出“赤壁夜游”这一题材的核舟作品。此核舟在技艺内涵上又都有所发展，舟上舱轩篷楫，什物俱全。人物除苏东坡外，有客人、客妇、艄公、书僮等七人，个个刻画精致。此橄榄核舟更让人不可思议的是，小小的核中舱窗竟然还雕花镂空，四面玲珑剔透。舱中凭窗而坐的苏东坡头缠巾子，宽衣博袖，静观窗外野景，神情闲适，耐人寻味。核舟舟底镌刻着细字《后赤壁赋》全文，下有“乾隆丁巳五月臣陈祖章制”款。小小一枚核舟，未须几多渲染和多少背景映衬，就已充分细致地再现出苏东坡“夜游赤壁”时高远幽雅的意境了。陈祖章这枚存世仅见的橄榄核舟作品现藏于台北故宫博物馆。

清中期橄榄核舟“游船”。

清代乾隆年间还有一位擅长雕刻橄榄核舟的艺人，他就是苏州吴县的杜士元。有关杜士元雕刻橄榄核的史料记载虽只有零星碎语，但杜士元精于核雕的技艺一直在苏州吴地流传不息。史载这位核雕艺人杜士元有“穷极工巧之能事”，其超拔之技艺令人叹服，吴地人称之为“鬼工”。《履园丛话》记载杜士元所雕的核舟，当时每枚就值银50两。杜士元雕刻橄榄核舟如此精美珍奇，过去一直只见文字描述，从未见实样。最近，常熟市博物馆首次将迄今仅见的一枚杜士元所制的“渔乐图”橄榄核舟亮相，让人一饱眼福。这枚“渔乐图”橄榄核舟呈深枣红色，雕刻者就着橄榄核天然外廓弧线随形而雕刻出船底与船篷。橄榄核舟上舱篷舟楫齐全，篷上镂空的鱼篓，船中数人大如米粒，有人晒网，有人烹茶，有人闲坐观天，整个一幅船上渔家其乐融融的生活场景。核舟底有“乾隆乙丑（1745年）造，仙传杜士元”行书雕款。此外，核舟另作水浪状象牙底座以作承托，座底还有行书雕款：“皮肉生来有益长，其中将他造船行，网船家家多子孙，渔翁得乐尝端阳。”杜士元这枚“渔乐图”橄榄核舟雕刻精微，但与陈祖章的那枚相比则更趋于简洁流畅，自然雅朴，如核舟中的舱窗未事多少刀法，不饰雕镂，其朴素平实如渔家的船舱一样富有生活之韵味。

与陈祖章的“赤壁夜游”核舟同一雕刻题材的还有清代湛谷生老人的一对橄榄核舟。（现藏辽宁省博物馆）这对核舟雕刻办十分精致，为清代核雕之精品。据史料载，清代咸丰年间的湛谷生系广东新塘人，一生擅雕橄榄核，犹擅雕核舟，几成了他的看家本领。据说湛谷生老人雕刻橄榄核另有一功。雕刻时，他先把榄核含在嘴里，待湿透后才取出，每遇晴天早上，他便对着东边的窗台，在阳光照射下精雕细琢，等到中午过后他就歇手休息了。湛谷生老人的存世核舟据载现有一枚存于增城博物馆的橄榄核花船和这对藏于辽宁博物馆的“赤壁夜游”橄榄核舟。此对核舟取材《赤壁赋》故事，舟头有二文人端坐对饮，两侍者在后，正被文人们的吟风赏月氛围所感染。一层舱两边各有四扇竹窗，开合自如。前窗内二人临窗赏月，后窗一人扶窗吟诗，中有两侍者站立外视。后舱无窗，亦有二人在赏月赋诗。二层舱，有四个窗口，无窗扇，两个前窗各二人，手把酒杯，对饮长歌，后窗口三人，似在对诗。舱顶有八人围一方桌而坐，手把酒杯，都抬头仰视桌上满席佳肴，桌两侧酒盅各四，以显现以酒会友，以诗下酒的情景。船艉上亦有二人扶案对饮。整个核舟，雕栏画椽，舱顶雕牡丹，后雕梅花，三十六个人物神态各异，栩栩如生。比起陈祖章雕刻的“赤壁夜游”核舟，此对核舟的精彩之处是人物最多，但其中哪一位是主人苏东坡，一下似还难以分清。这样，其内容与原作《赤壁赋》中所述的人物只有数位有较大的出入了。雕刻师似乎更拓展了想象的空间，把苏东坡那次赤壁夜游艺术夸张成为一次众文人贤士赤壁夜游的船上盛宴了。此对核舟舟底均细刻《前赤壁赋》原文凡百二十余字，并分别署款为“甲午年冬月谷生老人作”和“甲午年谷生拜”字样。

北京故宫博物院内还藏有一枚清中期的核雕“官船”也很精美。此核雕官船所用的橄榄核材料体型硕大，所雕的船体富丽雅致。船艏一老跷足而坐，持杯品茗，小童捧壶而立，舱中桌上摆着杯盘菜肴，一老翁凭桌而坐，似在饮酒观景，旁边书童凭栏远望。船艉小童正在搬弄酒坛。这件橄榄核雕“官船”布局有致，刀法细腻，雕刻精湛，是清代核舟中不可多得的佳作。

我收藏的各类古今核雕中，最让我欣赏的还是核舟。虽然清代陈祖章与湛谷生等名师的核舟珍品收藏不到。但所幸的是我生活在向有核雕传统的苏州。也正因为得了点当地人的优越性，我在上世纪九十年代初就熟识了中国当代核雕大师陈素英女士，也最先收藏到数枚她最拿手的核舟精品。当代中国核雕大师陈素英，江苏吴县光福人。这位江南当代橄榄核雕奇女子自15岁就入吴县光福雕刻厂，传承我国传统的橄榄核雕刻技艺，至今已雕刻了近四十载。所雕作品“东坡泛舟赤壁”、“桃园三结义”、“苏州园林胜景” 等在国内当今未见有过之者。核舟系列作品多次获国内工艺美术大赛金奖。陈素英的橄榄核舟系列作品有 “东坡游赤壁”、“三十八人游船”、“渔家乐”、“花船”、“二层船”、“龙船”、“竹筏船”等十多个核舟品种。

除“东坡游赤壁”核舟是陈素英仿制陈祖章的那枚核舟外，其他题材的核舟都是陈素英创作研制的。如有一枚“渔家乐”橄榄核舟。此核舟借鉴了清代常见的“渔家乐”竹根雕作品，采用橄榄核雕就。此核舟上精刻5人，船的一面有一渔翁站在船艉笑盈盈手捧竹篓正在观看篓中鲜鱼，船头一渔妇正在向着河面撒开渔网，棚顶上有一侧卧的小孩也在观看渔翁的竹篓，船舷上栖息着一对悠闲的水鸟。船另一面有一妇女正在持竿晾衣，一妇女坐在木凳上闲看远处景色。陈素英雕刻核舟以精细见长，所刻船景和人物精致入微，其人物小如芥子的头部表情刻画细腻，生动传神。许多细节如人物的衣褶，船棚的纹

苏州核雕大师陈素英仿清乾隆陈祖章“东坡夜游赤壁图”核舟。

理，水鸟的羽毛、渔网的网眼等都纤毫毕现显，活灵活现。整件作品布局和谐，浑然一体，且无一闲刀余刃，给人予微观之中带来美好的艺术享受。

橄榄核舟雕刻是我国民间手艺人一项极富特色的技艺，数百年来至今仍有所传承和发展，这应该说是件十分庆幸之事。也许是此项技艺的魅力所在，使得海内外无数爱好者和收藏者一直不息地在寻觅和追求着这一份艺术的精彩。

核里乾坤

明清时期，我国大型雕塑艺术无大发展，然而小件雕塑品和工艺品的装饰制作却搞得生气勃勃，富于创造性。其中的桃、杏核雕刻和橄榄核雕刻是一个颇有特色的品种，其作品的构思和雕刻都达到了极高的工艺水平和艺术境界，被人称作是“微雕神技，艺术奇葩”。果核是人们品尝鲜果后的弃物，可到了艺术家的手里，却能够化腐朽为神奇。小小一枚橄榄核，经艺人奇思巧想、出神入化的雕镂，一件件精巧玲珑，让人佩挂把玩，且又回味不尽的核雕佳作便诞生了。

和玲珑剔透的玉器，光润滑爽的牙雕，古雅高洁的竹刻等艺术品一样，核雕虽微，大千世界蕴藏其间。人们或将它垂挂于胸颈和腰间，或垂系在纨扇、折扇下，或摩挲赏玩于掌股间，其乐融融，意味无穷。当时江浙一带官宦商贾中流行玩赏竹木牙雕等古玩奇珍，精湛而玲珑多窍的核雕艺术品就是当时人们搜罗的热门之一。据了解，明代的核雕最早的核材都是桃核与杏核，未曾见到当时用橄榄核或胡桃核等进行雕刻的物品。据现存世的核雕来看，明代以后到了清乾隆年间才出现了用橄榄核和胡桃核雕刻的花船和人物等核雕。明代的桃核、

承莉君核雕手串“风景八仙”。

杏核雕刻大多是神仙人物、辟邪神兽、吉祥物等等。所雕的这样小核雕大多精巧玲珑，是一种垂挂在衣带或纨扇，或是绣袋下面的坠物，作为装饰和点缀，一方面也可玩赏。后来至清代中期开始，核雕物品就不光作为坠物装饰和点缀了，大都所用的橄榄核和胡桃核雕刻工艺品专门供文人雅士或富家子弟手里摩挲把玩。用橄榄核雕刻的各种花船游船还可配上镂空雕刻的象牙、红木座架，陈设在微型博古架上欣赏。

我藏有一枚明代晚期的桃核雕“八仙 蓝采和”。此桃核雕利用人们所常见的蟠桃的核作为雕刻材料。桃核只有大人的拇指般大小，但方寸天地间却展尽了古代微雕艺人的神技。对这枚表面高低凹凸不平的桃核，艺人妙手回春，依桃核的形态与质地奏刀巧雕巧作，将八仙中的神仙蓝采和的面容神态、头上发髻，以及肩背的花篮和脚下的海浪纹雕镂得惟妙惟肖。这对核表凹凸、质地坚硬的桃核来说尤为不易。核雕艺人似乎也采用了明代竹雕中的圆雕、深雕、毛雕和陷地雕刻等多种刀法，人物的大轮廓形态精准，凹凸分明；人物和物品的细部纤毫入微，就连蓝采和头上发髻的一丝丝头发，背上花篮的藤编条纹和花瓣都丝丝入扣，清晰可见。这枚桃核雕刻作品历经五六百年的历史，其核面已呈深褐色，但一层岁月的包浆却乌光锃亮。核上未留名家款识，不过，此枚桃核雕与我国沪上著名文物古玩鉴赏家蔡国声先生曾著文介绍过的一枚明代八仙“蓝采和”杏核雕十分相似。据蔡国声先生介绍，那枚明末清初的八仙“蓝采和”杏核雕背后有“乔林”二字小篆款识。史载，乔林系明末清初江苏如皋人，核雕高手。乔林多才艺，书画雕刻各臻其妙，雕刻与印章篆刻亦为他之所长。可以想见，乔林雕刻的核雕其技艺和品位都是不低的。

谈及古今核雕艺术，苏州舟山地区是其核雕的发源地，也是目前国内传承和发展核雕艺术最全面的地区，当称国内核雕之首，有“核雕之乡”的称誉。苏州自明清以来核雕艺术不仅有其创始人，也有传承和发展的一代代能工巧匠。自乾隆之后的清代中晚期至民国年间，各种核雕品种日趋丰富，雕刻工艺也仍有传承，但其精致细腻和其文化内涵等已不如明代晚期和清代乾隆时期那样的讲究了。不过，清末民初这一时期，江浙一带的核雕艺人中仍有不少擅雕能刻的高手，如史料上可查询的吴地的金老、民国初年殷根福及子女殷雪芸、钟年福等。有的以官船花船等为主；有的以罗汉头、八仙等题材的核雕珠串见长；有的则以单枚的“关公”、“钟馗”等历史和传说人物等为特色。总的来说这些核雕制品还都比较精致，且有各自的刀法及艺术特点。我藏有一枚清末民初苏州地区艺人的橄榄核雕“山景”，也显示了细腻精湛而不俗的微雕技艺。此橄榄核雕呈褐色，包浆自然。核上四周环雕着山林峭崖、苍松岩穴和亭廊屋舍等山中名胜，让人感觉小小一枚核上展现着

明代“八仙之蓝采和”桃核雕，只有半截大拇指般大小，但其刀法纯熟流畅，神仙人物刻画细微，其神态及举止皆有呼之欲出之感，令人玩味不尽。

一片世外桃源般的奇山胜景。古时的文人有向往山林野趣的“隐逸”情趣，这一时期一批表现奇山胜景和桃源天地题材的核雕也常有问世，供文人雅士玩赏品味。

清 杨惠芝胡桃核雕“西园雅集图”。

清末民初时期，江南苏州地区的核雕制品除了有一些人物雕和祥兽雕之类的手串、珠串较为热门外，还有就是一些传统题材的单枚核雕挂件，如 “骑马关公”、“骑驴钟馗”、“刘海戏金蟾”等等。这类展现雕技橄榄核雕讲究雕刻物品形态的生动有致，刀法技艺娴熟细腻，把玩于手间要经得住再三品味。如一枚“骑马关公”，雕刻者利用一枚小小的橄榄核有限的体积，巧妙地构思布局，将关公的坐骑与神马，以及衣着盔甲，和其神态风采展现得淋漓尽致。关公所骑的赤兔马与他手持的雁月刀不仅形神兼备，而且安排处理的位置也恰到好处。整件作品人物举止神态不乱一分，前后左右不虚一笔，细微之处也不省一刀，区区微微一件核雕小品，没有浑沌无序之嫌，游刃有余，得心应手。像“关公”之类题材的核雕因艺人们数百上千回地雕刻与研习，早已熟稔其布局和刀法，所制出的物品自然耐人寻味，也无可挑剔。

明清核雕在有些人的眼里，不过是我国工艺美术中的一种“雕虫小技”，但作为艺术来说，应该无高下与大小之分。核雕虽微，微中见宏。所以自古至今，核雕仍以其特有的艺术魅力让无数藏物玩物者惊叹和入迷。

苏州吴县光福乡与舟山村，因明清时期就善核艺，被世人称为“核雕之乡”，历史上曾有知杜士元、殷根福等核雕名匠。如今，这一

清中期“十八罗汉”胡桃核雕，配红木弯足立式座。

传统核雕的光福与舟山，从事这一传统手艺的有千余人。在苏州以殷毅军、光福陈素英、承莉君、钟年福、周建民等当今核雕代表人物的领引下，光福与舟山的传统核雕工艺空前兴盛。上海、北京、广州，以及港澳台地区是传统核雕销售和收藏的主要市场。像吴县光福、舟山的核雕家承莉君、周建民和苏州的殷毅军等人都在北京、上海等地以及网上开设了核雕专售窗口。舟山的橄榄核雕青年女艺师承莉君的两件橄榄核雕作品“风景八仙”和“古代八美人”先后荣获第九届中国（国家级）工艺美术大师精品博览会中国工艺美术特别金奖和第四届中国民间工艺品博览会金奖，真可谓是后生可畏。青年核雕女艺师承莉君的这一突出成果，也标志着光福核雕传承人“青出于蓝胜于蓝”的光辉前景。中央电视台《乡土》栏目组还专门为承莉君的核艺做了一个《核里乾坤》的专题采访节目。而陈素英的“东坡夜游赤壁”、“双层花船”、“渔家乐” 等核舟特别受港台人士的喜爱。前几年，台湾一家电视台还专门赴光福陈素英家拍一个多小时的核雕节目在宝岛播放;最近中央电视台《搜寻天下》栏目也赶往光福为陈素英的核雕做了一个专题节目。

核雕作品中,核雕手串最受当代收藏者的青睐。承莉君的拿手绝活恰恰就是核雕手串。荆歌先生藏有一串承莉君的 “风景八仙” 手串。此手串上雕刻八仙与其手中法器及相关的景致。如铁拐李是头发蓬松、衣衫褴褛、手持拐杖、瘸腿之形象,手持宝葫芦,救济众生。汉钟离要头圆额广、耳厚肩长、目深鼻耸、口方颊大,持一扇子。张果老则倒骑驴子,年龄为六七十岁,手持渔鼓。吕洞宾在八仙中是中心人物,在道教中地位极高,头顶华阳巾、身穿黄烂衫、腰缠长带子、天庭饱满、鼻梁高挺、凤眼朝天、双眉入鬓，一派仙风道骨，手持宝剑,可镇邪驱魔。何仙姑是八仙中唯一的女仙,一手持荷花,另一手执花篮,一副娃娃脸、腰系黑木带、一脚穿靴、一脚赤裸。韩湘子则眉清目秀、风流潇洒,手持一笛子。曹国舅头顶儒帽、腰系玉带,手持玉板等等。整串核雕手串上的八仙人物的喜、怒、哀、乐表现得栩栩如生,手中的法器也起到了画龙点睛的作用。

舟山核雕女艺人承莉君橄榄核雕“李清照”。

我收藏的单粒核雕件中,

承莉君获核雕创新成果奖的“李清照”核雕挂坠也颇为别致，富有新意。小小一粒橄榄核，承莉君在创作中将李清照这位古代才女置身于一个充满诗意的园林天地里。其周围荷池曲廊，山石亭轩，皆掩映于一派苍翠之间。池中风姿绰约的红荷，在园内梧桐松柏绿树的映衬下，显得分外妖娆。此时的李清照，正在池边赏景浅吟，侧身回眸间构想着她的清丽辞章……

承莉君善于抓住特定人物某一刹那间的神情，用尖刀将其镌刻于不起眼的果核之上，达到形神兼备，呼之欲出的境地，成为不可多得的传世珍品。承莉君雕刻橄榄核最大的特点是奏刀清刚峻爽，人物造型个性突出，风韵传神，流畅中又不乏女性特有的精致入微，细腻而清晰。近年来，核雕艺师在单粒橄榄核上雕刻亭台楼阁园林胜景的时而有之，但将古代才女名媛与园林景色融会贯通的创新之作却是凤毛麟角。承莉君此类推陈出新的创意，能得到专家评委的赞赏，也是当今核雕艺术必然的归属。

回顾古今核雕的历史传承，明清核雕艺术与当代核雕基本上都立足于传统的工艺手法进行创新和发展，只是古代核雕因纯手工雕制，所雕的山水人物和花鸟鱼虫等都讲究质朴简约的韵味；而当代核雕由于科技的发展，如今完全可通过机器相合手工操作的方法，使核雕画面表现得更丰繁细腻，其选题立意也更丰富而广阔。这就充分展示了“小小核雕乾坤大”的无穷魅力。

赏用两美的小提琴

人说，古董收藏是一种让人沉迷的癖好。在古玩中，西方乐器的古董小提琴对一些爱乐的收藏者，特别是小提琴爱好者来说是一种心仪之物。这倒并不仅仅因为一把世界古董名琴它那价值连城的身价，以及存世的稀缺等等。古董名琴最大的诱人之处就是它既有典雅秀美的造型，又有纯净亮丽的音质。爱琴的人有了它，可谓是为自己求得了一件赏用两美的赏心乐事。现在世界上，如能拥有一把传世名琴，对包括中国众多小提琴家和收藏家来说，都是一种梦境。

被世界喻为“乐器皇后”的小提琴以它那金子般的音色感染着一切热爱音乐的人们。由于小提琴的制作和其演奏有着永无止境的艰深，一把把看似娇丽而秀巧的小提琴，在世界上却享有着高贵的身份和地位。

痴迷小提琴的收藏家们大概对世界小提琴名琴制作的历史并不陌生，那是意大利的阿玛蒂、斯特拉迪瓦里和瓜奈里三大制琴家族。这三大家族中每一位制作大师的名琴哪把不是千百万的价格。十七世纪初在意大利伦巴第平原上一个平凡无奇的小镇克雷莫纳，一位乡村艺人安托尼奥·斯特拉迪瓦里，凭他那天资颖悟和一双奇巧之手，制造出了让后代为音乐如痴如醉的小提琴。十七世纪安托尼奥·斯特拉瓦里的小提琴如今一直被世界乐坛公认为乐器中的瑰宝，它以精湛的工艺和非凡的音质被每一位演奏家追崇。继这位小提琴大师之后，意大利又出现了一位可以与之比肩的制琴家朱赛佩·瓜奈里。他的小提琴有的更是“青出于蓝胜于蓝”，那纯净而丰满华丽的音色，使得世界小提琴作曲大师兼演奏家的帕格尼尼都为之五体投地。帕格尼尼一生只用瓜尔内的小提琴来演奏。有一把被号称“大炮”的瓜奈里的小提琴几乎成了帕格尼尼的演奏标志。据史料记载，像斯特拉迪瓦里制作的名琴保存至今的，全世界“搜肠刮肚”来寻找总共也不过600多把，且每把琴都是天价。近年来活跃在世界乐坛的中国小提琴演奏大师薛伟和吕思清等，所演奏和珍藏的都是意大利名师斯特拉迪瓦里和瓜奈里制作的传世名琴。

不管是斯特拉迪瓦里还是瓜奈里，只要是这两位制琴大师亲手制作的提琴，就有它昂贵的身价，就会成为不仅是演奏家，而且还有那些收藏家、古董商以及博物馆等疯狂觅购的珍宝。在意大利热亚那市政厅内，那把瓜奈里制作，名为“大炮”的古琴竟然封存在三道铁门里的一只保险箱内。如有哪位世界级的演奏家想要借出来演奏一下，需经过当地市政府的特批，同时还要付一大笔款子。携带这样的小提琴演出，演奏家已不仅是传播一种天籁之音了，它还体现了一种与演奏家为之相等的资格和身价。

由小提琴身价问题引出的故事很多很多，这里有一则颇耐人寻味：1986年10月初，英格兰某城市一辆双层公交车在倒车时，不慎压碎了一位名叫史蒂尔的学生的小提琴。想不到这区区小事却震动了整个欧洲。原来这把看似平常的小提琴竟是意大利十八世纪制琴大师斯特拉迪瓦里于1715年精制的作品。当这把古提琴被压成碎片之时，人们才清晰地看到琴板上用拉丁文铭刻的文字，方知它不同凡响的来历。这把琴是史蒂尔父母在其十多年前从古玩市场购买的，当时就花了20万英镑。

意大利制琴大师斯特拉迪瓦里 1693 年制作的小提琴。

作为器乐"皇后"的小提琴，既然有如此悠久的文明史，有那么多制琴名家"天籁之音"的手艺杰作，又有那么多演奏家与之手指之舞共呈辉煌的经历，自然在艺术界和收藏界，也会有无数音乐家和收藏家为之久久心仪，都梦想拥藏有一把制琴名师的精品佳器。事实也证明，在各国的古董收藏界和艺术品市场，意大利"制琴三大家族"的名琴向来都是天价，并非一般收藏家所渴望。但如果退而求之，如今各地手艺高超的当代制琴名师的好琴，如售价大致在数万至十万之间，这个收藏圈子就大了。

我和琴友刘鸿恩、黄东启先生都是痴迷古董小提琴的"琴痴"。我搞各类古董收藏三十来年，由于同样有三十多年爱好拉琴的经历，自然就一直有收藏赏玩一把名师好琴的梦想。记得最早还是在上世纪六十年代中期的学生时代，苏州的一些乐器店里曾出售一批德国琴坊进口的普及型小提琴。琴虽属普及型的档次，但由于是西洋货，其材料和制作工艺自然比国内同类档次的琴要讲究许多。当时，这种德国普及型小提琴在苏州售价 30 元人民币，但买一把对我等小辈来说这价格真是很咬手的。我记得那时与隔壁一位提琴爱好者吴同生在乐器店里看着这琴眼馋得很。两人商量着回去无论如何也要以"一定好好学习、天天向上"的承诺来说服父母掏钱。后来终于大家如愿以偿，买来的这德国琴坊的普及型小提琴后天天抽空操练，真感觉琴之音色干净，手感熟滑，远比本地6元钱一把的同类普及琴要高出几个层次。

不过，光阴流逝，如今在高档提琴制作业后继有人，繁荣发展的当代，像我最初视若珍宝的这种外国提琴，因毕竟属普及型档次，即使是制作规范的老琴，虽然音色经岁月的磨洗可以变得纯净一些，但终存在着音量小、缺乏宽广浑厚度等等致命的缺陷。这与选材及制作师的手艺等都有不可分割的关系。现在的人条件好了，爱好者选琴藏琴眼光当然也更高了。

玩琴藏琴，我那位琴友刘鸿恩，他这人可以说一辈子就痴迷小提琴，今年年届六旬，业余拉琴玩琴四十多年，现在老来“我心依旧”，爱琴之念与日俱增。有了梦想就要行动，而且还要“不惜千金买宝刀”。由于他始终存在“外国的月亮都是圆的”那样的“提琴观”，这几年来，他一个劲地吩咐在海外的儿子四处寻觅古董小提琴。不知不觉竟然也花费了数十万元的代价购回了十七、八把外国古董提琴。他将这些意大利、法国和德国等上百年前制作的古董提琴购回后，接下来的事就是请琴友们一起来欣赏、鉴定，然后再按制作工艺及音质和音色分其档次，俨然一个梁山忠义堂一百单八将好汉排定座次的架势。不过，刘鸿恩虽然委托在国外的儿子一个劲地淘琴购琴，但由于每把提琴的价格都并不昂贵，折合成人民币也不过就是一、二万块钱一把的货色。故而也带来了一个问题，那就是贪图实惠和便宜不一定会觅到好琴。刘鸿恩的这些“宝贝疙瘩”后来给苏州一位制琴师鉴定后，制琴师傅说虽然都是些国外的老琴，但其中有一部分还都是过去国外的制琴作坊批量生产的小提琴，如真要与当今各国制琴师制作的高级琴来比较一番的话，其优点可能就是音色比较纯净一些罢了。而我与另一位琴友黄东启的观念与刘鸿恩藏琴有所不同。我们的观念是“宁精勿滥”。作为一个爱琴人，无论其使用或作为收藏品赏，宁可花些大价钱买一把当代制琴师的好琴。这样，后来我与黄东启都分别收藏了中国制琴名师高彤彤和胡辰戍制作的两把好琴。

可以想象，当你费尽心血和财力觅来这一把制琴师的高级小提琴，每每在闲暇时细细欣赏这琴身上一道道比东北虎脊背更美丽斑纹，再试着奏响琴弦，听那一支支旋律在银弦的高低音阶之间回旋。这小提琴琴声高音区甜美而飘逸；中低音区丰润且浑厚。和谐的共鸣声中，时而似有伊人在水一方如歌如诉的吟唱；时而又有犹如远古的斗士昂扬出征时吹响的铿锵号角。这大概也就是古董小提琴给人带来的一种心灵震撼。

当然，如真正把一些制作精美的古董小提琴作为一种艺术品去欣赏和收藏，一把好琴其外表还须保持有熟旧而沉厚的岁月包浆。同时，小提琴这种极具歌唱能力，且又最接近人声的乐器，其演奏时的音色也应有与悠久岁月的包浆一样的醇厚而丰满。但真正做到这两点并不容易。刘鸿恩先生花费巨资购回的这些古董琴中虽有几把算得上“竞赛级”水平的东东，但真要与那些令世人崇仰的意大利制琴大师斯特拉迪瓦里的名琴相比，还真是有点小巫见大巫了。古董小提琴的收藏在中国虽不普及，但近年来随着中国经济的繁荣，特别在沿海地区一些大城市还是有相当一批喜爱拉琴和藏琴的发烧友，他们对国外的古董小提琴都十分心仪，也都梦想能拥有一把音色纯正，制作精美的名师小提琴。在近几年中国各地的艺术品拍卖会上，一些国外的古董名琴悄然亮相，纷纷被收藏家们高价竞拍。如在 2007 年 12 月的成都“金沙艺术品拍卖会”上，一把意大利斯特拉迪瓦里的玫瑰红小提琴被人以 550 万的高价拍走。

实际上，当代中国制琴师制作的名琴如今在国际上也有可圈可点之处，并相继在一些大型国际提琴制作比赛中屡获名次和佳誉。继中国制琴大师戴洪祥、郑荃后，当代的美裔华人制琴师曹树坤、北京制琴师高彤彤、广州制琴师朱明江等新一代名师制作的小提琴均都已达到了世界级水平。像北京高彤彤工作室里出品的小提琴，如有人想要购买，非得在一两年前预定才行，而且现在每把琴的价格至少都在十万元左右。

小提琴在西方一直被视为最珍贵的乐器和收藏品，其原因也不仅仅因为它是名家佳构、造型完美、工艺精湛，如此等等。小提琴真正的美妙，是天才的音乐家勤奋和灵感中撞击出的永恒圣曲，它连同那一把把稀世名琴一样被珍藏在世人的记忆里。在这里，它应该是无价的。此时，我不禁又想起了另一则西方关于“摔坏了的小提琴的故事”：在欧洲某国的一座音乐厅内，一位小提琴演奏家一曲奏毕，震惊四座。在热烈的掌声后，他突然将手中的小提琴摔得粉碎，听众一片唏嘘，惊诧之中都叹息不已。然而最后这位演奏家却向听众们揭了谜底——这把摔坏了的小提琴仅是一把普通的提琴而已。

演奏家的用意当然不言而喻：能产生如此美妙乐曲的“天使”是那手指，它是小提琴最完美的化身。

北戴河淘贝

去北戴河，脑海里很自然地涌现出了毛主席他老人家那豪放的词句：大雨落幽燕，白浪滔天，秦皇岛外打鱼船，一片汪洋都不见……北戴河的名声是那冬暖夏凉的美丽海滨，是那别墅错落绵延的海岸前雪浪千叠，还有那秦皇岛外渔船归帆中一片气势如虹的桅林。北戴河海湾是著名的避暑胜地，人们在炎热的夏天去那里亲近大海，享受着海风抚慰时带来的凉爽和快意。

浏览北戴河，难忘的胜景实在太多，那曹操“东临碣石，以观沧海”词中的碣石巨石礁是海岸边的天然雕塑，像苍鹰翘立悬崖俯瞰云海一般给人以赫然的气势。那细沙铺展的海滨镌刻着万千走近大海的人的足迹；在绿树红瓦层叠延伸中流线一般的海岸总是那样优美而迷人。

产自南非的嵘螺满身珠光宝气，斑纹绮丽，光彩耀眼。

产自南非地区的珍珠宝螺，漂洋越海不远万里来到中国。它那比虎纹更美丽耀眼的螺纹，和那一身的珠光宝气，让人觉得这“天生丽质”，胜过了世界上一切巧夺天工之作。

要说北戴河的风光，即使你未身临其境，也可能早已在众多各类形式的图文影像资料和口碑中感受过她的魅力。

不过，大多数到过北戴河的朋友最深刻的印象是大海。对我来说，还有一个能与大海比肩的美好印象是那里绮丽而斑斓的贝壳。海洋贝壳是海生类软体动物的躯壳，那色彩鲜艳又千姿百态的芋螺、宝螺、玉螺、哲螺以及砗磲、牡蛎等把海中偌大的珊瑚礁群作为栖息和生长繁衍的故乡。据有关资料介绍，世界上大部分绮丽的贝壳都与有珊瑚礁的海域结缘。北戴河海域很少有珊瑚礁，如从生长环境的角度来说，渤海湾内的北戴河与南面的威海、青岛，甚至东海一带的连云港、普陀和舟山群岛等海域一样，由于没什么珊瑚礁而很少有绮丽的贝壳。然而，当我来到北戴河碣石盘踞的老虎滩公园附近游览，竟想不到公园前有条非常热闹的商业街，街上除了饭店食摊较多外，还有一类开得热闹的就是贝壳店了。我徜徉在大街上，不知怎么真被那一家家贝壳店中五光十色的神奇彩贝给迷住了。

贝壳小店一般都只有十来平方米一开间，但里面的橱柜、或者门前大大小小的脸盆里都罗列着各种贝壳。看起来各个店摊上的贝壳或海螺都非常丰富，不过要真正归纳一下品种，也就不过三五十种之多。据不完全统计，世界上有近千种螺贝，但涉及各地海域，种类就分散了。北戴河这地方虽秀丽怡人，由于地理关系，这里生长的螺贝只有粗粝而单一的几个品种，大部分奇丽诱人的贝壳从何而来呢？一位店主给人们解了疑

瓷洗中一组微型贝壳。

各种小巧玲珑的彩贝组成一碟五彩斑斓，放在案边赏玩很养眼的。

问，他说近几年经济开放，北戴河与青岛、厦门等海滨城市旅游地一样，从越南、印度、马来西亚等国以及我国海南一些出产螺贝的地区，车运船载搞来一箱箱贝壳佳品，丰富旅游市场的贝壳。

“海滨旅游城市需要美丽的贝壳”，店主说的是实话，我信。花钱买贝壳也是一次了解和学习海洋生物知识的过程。我选购的一批贝壳中，有些品种说起来真有趣，也很新鲜。如有一种壳上有暗色花纹的长长海螺称为飞弹螺，这在贝类中据说仅此一种形似鱼雷。它们分布于热带印度洋地区。另一种被贝壳商称为烟斗螺的贝壳，形状酷似老人手中的烟斗。那长长的螺轴似烟斗的把柄，螺身有一大圆孔，犹如塞烟丝的烟斗孔，但这螺真正的学名叫鹬头骨螺，分布于印度南部海域。花纹、颜色和形体都有点像杨桃的一种海螺，它的学名叫杨桃螺。杨桃螺有大杨桃螺、西非杨桃螺、百肋杨桃螺等十多种，分布于太平洋一带的大杨桃螺数量最多，故像北戴河、青岛等海滨城市最近几年有货源，市场上常能见到。不过像非洲毛里求斯那里的一种百肋杨桃螺就十分珍贵和罕见了。它的身上有很多明显突出的肋条，一根根整齐排列，就如同演奏乐曲的竖琴那模样。其他类型的杨桃螺身上也有一根根较为明显的肋条，因此杨桃螺又被一些行内的人士和商贩们称为竖琴螺。我于两年前在青岛海洋水族馆内见到过杨桃螺的标本，那牌子上也称作竖琴螺。在北戴河买几枚回去搁在家中食品柜内观赏是很典雅的。还有一种十分引人注目的蝎螺就更有趣，它有七根向四周弯曲伸展的螺棘，尾部那根棘刺又特别长，活像一只正在爬行中的蝎子，张牙舞爪让人颤栗。

贝壳总以奇异的形状、艳丽的色彩和精美的花纹让万千淘贝者痴迷。世界上有很多形象有趣的名称都是根据一些海螺的特点而起的，如身上伸展很多棘管的螺形同蜘蛛，被称为蜘蛛螺；那纹彩和形状酷似新出土的竹笋样的褐斑笋螺和矛笋螺让人看了眼馋。黑线车轮螺身上那白色和深褐色相间的螺旋带纹仿佛一个旋转的车轮；而唐冠螺那模样如同女皇的桂冠。这几年经济发展，市场开放，北戴河的贝壳市场渐渐增多了世界各地的贝壳，这是贝壳收集者的幸运。

在北戴河海边街市众多贝壳店摊中，有一位名叫杜海生的小伙，他经营的一爿“雪浪花”贝壳 店吸引着四方游客和淘贝者。走进他的店内可见一排排陈列着贝壳精品的橱柜，里面的极大部分贝壳都是市场上难得一见的，如珍稀的黄金宝螺，通体散发着金黄色的光泽。地图宝螺有粉红色鲜嫩的底壳，身上的图纹似河流纵横；百眼宝螺周身润滑光亮，密布的小圆孔真像有一百只眼睛在眨闪。但是，这精品柜中的珍稀螺贝每只都要价 500 至 1000 元，而且还不能多还价，真让人欲罢不能，但又望而却步。可杜海生一点儿也不在乎，他总是笃悠悠地对每一位来店里的客人介绍那些贝壳珍品。他还说，这些珍稀贝壳都是国外进口的，在国外也很罕见，其价格更昂贵，因为外

花纹美丽的“鹦鹉”螺可以配上一个红木小琴桌，作为案头的小摆设欣赏。

相映成趣的红珊瑚摆件。

国人生活水平高，钱多。他有时一边介绍，一边还拿出国外出版的几本贝壳图鉴，指着上面贝壳的品种和价格给买贝壳的人们参考、比较。他还颇显内行地对人说："国内一些收藏者认为法螺、唐冠螺、鹦鹉螺和万宝螺被称为'四大名螺'，其实这种观点太狭隘。所谓世人公认的名螺是从它的珍罕和美观、奇特性等方面综合而定的。""这样看来，这精品柜中有几枚符合以上标准的海螺应该无愧于名螺的称号了？"我反问道。"这当然是这么回事。"杜海生应了我一句后接着又说："牛皮不是吹的，你看一下我柜中那些黄金宝螺、地图宝螺和冠拳螺等等，再看看这本当今世界最主要的贝类学家彼得·丹斯的《珍奇的贝壳》。"他边说边翻着这本铁证一般的权威专著，上面倒确实有相似的评定和介绍。

北戴河的贝壳商，特别像杜海生这样的小伙可真够专业的。我看了心中暗暗赞叹。不管怎样，爱藏贝，今日来北戴河也买了不少不花大钱的贝壳，那就在这小店的精品柜中挑一枚黄金宝螺回去吧，就是千儿八百我也掏这钱了。

带着一背包北戴河的潮声回来，在我美好的记忆里，北戴河的潮汐融会了世界的风采。

“竹林七贤”话竹雕

收藏各式明清竹雕笔筒，是我最大的兴趣。在我收藏的数十件竹笔筒中，有一件清乾嘉年间的“竹林七贤”竹雕笔筒比较难得。这件笔筒是我多年前与一古玩商用8幅当代苏州名画家的画作换来的。此件竹雕笔筒高约18公分，口径约15公分，属于清中期大型竹雕笔筒中一种比较标准的尺寸。笔筒通体采用深雕、漏雕加毛刻等多种手法环雕一幅“竹林七贤”图。笔筒展现其山中参差错落的竹林，以及溪流崖石间“竹林七贤”人物或拄杖观景、或执扇小憩、或相互吟诗作答的情景。

有关“竹林七贤”的故事，其大致历史背景是这样的：在三国曹魏晚期，政治昏暗，一些文人志士不愿同流合污，纷纷退出官场，过着纵情山水，放荡不羁的生活。当时山涛、阮籍、嵇康、向秀、刘伶、阮咸和王戎七人，相与友善，隐身遁世，常于竹林聚会，饮酒清谈，抚琴吟诗，世称“竹林七贤”。后代世人常绘有“竹林七贤图”，如五代时，长沙窑瓷器上就绘有此图，明清时期景德镇窑瓷器也常以此为主题纹饰。因此也产生了诸多中国古代文人雅集的故事，并被历代画师艺匠们作为绘艺创作中的题材，诸如反映晋代大书法家王羲之与友于绍兴兰亭“曲水流觞”以酒会诗的“兰亭雅集图”、唐代白居易与友雅集的“香山九老图”，以及北宋诗人苏东坡与友雅聚的“西园雅集图”等等。

清中期“竹林七贤图”竹雕笔筒

中国明清时期的竹雕艺术也如书画、瓷器一样，喜欢将历史中那些志趣相投的文人聚会的故事施绘镂刻于竹器上。其中，记述晋代文人雅集的“竹林七贤”是明末至清初康乾盛世时最盛行的一种竹雕题材。特别是在清代康乾时期，竹雕艺人们缘何都钟爱，甚至流行于雕刻“竹林七贤”这类题材的呢，这个问题说来很有意思，也很值得后人探讨和研究。如今从不少存世的“竹林七贤”题材的竹器来看，我们不难窥见那个时代的古代竹雕艺人和喜爱竹雕的文人雅士追求文人情怀的一种艺术取向，也展露了一种追崇清高脱俗，质朴淡远的思想境界。此外，由于“竹林七贤”的历史故事反映了当时的文人高士那种愤世嫉俗，追求超逸洒脱的情怀，这与竹子的清高绝俗的品质自然又是十分的融合，所以古代竹雕艺人将“竹林七贤图”作为雕刻竹器的主要绘画题材可谓是真正的“情投意合”，两全俱美的事。

在竹器上绘刻“竹林七贤”，其展示的主要背景是那一片片的竹林，竹林中那一竿竿绿竹参差密布，幽静而深邃。背景中的七位古代贤士，常会聚于这一片幽静的竹林。值得一提的是，明清时期竹人雕竹时所擅长施用的深雕、透雕技艺在一些“竹林七贤”的竹雕笔筒上发挥得淋漓尽致。笔筒上那山涧溪流旁铺展的竹林疏密漏透，层次丰富，那镂空的层层竹林，其间还可容纳游人闲坐，会聚来这山涧竹林的贤士们或竹前或竹后，前后多层的人物布局也突出了层次感和空间透视效果，使人产生一种身临其境的真切感。而这种立体的画面又与一节节具有鲜明轮廓感的竹器相映成趣，亦可谓是珠联璧合。

中国清代的“康乾”盛世，各类艺术得到兴盛和发展，竹雕自然也不例外。继明代“嘉定派”竹雕中擅长的深雕和透雕等技艺，后来的竹雕技法又不断有所创新。在嘉定地区如出现了吴之璠的“薄地阳文”雕、“封氏”家族的圆雕、周芷岩的“铁笔深刻绘画法”竹雕等新的一路雕刻技艺。而自康熙年间开始兴盛的这类“竹林七贤图”题材的竹雕，正是逢上了竹艺变革与发展的好时机，所雕刻的作品刀法更为丰富，既继承了前朝竹雕中深雕、透雕等技法，也加入了一些诸如浅浮雕、薄地阳雕、浅刻和毛雕等新技法，使景物和人物的衣着、神态等展现得更为清晰细腻，生动逼真。如有些“竹林七贤图”中的人物，其眉眼毛发，甚至举动间衣着的皱褶等都得以细腻地刻画和展

洪建华竹林七贤笔筒（故宫收藏）。

香港苏富比拍卖（竹林七贤图竹笔筒60万至80万）。

清早期竹林七贤竹雕笔筒。

现，自然，其各式人等的人物神态也呼之欲出，更使人感觉鲜活而生动。

竹雕艺术源远流长，其技艺传承至今仍不乏后继者中的名师高徒。竹艺发祥地的嘉定地区，现有以张伟中等一批擅长留青雕的中青年将竹雕一门艺术发扬光大；而受其“嘉定派”竹雕影响最为深厚的安徽歙县和黄山地区，现有以洪建华为首的竹雕翘楚名扬海内外。继承了嘉定派竹雕技艺精粹的当代竹雕工艺师洪建华，十分擅长明清仿古题材的竹雕制品，且尤以竹笔筒见胜。洪建华雕竹构图严谨，刀法洒脱而细腻，特别像“竹林七贤”、“兰亭雅集”一类的古代文人贤士题材的故事，更是他用力最深，且最擅长施展才能的作品。2006年，洪建华的一只“竹林七贤”笔筒，通过故宫博物院专家组的严格评审，被故宫博物院永久收藏。这样，他的作品就成为故宫上世纪50年代以来收藏的第一件现代竹刻艺术。对于洪建华这件当代竹雕精品“竹林七贤图”笔筒，故宫博物院竹木牙角专家刘静分析认为，“竹林七贤”笔筒主要雕刻技法与清代初期名家雕刻技术近似，作者在绘画的基础上，仿照古代图录，所刻苍松翠竹，由远及近，由近及远，层次众多且又极为分明，线条流畅，形神兼备，松树的古老苍劲跃然纸上；所刻人物生动逼真，人物神态能够面面俱到，侧脸人物不能正面看到的另半部脸上表情、眉眼均细细刻出，不平铺不直刀。其雕刻技法炉火纯青，文风厚重，大有清初竹刻大家吴之璠风范，其雕刻磨功也极到位，表面侧削部位平滑，竹筋可以看见却摸不到，充分体现了明末清初的竹刻艺术特点。实际上，故宫专家对洪建华仿古竹雕的这番评论，也从另一个侧面反映出了明清时期，中国竹雕艺人们对竹雕艺术不懈追求的精神写照，也是竹人在追求和开拓创新中高超才艺的展现。

“留青”刻竹

我国古代的竹雕工艺中，有一种雕刻技艺很让人新奇，这有点儿像姑娘利索的刀剪下巧裁剪纸一样，将明眸中大千世界秀丽景致剪影得那般清晰而透明。这种技法就是明代江南竹雕大师张希黄首创的“留青”竹雕。

“留青”竹艺又称皮雕，这实际上是一种从古老竹艺的深雕、透雕中脱胎而出的新颖的竹雕样式。新竹未雕之时，这竹子外有竹皮，皮下有竹青，皮内有竹黄。留青，即是将竹皮剔去后露出竹青，雕刻中将竹子表面一层青筠上雕刻图纹画意，然后铲去多余的竹青，露出竹黄（竹肌）的底子。在这薄薄一层青筠上，擅长书画的竹刻家还常常能巧施“留多留少”的刀下功夫，使作品呈现出层次丰富、明暗相间的艺术效果，随着细腻精确的刀法，那竹雕中山水楼阁、神仙瑞兽等各式画卷如抽丝剥茧一般层层叠现于人们的眼前。

传承古代工艺的千年薪火，竹艺后人中有志创新者如今在江南地区并不鲜见。苏州地区是明清竹雕的发源地，荟萃了竹雕中的各种技艺。如今的“留青”竹雕，凭着它那秀丽雅致而又不乏清晰层次感的立体效果而深受当代藏家们的青睐。在苏州，说到传统“留青”竹雕，如今身为苏州高级工艺美术师的杨君康先生那种富有创新的“留青”竹雕，受到了大江南北无数藏家的赞赏和追崇。纵观古今“留青”竹艺，所涉题材一般皆为山水楼阁及花卉鸟兽之类，人物很少。即便少有涉及，一般也都是竹刻艺人们搬照画本摹刻。而杨君康先生竹刻数十年刀笔耕耘，皆立志于自画自刻，并以古今文化名人为题创作真正属于自己的系列作品，这在当今竹刻界可算是个“另类”了。

在杨君康先生书斋中，一块“草圣张旭”的留青竹雕臂搁令各地前来观赏的藏家爱不释手。这块臂搁集中体现了杨君康留青竹艺的雕刻理念与手法。其臂搁选用张旭的狂草书体作背景，人物造型借鉴画家梁长林水墨人物画意，张旭似醉似癫的表情与舞摆的长袖随风律动，在醉意与癫狂间显得恣意奔放，生动传神。这些如果用传统留青单纯线条写意的技法来表现，显然还达不到鲜明的效果。为此，杨君康在雕刻上使用了多种刀法，即衣着凭细刻的线条勾勒，飘动率意；人物脸部则通过素描手法刻画出五官的浮雕感，衣着的写意结合人物脸部写实，虚实相间，既有人物的立体层次感，又展显其画意飘逸之意境。

当代苏州竹刻家杨君康留青臂搁“曹雪芹像”。

年轻时好学古今诗文的杨

君康曾被下放过农场务农。那些日日夜夜“绣地球”的生活从未泯灭他对古今文化名人和其诗文的学习向往。即便夜以继日的农务再苦再累，杨君康都要找机会偷闲去背诵上几句唐诗宋词。日积月累的古诗文知识，常使杨君康心中感觉有激情与灵感碰撞，雕刻时也觉得刀随神意，游刃有余了。如今，在杨君康的古今人物系列留青雕刻中，李白、杜甫、曹雪芹、郑板桥、鲁迅等一个个古今历史文化名人正相继呈现于他刀笔之下，给众多喜爱古今文化名人艺术品收藏的人们带来了新的视野和意趣。

在我的竹雕系列藏品中，有一件杨君康先生的留青竹雕“曹雪芹像”臂搁，比较能展现杨君康先生细腻的留青人物雕刻技艺。说起曹雪芹，他生平坎坷，一生几乎在穷困潦倒中度过。他出身于一个“百年望族”的大官僚地主家庭，从曾祖父起三代世袭江宁织造一职达六十年之久。后来父亲因事受株连，被革职抄家，家庭的衰败使曹雪芹饱尝了人生的辛酸。以致他在人生的最后几十年里，以坚忍不拔的毅力，历经十年创作了被世人喻为“中国封建社会的一面镜子”的长篇巨著《红楼梦》。中国文人虽有济世救民的宏愿，在现实社会却常常难以施展。现实生活的遭遇与心理期待之间的矛盾冲突，导致了中国文人心理的严重失衡，因而产生了浓厚的失意情绪——怀才不遇。这种失意情绪导致中国文人愤世嫉俗，形成孤傲、清高的性格。从屈原、贾谊、陶渊明，一直到曹雪芹，“文人情结”是中国文人集体无意识的积淀。杨君康先生雕刻曹雪芹人物，十分注重刻画和发掘人物的内在性格和内心世界。他通过深浅不一的刀法立体塑造人物形象的同时，并将瞬间的人物表情凝固于雕刻作品中，准确而生动传神地刻画出曹雪芹内心所展露的那种愤世嫉俗，孤傲清高，但又含有怀才不遇的失意情绪。

实际上，古代的竹雕人物作品，向来注重发掘和刻画人物内心世界的瞬间情绪。如明清两代最典型的那种“烂柯观棋图”竹雕笔筒上的对弈与观棋场面，竹雕艺师们皆能通过其传神的刀法，准确生动地刻画出古代的樵夫王质遇仙观棋“山中方一日，世上几百年”的情怀和心境。杨君康的竹雕人物，也正是由于能及时发掘展现其人物个性和精神面貌中最“传神”的一瞬，最终起到了画龙点睛的效果。

铁笔浅刻竹臂搁

在苏州胥江边一处老宅内，苏州竹刻家张泰中有一间“张泰中竹艺工作室”。在工作室的画案上，张泰中雕刻出了一块具有浓郁文人气息的竹臂搁精品。这块宽宽的竹臂搁上刻着一幅“东坡赤壁夜游”图。画面通过一种具有书画意蕴的浅刻竹雕手法，展现了宋代大文豪苏东坡泛舟夜游黄冈赤壁的情景。

“携酒与鱼，复游于赤壁之下。江流有声，断岸千尺，山高月小，水落石出……”苏东坡《后赤壁赋》中的名句激发了中国工艺美术大师张晓飞先生和竹刻家张泰中先生的创作灵感，他们根据东坡夜游赤壁的意境，一个构图作画，一个奏刀刻竹。那虚实明暗的墨色与线条，与深浅错落的刀法，在这块文玩精品的竹臂搁上，此时无声胜有声地再现了这一令后人仰慕而神往的幽雅意境。这块经张泰中精心刻制的“东坡赤壁夜游”竹臂搁，经各藏家辗转收藏，最后来到了我手上。得此宝贝后，近三年来，我几乎天天将它放在枕边的床头上，每天起床第一件事，是用脸上的油脂抹一下这青青的竹臂搁。这样，日子久了，这块原来还见竹色青青的臂搁，被我坚持数年用汗渍涂抹和心手盘玩后已渐呈深黄色，其包浆也日渐熟旧，看起来仿佛是一件古旧的老器了。

竹刻艺术与书画一样，表现力丰富至极。特别是最具中国传统书画笔墨神韵的竹雕浅刻艺术，诸如此块“东坡夜游赤壁”竹臂搁，竹刻家张泰中运用他最擅长的竹雕浅刻，将苏东坡夜游“断岸千尺”的赤壁那峭岩高耸、古木幽深，与东坡驾一叶小舟，凌万顷于茫然的情景，通过轻重急缓、顿挫有致的刀法表现了出来。又如竹臂搁“月下石猴”，张泰中将画家陈如冬的这幅水墨画通过十多种刀法雕刻出朦胧的夜月，月下毛茸茸的石猴在山石边摘果，眼前苍枝横斜，疏影俱寂，但仍有生命的渴望和吟唱。再如“米癫拜石”竹臂搁，张泰中娴熟地运用了多种深浅不一的刀法，以线条带动块面，那山石婀娜灵秀的风姿和米芾痴癫而虔诚的神情互相映照，再配上数枝翠竹点缀，一幅拜石图于艺术夸张中给人以栩栩如生的印象。

张泰中竹刻“赤壁夜游图”臂搁。

具有文人书卷气息的竹刻，与玉雕、漆雕等工艺一样，是中国工艺历史百花园中的一枝奇葩。竹刻中的浅刻艺术，最早见于六书盛行时那刻有文字的竹简中，明代中叶以后竹刻达到空前的繁兴。清末民初，曾繁荣一时的竹刻浅几近衰微，如今后继者经传承钻研，使竹刻艺术重焕光彩。那具有书画意蕴的浅刻竹雕艺术，它创制的各类文玩如笔筒、臂搁、香筒、扇骨等都是如今各地收藏家们珍藏的热门品种。

张泰中的工作室可谓竹刻佳珍荟萃，墙上四周挂满自作的山水画；橱内绘画与竹刻类书籍一叠又一叠；桌架几案上，各种扇骨、臂搁、笔筒、抱柱等，真可以办个小型竹刻艺术展览馆了。苏州竹刻家张泰中，曾在苏州的工艺美术学校系统地学过中国书画和漆器雕刻等艺术。后来主攻竹雕浅刻。七十年代进入苏州扇厂后专事竹刻工艺，并拜苏州竹雕大师杨惠仪先生为师，系统地学习了苏派传统竹雕的多项技艺。经过杨惠仪多年的精心传教，和张泰中自身对竹艺的深刻领悟和专致勤奋，使他的竹刻技术日臻成熟。

张泰中竹刻“东坡夜游赤壁”臂搁。

为了进一步搞好竹刻，张泰中曾深入钻研过中国山水人物画技法，结合数十年竹刻的实践，更加深了对中国画所含丰富意蕴的理解。虽然是主攻竹刻，但他却十分看重绘画，并对中国画历史的演变、流派风格以及艺术特色等一一记取，烂熟于心。为开拓视野，张泰中曾多次游历了黄山、庐山、雁荡、武夷等山水名胜，实地写生打稿；在苏州东、西山和太湖渔村等地写生常常一住就是十天半月。大量的画作积累和竹刻基础技艺的磨炼使张泰中的竹刻艺术渐入佳境。同时，张泰中在长期的实践中磨炼出了竹刻中的一路特技，即不打画稿也能脱手在扇骨和其他竹器上刻出山水佳景和栩栩如生的人物，这真正是名副其实的“以刀代笔”。因此，他也被竹刻同行们称为“快刀手”。张泰中现场表演脱手刻竹功夫不凡，有时一幅画、一件物品放在他面前，他边观察边能摹刻，而且形神兼备，颇具意境。故每当现场刻就一件作品，就会被一些痴迷的收藏者觅购而去。

张泰中的竹刻技艺不断精进，单单一些扇骨、笔洗、香筒等小件已不能满足他的创作欲望了，他日后将主要研刻精力放在了一些大件作品，诸如臂搁、笔海、竹匾、竹抱柱、竹对联等方面。张泰中雕刻的这类作品一直遵循着书画为上且讲究文化品位的原则，所刻竹匾横批、抱柱对联，均以历代名家手迹为范本，以深浅不一的刀法表现书法艺术中笔墨线条的气韵和神采。所刻的臂搁、笔筒、笔海等，张泰中除自己作画打稿一部外，更多的是请苏州知名书画家画稿，如张晓飞的古代人物画；徐源绍、张继馨的写意花鸟；谭以文的竹石图及书法等等都是能展现于臂搁和笔筒上的精品佳作。张泰中希望通过这样的合作让各种风格的书画艺术与竹刻完美地结合在一起。

数十年来，张泰中手中刻就了上万把竹刻扇骨，以及千余件竹雕文玩臂搁、抱柱和笔筒等。“宝剑锋从磨砺出，梅花香自苦寒来”，就在这千百回对中国书画与竹刻艺术的融合与锤炼中，张泰中终于形成了属于自己具有文人书卷气息，率意畅朗而不乏丰雅细腻的竹刻风格。

竹根雕里的“渔家乐”

古往今来，翠竹的竹竿可以雕荆镂棘，搞出各式各样的文玩杂件和工艺品。而竹根也不甘落后和被埋没似的，同样可以在高品位的文玩器具中一显其材。现在我们可以看到不少明清时期存世的文玩杂件，那些竹根雕神仙瑞兽、笔洗水盂、笔架山子等等，在其奇崛而秀健的形状中，往往可以窥见竹根多姿的身影。

文人喜爱竹子，于是便有很多竹雕艺人将竹雕文玩作为一生的手艺，并不断传承光大，使古今竹雕艺术品呈现出清雅隽永、风姿绰约的神采。明清两代的竹雕中有一种称之为竹根雕的艺术十分独特。平常所说的竹雕，主要是利用竹竿中段的部分，取其而用之。或透漏深雕；或浅刻毛雕；或留青铲地，雕制成竹笔筒、竹臂搁、竹抱柱，以及竹扇骨、鸟笼、茶叶罐、扇盒等文房器具和和文玩。而竹子靠近根部的一段，竹雕艺人们取之而作的大多是文玩中的摆件和把玩件，如竹根雕八仙人物、风景山子、竹根雕佛手、“渔家乐”舟船摆件等等。

实际上，竹根雕作为竹雕中的一类，竹雕艺人在竹根上施展的雕棘镂楮奇思巧艺，毫不逊于取材于竹子中段的大件作品。自明代中后期开始兴盛的竹根雕的历史并不算悠久，但其技艺及艺术品位却彰显着高古峻拔的气格。明代嘉定派竹雕创始人朱松邻、朱小松、朱三松三代朱氏家族，始创了竹雕和竹根雕。从当今存世的竹根雕来看，最早的当属明代嘉靖末年嘉定竹雕大师朱松邻的作品，是那用一截竹根雕出被称为“笔斗”的“松鹤图”笔筒（现藏南京博物院）。后有朱松邻其子朱小松竹根雕佛手（清宫旧藏），其竹根雕佛手呈并蒂折枝式，枝叶相连，姿态优美，果皮上的棕点麻皮逼真，枝端刻阴文“小松”楷书款。此器雕刻刀法精湛熟练，以曲直、深浅的刀法变化将佛手的姿态表现得惟妙惟肖。并蒂佛手寓意“多福”，是宫中的陈设器。朱小松是明代中后期最有影响的嘉定派竹刻艺术家，小松深得其父真传，工小篆，善行草，兼画山水，尤精刻竹。其作品颇有巧思，意旨精妙，刀法细入毫末。朱小松之子朱三松，更是青出于蓝，将朱氏一门的竹雕技艺推向了高峰。所雕的竹根雕人物和文房佳器“松竹图”笔洗等几乎成了后代竹根雕的范本。以致后来的一大批竹雕名家如濮仲谦、秦一爵、封锡禄、封锡爵、吴之璠、潘西凤、马根仙等，均步朱氏家

清代竹根雕“渔家乐”摆件之一。

族之后尘，都一次次尝试创作和研制各种竹根雕。

缘于器物和器形的需要，竹根雕通常的技法主要是立体圆雕，辅以深浮雕。即在整段竹根上通体进行雕刻，或有人物立像、坐像；或有“山石松竹人物”图案的槎杯、笔格山子；或也有类似“达摩渡海”、“渔家乐”之类的竹根雕舟船等等。竹根雕器物以案头摆件和文房器具为主要品种，因过去都是专门供权贵商贾和文人雅士赏玩及书画之用，故雕制的器物都具有很高的艺术含量。明清两代竹雕圈内，无论名家高手，还是竹器艺匠，都把竹根雕作为竹器中一种别开生面的品类来进行创制和传承。从现存于世的大量明清竹根雕器物来看，情况也与竹雕制品一样，只有少数竹根雕器物上留有当时名家款识外，大部分雕制精湛的作品皆不留款识。这倒不是因为未留名款的器物就没有身价。这可能与古时大多数手艺人固有的“手艺之雕虫小技不足以留名”的观念有关。

竹根雕与竹雕工艺基本相似，主要技法还是以刀代笔，以雕刻不同形状的神仙人物祥兽类摆件为主。另外就是综合山水人物类的竹根雕随形山子摆件。其中，特别有意思的是一种与竹根形状相近的“渔家乐”船形摆件，在竹根雕中也占有一席。竹根雕“渔家乐”船形摆件的兴起，据目前存世的一些作品来看，制作的时间大体都在清同光年间，属清晚期。这种有趣的形式可能是当时的竹雕艺人受了橄榄核雕刻中的核舟造型的影响和启发。橄榄核两头尖尖中间大，正好与舟船造型不谋而合。古代从事微型立体果核雕的艺人们，操刀时精心构思出了一种小如指尖的微型核舟，舟上人物器具俱全，舟船舱窗开合自如。这种巧作佳构，给了竹根雕艺人更多的想象空间。而类似“渔家乐”式样的竹根雕摆件继后在便从竹雕艺人的手下脱胎而出。

我平素比较关注收藏明清竹器。家藏有一件清代同治年间的“渔家乐”竹根雕渔舟摆件。说到这件家藏的清代“渔家乐”竹根雕

“清末竹根雕”渔家乐摆件之二。

摆件，还是近年有幸从素有“十里洋场”之称的大上海淘宝得来。2008年岁末，全球金融危机，艺术品收藏自然也躲不了市场衰退之态势。但对于真正的收藏爱好者来说，这说不定也是个觅宝的佳机。此年岁末的某一日，我再次来上海古玩市场淘宝。可能是与古代竹雕有缘，我在大木桥云洲古玩城内一家店铺看到了这件清晚期“渔家乐”竹根雕渔舟摆件。此摆件采用竹根部一截，通过圆雕与透雕手法栩栩如生雕刻出了一幅“渔舟唱晚”的情景：竹雕渔舟上篷舱显映，篷顶搁置鱼篓网绳，船上渔家结网摇橹，收衣烹食，“渔家乐”生活真可谓其乐融融令人向往。

看着这件竹质光润，褐色包浆的竹根雕渔舟摆件，我不由想起数年前，云南昆明一家艺术品拍卖行以3万多元拍出一件相仿的“渔家乐”竹根雕摆件。当时我心里一阵激动，但表面上仍老练镇静地问价欲购，并说因自己家中也有这样一件朋友赠与的大致相仿的摆件，如价钱不高可买回去成双做对。可能因为该店老板长期经营古瓷，对竹根雕类杂件的价格认识不深，加之近期市场较为低迷，故在我一阵“鼓噪”后，便将这件清代竹根摆件以5500元的价位转让给了我。应该说这是我这一年唯一捡得的一次小“漏”。

实际上，在古代的文玩杂件中，类似“渔家乐”竹根雕摆件同类题材的器物出现了不少。如橄榄核舟、水晶雕、玉雕、黄杨木雕，甚至还有金银器等。我想，为何古人特别钟情“渔家乐”这一类的题材呢。想来也不难理解。渔家乐，乐的是自食其力者劳动生活的知足和快乐。平常而质朴的渔民，打鱼搏浪一生在水上漂泊。但是舟船是他们的家，是他们脚下一片赖以生存的移动着的土地。这里，竹根雕显示出的“渔家乐”这一其乐融融的场景，也不由使人回想起鲁迅先生小说《风波》中的一段有关乡村人“田家乐”的描述，似乎与渔家乐有异曲同工之妙。小说《风波》中有这样的描述：

> 临河的土场上，太阳渐渐的收了他通黄的光线了。场边靠河的乌桕树叶，干巴巴的才喘过气来，几个花脚蚊子在下面哼着飞舞。面河的农家的烟囱里，逐渐减少了炊烟，女人孩子们都在自己门口的土场上泼些水，放下小桌子和矮凳；人知道，这已经是晚饭的时候了。老人男人坐在矮凳上，摇着大芭蕉扇闲谈，孩子飞也似的跑，或者蹲在乌桕树下赌玩石子。女人端出乌黑的蒸干菜和松花黄的米饭，热蓬蓬冒气。河里驶过文人的酒船，文豪见了，大发诗兴，说，“无思无虑，这真是田家乐啊！”……

古代的竹雕根雕，无论其题材涉及的是平民百姓的“渔家乐”也好，还是高僧雅士也罢，竹雕就是这样，常常以一种雅俗相融的气息给人洗心涤尘。青青山竹的竹根，雕制时可任竹雕艺人以刀代笔驰骋想象。从大俗到大雅，竹根雕器物上的云林逸士，山泉茅舍等无不发人之幽思。竹子的高风亮节能耀人的精神，也能抚人心襟。一件真正的竹根雕艺术品，是古代工艺师智慧与心血的结晶，也为后人映耀出一个天人合一的境界。

“捡漏”竹雕古笔筒

在我的收藏品类中，明清竹雕笔筒是我的一个大项，家中珍藏有数十件古竹雕笔筒，其中一件还成了我的“镇宅之宝”。现在回想起来，这数十件古竹雕笔筒中最好的几件想不到都是捡漏得来的。其中，有三次捡漏的经历让我回味不尽。

捡漏之一：浙江省衢州市郊的“烂柯山”是座有关弈棋的历史名山。山虽不高，但因千年前有仙人弈棋而见胜，可谓是“山不在高，有仙则名”。前些年有机会游览了趟烂柯山，回来路过一处古玩市场，竟然无巧不成书，我十分有幸地在一个古旧物品的地摊上淘到了一只清代康熙时期的“烂柯观棋”竹雕笔筒。当时，在那处人流熙攘的古玩市场，古玩地摊上百货杂陈，有一个地摊的卖主竟然是两位才二十岁出头的年青人。我的目光在那个地摊上巡逡了一遍后，突然一只竹雕笔筒跃入眼帘。此笔筒竹质细腻，因年久岁长的缘故，笔筒已呈深褐色，但包浆铿亮。笔筒正面开光式的画面上雕有三人，两老者对弈，一老人执杖于一旁观棋，三人神态怡然，眉目舒展，仿佛超然于凡尘之外。笔筒的四周还雕有山岩峭石、苍松虬枝，古意盎然。由于此笔

作者在家中玩赏明清竹雕笔筒藏品。

筒的雕工古拙劲健，且刀法又十分细腻，人物与景物都塑造得自然得体，富有意趣，这绝非一般竹雕工艺所为。当时我经一番讨价还价后就不再犹豫地购买了下来。购买后我与这两位年青人聊谈了一阵，得知他们是江西婺源古镇那边的人，平素专门走乡串镇跑码头收购旧货。此笔筒据他们说是从当地古镇上某老画师后代的手中淘购来的。

反正笔筒已到手，我也不管你这东西的来路是否真正是传承有续，还是编故事编出来的。凭我多年收藏明清竹雕笔筒的经验，这样熟旧无疑的皮壳包浆，如此雅朴相融的工艺，康熙盛世时鲜明的雕刻风格又展露得那样自然流畅，此物得于我手应该是前世有缘了。另一方面，我知道这两位年青人虽说常在外倒腾古玩旧货，但不一定谙熟此类旧物之究竟，现在告诉他们一下也好。当时我就问这两位青年，此件竹笔筒上雕的是何物，是什么内容？他们想来想去也只回答出了“是古松之下有老人在下棋”的话。话虽也不错，看笔筒的画面上是老人在弈棋。但这究竟是出自哪一出历史典故，或反映的是一段什么样的历史内容，这两位年青人却全然不知。而此时，我颇有兴致地与他们聊起了有关此件笔筒的一些历史知识：明末清初，中国的竹雕艺术日益成熟。特别是竹雕笔筒一类的文具，由嘉定派开山之祖“朱氏一门”的传人朱三松为代表，引领出江南一批擅长深雕与透雕的竹雕艺人名匠。在当时竹雕笔筒众多山水人物题材中，具有悠久历史典故的“烂柯观棋”图是当时竹雕艺人十分喜爱创作的一种雕刻题材。说到“烂柯观棋”的历史故事，宋代文人朱熹有《游烂柯山》一诗：“局上闲争战，人间任是非，空叫采樵客，柯烂不知归。”烂柯山，又名石室山、石桥山。柯，指斧柄，“烂柯”一名的来历，缘自一则古老的传说 。民国《衢县志》称：《遗愁集》记载，晋代有位名叫王质的樵夫，一天上山砍柴走进一处石室中，看见两老者正坐在里面下围棋，于是就上前站在一旁观看。这两老者一边下棋一边吃桃，其中一人拿了半个桃递给王质，王质边吃边看，没等吃完，扔在地上的桃核已发芽长成桃树。一局还没下完，王质回头一看，发现先前砍柴用的斧柯也已经烂了。王质赶紧下山回家，谁知家中面目全非，原先的父老乡亲早已不在人世。一打听，已历时两代，后代玄孙们的胡子也都已经花白了。王质感叹道：“山中方一日，世上几百年。”又有传说那两位下棋的人，一个是铁拐李，一个是吕洞宾。从此，人们就把这座山叫做烂柯山。 如今浙江衢州的烂柯山也成了棋圣之地。

在中国古代，像这类“烂柯观棋”或“松下弈棋”等常见的竹雕题材，以雕制竹笔筒为多。但如今收藏者中得知为“烂柯观棋”这一题材的却为数寥寥。一般在藏友中，见有些古旧的竹雕笔筒上雕刻有岩石苍松和松下三老弈棋，大都以“松下弈棋图”呼之。这也难怪，大家各自所掌握的历史知识深浅有别嘛。说实话，我开始也不知这类笔筒藏有“烂柯观棋”这一出典故。还是旅游的这一喜好使我行万里路，读万卷书；而行万里路，又胜读万卷书。

明末清初“烂柯观棋”竹雕笔筒，通过“王质遇仙观棋”的历史故事，呈现“山中方一日，世上已百年”的光阴岁月。

清康熙“西厢记”人物竹雕笔筒。

捡漏之二：数年前，我有幸觅得一件庭院人物图竹雕笔筒精品，至今珍藏家中。回首自上世纪九十年代中期上海福佑路古玩地摊市场开始活跃兴盛至今，十多年来我往返上海古玩市场计有近百次之多。亲眼看着上海最初的福佑路古玩地摊市场每个节假日百摊杂陈，人声鼎沸的交易，继后来市场“鸟枪换炮”，迁入正规而宏大的楼厅交易。近百次淘宝上海滩，其中有“捡漏”，也有“打眼”，古玩的眼力和学识在史料和现场买卖交易中练得。其中，印象深刻的“捡漏”有过两次。一次是2005年10月初，上海静安寺珠宝古玩城于当年9月25日开张后没几天，我便来这里的古玩城淘宝。当时楼上古玩店铺尚未客满，我在一家外地古玩商来此试营业的店铺内，只花3000元便购得一件明末清初的嘉定派“西厢记”庭园人物竹雕笔筒。也许是此古玩老板尚不精谙古旧竹雕文玩，可能又加上我淘宝向有的沉着老练和煞有介事，这店主最终在讨价还价的缠磨下让步了。得到此笔筒后，我曾为此写过一篇收藏文章刊载于《收藏快报》，其笔筒还被专家们作了点评，并估了10万元的市场参考价。

每回细细品赏这件笔筒，感觉其竹材尤佳，数百年风雨岁月未见一丝裂痕，这对易裂的竹子来说实为难得。笔筒呈褐色，竹肌细腻润滑，包浆醇厚。笔筒通体环施高浮雕技法，所雕景物是一幅庭园闲乐图。笔筒的一面，园内山石叠嶂，梧桐浓荫如盖，桐荫下有抱琴丫环陪着夫人在赏景吟曲。夫人与丫环的衣带飘逸，神情闲适。笔筒环开去，另一面，庭园雅室书房间有相公正静心读书，屋外竹栏绿坪，古松与篱墙相围互衬，在参差的假山峰石间营造了一片庭园内世外桃源般的天地。此间，孩儿们正在墙坡与坪地间寻趣撒欢，一派其乐融融的庭园情趣之意境。此竹笔筒采用了明代嘉定派竹人的高浮雕、深雕、毛雕和浅刻等多种技法，刀法深峻，所雕景物和人物深浅有五六层，刀锋所至，无论肌理毫发，细入毫末，而神爽飞动，如见其人。整只笔筒立体感十分强烈。此笔筒虽无竹人名款，但其雕刻工艺却毫不逊色于名家制品。意想不到的是，我在一本“徽州竹雕艺术”画册上，看到安徽婺源博物馆所藏的一件明末清初的《西厢记》竹雕笔筒与我此笔筒极为相像。那件“西厢记”竹雕笔筒上所雕的也是庭园景物和人物，只是园中的亭台楼屋与植物稍有不同，但其雕法与布局等方法都如出一辙。据目前我所积累的数十种明清竹雕图册等资料中还未见到有第三件同类制品，故认为此笔筒当属珍稀之物。后经反复查考，并对照有关资料分析，此笔筒很有可能是明末清初时期嘉定竹雕名家沈大生，或沈大生一派的作品。自明代朱松邻、朱小松和朱三松祖孙三代开创“朱氏嘉定派”竹雕艺术后，嘉定竹雕代有才人，竹雕艺术各展特色，面貌纷呈。其中，晚明时期与朱氏家族近邻的沈大生等就是当时的竹雕高手。沈大生系明末清初嘉定人氏，字仲旭，又字禹川，曾以行医为业，但诗画皆能，出笔洒脱不凡。后与其兄沈汉川拜师于朱三松门下工朱氏镂雕法，得其真传。后因技艺超群，前人有将朱氏、沈氏两竹家族合称为“朱沈”。

从现有的竹艺史料来看，自明万历年间朱氏家族首创竹艺高浮雕、圆雕与漏雕等技法后，明代竹人在竹雕笔筒上所雕的题材多以山水人物为主，如“松下弈棋”、“深山高士图”、“行舟图”、“深山狩猎图”等等。而自明末开始，沈大生在继承传统的基础上跳出了前人竹雕流行的山水人物、山林逸士的创作和选题模式，自我开创了“庭园派”竹雕天地。所谓“庭园派”的创作形式以展现庭园人物和景物为主。从各地博物院、馆尚珍藏的几件落有沈大生名款的竹笔筒来看，几乎全都是清一色的庭园人物题材。沈大生庭园人物题材的竹雕艺术开创后为竹艺史增添了更丰富，也更为雅致的情趣。中国的庭园艺术和园林艺术，是将叠山理水的手法将大自然中的山水意境搬入围墙内的家园中来，让人有“不出乳郭，旷若郊墅”之感。竹雕笔筒这种文人用具，如画面上展现庭园意趣当然又有一种别开生面的美感。从本人所藏的这件庭园人物竹雕笔筒，和其他现今存世的少量庭园人物题材的竹雕笔筒来看，基本上都与沈大生的这一类笔筒雕刻手法如出一辙。此笔筒与“徽州竹雕艺术”图册中那件笔筒一样，未有款识。根据现存的诸多资料和实物来看，名家雕制的笔筒精品大都有落款。但是，当今存世的有款识的竹雕笔筒中也有不少被收藏界认为是后人托款、加款的作品。所以，凡带名家款识也不一定就是真品；相反，有不少无款识的明清竹雕笔筒却雕刻上乘，品位也很高。这是由于在我国古代竹雕工艺中，有不少雕刻高手认为像竹雕、木雕和石刻之类的手艺活，再有能耐也不过属雕虫小技而已，并不足以名垂青史；甚至一些当时的名家，也不认为自己所制的作品件件都是精品佳作，以至每件作品都必须落款留名。应该说，一件竹雕精品佳作最主要还是要看器物本身所展现的雕刻技艺和其艺术品位。

捡漏之三：自2007下半年开始，世界金融危机。经济衰退的形势也首当其冲地影响着艺术品市场。但是，这对于真正的收藏投资者来说，如今艺术品市场的低迷恰恰也是一个淘宝佳机。特别是最近各地推出的小型艺术品拍卖会，有些拍卖会也都可能基于藏家需要资金周转，拍卖公司也要多做生意之考虑，举办的艺术品拍卖大都价廉物美，物有所值。喜爱收藏古董，且素来留神"捡漏"的我参加了一场上海"鸿海春季艺术品拍卖会"。拍卖前我看了一下该拍卖会的拍卖图录，得知此拍卖会主要来自一位日本收藏家小市英治先生的藏品，应该是场拍品流传有序，器物保真程度较高的专场拍卖。其物品涉及这位藏家数十年所珍藏的中国及日本古董，包括中国明清瓷器、竹木牙雕、人物摆件、名砚和铜香炉及各类文玩300余件。而且，此次拍卖会大部分拍品又都是无底价起拍。这种低价起拍名家藏品的做法自然吸引了很多收藏者前往，都希望能够"捡漏"和"吃仙丹"。竞拍前，

清康熙"西厢记"竹雕笔筒展开图全景。

我与两位藏友一同前往上海“鸿海”艺术品拍卖现场。大家都希望趁当前艺术品市场较为低迷之时，能够低价拍得收藏投资信价比高的古董珍玩。拍卖中，这藏家珍藏的300余件古玩最后大部分被各地收藏者拍走，总成交率达88%左右。与我同去的两位藏友因喜爱明清文玩和古代香炉铜器等。没想到在选拍和竞拍中，竟然会有数件明清铜香炉、香薰及文玩摆件都以无底价一槌到手，这简直有点儿不可思议。我想，这种应算是拍卖会中难得的“哈欠”，精明的淘宝者往往会抓住这种“空隙”中的机会。另外，也有可能有部分收藏者在竞拍的瞬间有点儿出手谨慎和犹豫了。现在回想起来，300余件藏品中竟然有五分之一左右的精品被人低价购得。如我看见拍卖场上一位苏州来的熟人，分别只花500元和1400元就成功拍卖下一件明代铜狮摆件和一只清中期鎏金嵌珐琅鼎形香炉，这两件精美的古玩如果在去年上半年拍卖，起码也都要五、六千元的价格吧。而我此次的竞拍，主要是冲着一只清康熙年间的竹雕“婴戏图人物”大笔筒而来，当时我的心理界限最高如果不超过2万元也要力夺。后来拍卖中想不到只花5000元就拿到了手，这下也让我窃喜得有点忘乎所以。以我二十多年收藏明清竹雕制品的眼光，此只大笔筒如果在前两年拍卖，最低也在三、四万元上下。

艺术品收藏投资实际上不仅需凭眼力和财力，有时还需要寻觅淘宝的佳机。像“鸿海”这种小型艺术品拍卖会就是一例。

特殊年代的红像章

人物像章是徽章中的一个类别。在这个世界上，被制作成人物像章发行的人物，一定是具有影响力的历史伟人和革命人物。但有一点值得中国人为此夸耀的，就是我们的伟大领袖毛泽东。他的头像曾被制成数以百亿计的徽章，被数不尽的中国人佩戴在怀揣无限忠诚之心的胸前。据中国一位专事研究毛泽东像章的权威人士透露，仅“文革”初期的三年，毛泽东像章就制作了数十亿枚。现在回想起来，自古至今有哪一个国家能将一个伟人的像章制作发行到极致，产生了前无古人，也后无来者的天量。

毛泽东像章的制作和发行，可以说是世界历史上的一个奇迹。现在的人流行搞吉尼斯世界纪录，如果有谁能较为准确地分类统计一下全世界徽章的发行量，毛泽东像章打破吉尼斯纪录应该是没有问题的。毛泽东像章发行得这么多，且又是中国“文革”特殊时期的产物。于是，收藏“毛像”的人自然也就有很多很多。在中国徽章收藏界，毛泽东像章是收藏的主流。“文革”时期过来的人都还清晰记得，那时人们的胸前、帽子上、橱柜里，甚至汽车的方向盘和自行车的车把上，都有毛泽东像章闪着金光。佩戴、悬挂、赠送、交流、欣赏毛泽东像章是当时的一种时尚。如果你是一位像章收藏迷，或者是位有心人，如今碰到常有出差或旅游的机会，不难发现在北京、沈阳、上海、广州、天津、郑州、南京等各大中城市的古玩钱币市场，毛泽东像章的交流活动依然活跃。这也就给喜爱收藏像章的朋友提供了更多的藏品。

一位收藏三十多年毛泽东像章的朋友和我讲过这样一件事。“文革”时期他崇敬和痴迷佩戴毛泽东像章，天天不但佩戴在胸前，竖立在自行车的车把上，而且还隔三岔五调换新品种。一件白衬衫的左胸前像纳鞋底一般扎了数不清的针眼，后来衣服都因被换戴各种“毛像”扎破了，但仍不改初衷。我对这位朋友说，你这样的虔诚和痴迷在那个时代完全可以理解，因为我也是经历过来的人。“文革”初

内蒙古军区发行的“光辉的历程”毛主席像七彩铝质套章。

内蒙古军区发行的“光辉的历程”毛主席像章。

期，搞到一枚毛泽东的像章是很吃香的，后来即使是毛泽东像章发行得多了，但要收集一枚样式新颖且制作精美的也非常不易。一般来说有亲朋好友在部队工作的要相对好搞一点儿，当然有当部队首长的亲朋就更有福气了。现在收藏界追捧的“毛像”精品像章有很大一部分是当时部队制作的。十多年前，国内收藏界曾进行过一次全国“毛像”精品像章的评比活动，评出的前十名套章和单枚像章有一半以上是来自各大军区的佳作。

我很羡慕这位朋友有众多有毛泽东像章来路的亲朋好友，以致让他甚至可以在胸前日日换新，尽情表达其无限崇敬和热爱之心。可那位朋友说，他这种热情并不算什么，比他痴迷百倍的也大有人在。他说，你没听说过，曾有一位军人在一次表忠心大会上，胸前的衣服和袖管上佩满了金光闪闪的毛泽东像章在忆苦思甜，整个人看上去像穿了一身战士驰骋疆场的铠甲一般。还有一位部队战士为表忠心突发奇想，咬紧牙关将“毛像”“别”进赤胸的皮肉里。这种佩戴方式可是要有点勇气和魄力的，能忍受如此皮肉之痛的人这颗赤胆忠心可见一斑了。

“文革”时期的毛泽东像章发行之初，数量不多，制作水平一般，品种也十分有限，但在当时却显得珍稀。我记得最初的毛泽东像章是一种比中山装纽扣还小些的铝质圆型章，像章经工艺处理呈金色光泽，四周再涂抹上红色的树脂漆后，则显得金光闪亮红艳艳。这种最初的小红像章限量发行，学校的红卫兵组织大串联时，我们一群毛头学生曾从苏州步行串联去杭州、上饶和井冈山等地。开始阶段从苏州先徒步至杭州约有400里路程。一路上我们带上数量不多的《毛主席语录》、《老三篇》以及这种小红像章，途经吴江、盛泽、桐乡、嘉兴、临平等地，作为一路"播种"的"精神食粮"散发给当地的贫下中农。其中，小红像章最受人喜爱，大家争先恐后讨像章。那些都是老大不小的庄稼汉拿到像章后立马就别在胸前炫美，一路蹦蹦跳跳像娃儿一样乐不可支。此时我有了一种强烈的感觉，胸前的毛泽东像就是装在人们心中的《圣经》了。记得我步行串连途经浙江嘉兴时，那晚是宿在嘉兴南湖不远处的一个学校教工宿舍的。当时有位看管宿舍的牛师傅得知我们从苏州方向来，还带了许多毛泽东像章和语录本。因这种红色宣传品在这个年代开始是时髦紧俏之物，这位牛师傅当然想要。为此，他异常热情地和我们嘘寒问暖，还帮我们挑拣了厚厚的被褥，把我们安顿在二楼中部一间干爽的宿舍里。牛师傅说，大冷天里，楼上中部的房间最保暖。我们都被牛师傅亲人般的热情所感动，我经过一番思想斗争后，掏出了已为数不多的小红像章赠予了他。这牛师傅当得到一枚小红像章后竟然热泪盈眶，这种虔诚和崇敬之情可能只有在那个特殊年代才有。

"文革"中后期，由于毛泽东像章的流行用去了大量的铝材，导致了市场上的短缺。当时，毛主席看到自己的形象铺天盖地充斥市场十分感叹，以致说出了"还我飞机"的话来。后来，各地为此都发出了"上缴毛泽东像章"的通知。这个举动将毛泽东像章回收了很大一部分，这也使后来毛泽东像章在民间的存量大为减少。我记得家中也基本上将所存的像章全部上缴了。其中有十多枚“夜光”材料制作的“毛像”,晚上如佩戴在胸前可以不开电灯也感觉光彩夺目,这也算是个新奇之物。对这种像章我很是喜爱,后来上面有通知要全部要上缴,我那位党员父亲自然不折不扣认真执行。作为儿子,我最后只能眼巴巴看着父亲从我的写字桌抽屉中将这些宝贝一一收走。上世纪八十年代中期,苏州邮票钱币市场上曾出现了不少未上缴的“毛像”相互交流,也可以买卖,但价格还都不贵,一块两块钱就都能收进一枚精美的像章了。上海人最为精明,常有人隔三岔五来苏州市场收购,有不少好像章就这样被那些最早具有收藏和投资意识的收藏者收购走了。

毛泽东像章由于经历了一个特殊的历史时期,如今被收藏界人士称为“文革文物”。有不少收藏家曾作过统计和研究,毛泽东像章以其不同形状、式样、质地、规格,其品种大约在 2 万种以上。其具体分类:如按制作单位,可分为五类:一是中央或全国性机构制作的;二是军队制作的;三是各级地方政府或“革委会”制作的;四是各级造

内蒙古军区发行的“光辉的历程”套章。

反派组织制作的；五是各基层单位制作的。如按质地，可分为金属和非金属两大类：金属有金、银、铜、铁、铅、锡、铝、锑、钢等，非金属有搪瓷、陶瓷、有机玻璃、衬海绵、绒布、硬胶、电隔板、玉石、激光、荧光、竹、皮、墨块、石青、软木、胶木、梅花鹿骨、象牙、翡翠等。如按形状，可分为圆形、长方形、正方形、五角星形、国徽形、心形、菱形、旗形、火炬形、葵花形、三角形、盘碟形等 10 多种。如按大小，可分为特大型（30 厘米以上）、大型（20 厘米左右）、中型（10 厘米左右）、小型（5 厘米左右）、微型（2 厘米以下）五个档次。例如，中华毛泽东像章收藏研究会一位理事收藏的一枚毛泽东像章，重 20 公斤，直径达 1.2 米，可谓世界上最大的珍品；吉林长春市一位收藏者的一枚毛泽东像章重达 50 公斤，堪称世界上最重的佳作；最小的毛泽东像章在 0.5 厘米左右，要借助放大镜才能观赏，广东珠海市一位收藏家拥有三枚这类毛泽东像章，有的仅 0.15x0.25 厘米，足见其微了。

就像收藏家们所说的那样，“文革”中毛泽东像章从最初只有纽扣般大小，继而越做越硕大，也越做越精美，个儿大的铝章一般可以有饭碗，甚至脸盆般大小。那时候，经常有人将大像章竖立在新买的凤凰、飞鸽牌自行车把上上街兜风，那种“风光”是一种精神享受。

据有关资料反映，第一枚毛泽东像章的制作始于上世纪三十年代末。直到六十年代中期，毛泽东像章的制作都和重大历史事件有关。人们对毛泽东像章的态度是十分严肃的，神圣而崇高的。佩戴在胸前和帽徽处是人们的最佳选择。毛泽东像章虽然材料的品种各异，但其油漆颜料比较固定。据说，“文革”时期当时所作的红色油漆和其他颜色的油漆均是特殊的工业和民用油漆，这种油漆算是当时比较先进的树脂漆。据介绍，“文革”中全国用于制作毛泽东像章的油漆约计 1 亿公斤。另从当时一些像章厂留下的领料单上可以看出，用于制作像章的油漆相当一部分还是进口的。

“文革”时期，毛主席像章从开始的单纯少量发展到后来品种万千的天量，这一时期成了毛泽东像章发行史上的峰巅。毛泽东像章“文革”中最早生产制作的城市并不很多，开始只是在北京、上海、南京和苏州等少数几个城市设计制作。苏州因为历来手工艺发达，也算是最早制作的城市之一。我记得在1966年“文革”开始不久，苏州的几家金属工艺厂和工艺美术厂就研制小型铝质和塑料的毛主席像章了。现在，经历过那个时代的人可能都还记得，最初那种比衬衫扣大不了多少的小红铝章上是一个毛泽东的侧身头像，四周涂以红色的具有玻璃质感的树脂漆。虽然制作单纯了些，但金光闪亮红彤彤的，小巧可爱。因是最早的铝质像章，后来人们把苏州和上海等地制作的这种小红像章当作毛泽东像章系列中最初的“原版”，进行不断地再创作和研制。记得在那个年代，曾有一回我路经离家不远的一家苏州工艺美术厂，看到那家厂子里的工艺师正在车间里忙着制作“毛像”的模型，这像章从开始的制模、浇铸，到后来的电镀处理、上漆着色、修饰等等。一枚像章最后制作完成，所经历的工序还真是十分复杂而繁琐。其中，上漆着色是最见功夫的。毛泽东像章模坯经电镀后，最重要的一道工序是上漆着色。“毛像”制作中，极大部分是上红色、蓝色、夜光粉等单一色调的漆和涂料。但是，后来因人们对“毛像”的品种要求越来越高，“毛像”上漆的色彩也越来越丰富艳丽。出现了三彩、五彩，甚至七彩等多彩的“毛像”。“赤橙黄绿青蓝紫”，在这些多彩像章中，像“毛主席走遍祖国大地”、“光辉的历程”、“九大”、“毛主席去安源”、“乱云飞渡仍从容——毛主席在庐山”等，都是像章中的精粹。其中，至今给我留下深刻印象的有内蒙古军区发行的“光辉的历程”和上海某工艺厂发行的“毛主席走遍祖国大地”等七彩像章。

“毛像”收藏中，有单枚章和套章之分。单枚章品种和数量都十

“文革”时期的“毛主席去安源”彩色像章。

“文革”时期发行的有机玻璃毛主席像章。

分巨大；而多枚的套章则相对稀少。全国“毛像”首届评比中，被评为前十佳精品的套章分别为：“毛泽东大诗词”、“小诗词”、“大红旗”、“光辉的历程”、“样板戏”等等。内蒙古军区制作的“光辉的历程”像章套章为十枚一套。每枚腰圆形像章下浮雕有革命圣地和历程的图景。分别为：韶山（一从大地起风雷）、安源（唤起工农千百万）、雪山（红军不怕远征难）、遵义（而今迈步从头越）、延安（自己动手丰衣足食）、南京（百万雄师过大江）、北京（宜将剩勇追穷寇）、北京人民大会堂（一唱雄鸡天下白）、梅花（飞雪迎春到）、工农业（六亿神州尽舜尧）。

为了追寻这一份情结，我一直孜孜不倦地寻觅着这类七彩像章。2010年年初，我终于在上海云洲古玩城意外觅得一枚“毛主席走遍祖国大地”七彩像章。七彩章所用的油漆色彩多样，几乎囊括了“赤橙黄绿青蓝紫”所有的色调。其多种色彩层次丰富，特别是手揣大衣站立远眺的毛泽东身后的背景如蓝天、白云、江河、田野及山峦绿林等等，需要各种颜色的搭配，才能更体现丰富而多彩的景象，更好地

“文革”时期某军区发行的毛主席彩色套章。

烘托那光辉的主题形象。“文革”时期所制的物品宣扬“一片红色”，但如果太多太浓烈了，现在也未免会给人感觉浮夸而单调。“文革”时期在像章制作上，虽以红色居多，但工艺师们为求丰富，仍凭其巧手精心研制出这种最具特色的七彩像章。因如今七彩章极为难得，我当然不会错过机会。云洲古玩城那店主在我的软磨硬缠下最终以500元市价出让予我。时隔半年多后我又去该古玩城淘宝，再次碰上了那位卖给我七彩像章的古玩店老板。他与我打招呼后便牵挂起了上次转让像章的事来。他说那枚七彩像章卖给我是卖“漏”了，现在再要买进是踏破铁鞋也难得。他说，你如果玩够了再想出让的话他愿意出3倍的价格回收。我付之一笑说：“现已归入我的精品收藏系列中了，还留着今后参加全国像章展览呢。”

至于那套内蒙古军区的“光辉的历程”套章，我也是多年来梦寐以求。后来经数年天南地北地一枚枚收集，终于集全了此套像章。不过，我收藏的这套“光辉的历程”只是三彩的，但如有七彩的就稀罕了。过去我一直只是听说有此七彩套章存世，未曾见过实样。这套像章模板虽都是一样的，但其中分为三彩与七彩两种。三彩的套章现在市面上虽也较稀少，可还是有一定的发行量，而七彩的却凤毛麟角。据像章收藏界的几位老前辈说，现在此套七彩像章在全国可能不足5套。其理由是，经调查，自“文革”后，人们在全国收藏“毛像”的圈子里还没发现此“光辉的历程”七彩像章超过3套存世。而其中有两套竟然都在上海收藏家手中。我在2010年12月中旬上海灵石路古玩市场举办的一次全国性的红色收藏展览中，有幸看到了一套这样的七彩像章，并拍下了照片留作纪念。据收藏此套像章的藏家张某

上世纪六十年代后期上海某工艺美术厂制作的
“毛主席视察大江南北”彩色像章。

说，这套像章系内蒙古军区发行，是委托了苏州工艺美术厂定样制作的。据他了解，“文革”中，苏州工艺美术厂只做这套像章的模坯和其三彩的套章。而此套七彩套章可能是将像章模坯制成后送上海一工艺厂再次加工上色的。其实，上色就像画画一样，是一种再创作。丰富又适度的色彩可以让作品更加夺目，且百看不厌。当时在上海，为像章涂漆上色有两位顶极工艺师，一位姓杨，另一位姓谭，都是具有相当绘画基础的工艺师。杨师傅上色色彩粗犷奔放；而谭师傅则细腻飘逸，色彩层次更为丰富。此套“光辉的历程”七彩像章就是谭师傅为数不多的精品，现实属珍罕。

我细看此套像章精品，确实感觉每枚像章的背景层次丰富多彩，如其中“安源”和“一唱雄鸡天下白”等像章的背景，将蓝天的云彩描绘得云蒸霞蔚，将人民大会堂等建筑装饰得富丽堂皇。每一个层次中都有色彩的变化，融合了“赤橙黄绿青蓝紫”的色调。每一枚像章都是一幅色彩斑斓的微型油画。

我多年来专注收集各地制作的毛泽东像章，但其中又特别注重收集“革命光辉历程”的像章。毛泽东像章的种类成千上万。如果要收藏精品，以我之见，其价值有三：一要看选题，二看工艺，三就看存世量。在“毛像”的选题中，比较吃香的该是如“毛泽东诗词”、“革命历程”、“样板戏”、“毛林双人像”、“毛主席视察大江南北”等，这其中多数为套章。单枚像章中有一种毛主席在微笑的 “笑眯眯”像章，据说因工艺精湛，发行量又稀少而特别珍罕，被称为“单枚像章之王”。我只是在大型图册上看到过这种像章。在首届全国像章评比中，这像章也被评为最佳。

“文革”那段历史已成往事。毛泽东像章的天量发行和热潮如今也已烟消云散。而收藏的这段人生历程和情结仍留在了当代人的这些藏品之中。

一幅未被尘封的沧桑画卷

2004年的一天，苏州一位历史封片集邮家朱政方向我说起了一个埋藏在他心中多年的夙愿，他想将自己觅藏多年的一批珍稀历史图画明信片汇编出版成一本精美的图册奉献给读者。

对集邮家朱政方的清代明信片珍藏，数十年来也一直专注收集历史明信片的我早有耳闻，也特别钦佩他多年的邮识和对这些珍贵的历史明信片的痴情和理解。明信片发行已有百余年的历史，但是对于中国这样一个具有东方传统习俗，过去写信向来不愿意将内容公布于一张张不外套信封的明信片上的国度，明信片的实用性和发行流传就显得很狭窄，很不普及了。在清末民初的近百年前，由于中国国内的明信片发行和使用都不普及，且多数的明信片均由国外一些发行商和发行机构制作发行。这样，明信片原本就数量有限，加上百余年的岁月沧桑和时事变迁，如今幸存于民间的老明信片和实寄明信片就更显得弥足珍贵了。

朱政方这些年来收集这些明信片，主要通过他在国外如英国、法国、日本等国的同好和邮友四处觅购，他本人也常在全国各地的古董

作者在家中翻阅老明信片部分藏品。

市场、艺术品拍卖会和港澳台等地的历史邮品交易会上觅购、竞拍，有时为一张心仪的珍片不惜重金争购力夺，其痴迷之情可敬可叹。

据史料记载，世界的第一台摄影机和摄影术最早发明于 1839 年，摄影被西方人直呼为“光画”，记录下了人世间现实目睹之情境。摄影术发明于西方，如按照年代计算，中国当时是清代咸丰时期。由于西方当时的摄影术没有这般快捷地传遍世界各国，中国不久后发生的那场世人震惊的鸦片战争就基本上没有什么影像资料能够记录下来。能够较多地通过摄影术记录中国影像的已经是晚清或清代末年了。我们现在能从摄影照片中看到清代慈禧太后的肖像或生活照；看到清代京城中的帝皇生活景象和许多历史事件等，这已经是 1900 年左右的光景了，这还得归功于西方摄影术能及时传入中国的结果。

摄影术发展中除了通过摄像机摄入大千世界的活动画面外，相当大一部分是通过照相摄制出的照片、图片。其中相对来说可印刷普及的图片类中就有明信片这种载体。由于可进行通信邮寄传播，明信片无疑有着不可替代的优势。早在 1840 年，英国就发行了世界上第一枚俗称黑便士的邮票。明信片的出现较晚，1869 年奥地利邮局发行的印有 2 元面额的预付邮资明信片为公认的首枚明信片。中国最早的邮资明信片发行于 1897 年 8 月。到了 19 世纪 90 年代，西方的照相术和印刷术都有了普及和发展，欧洲开始流行一面印有风光人物等内容的明信片，使明信片除了单纯以文字传达信息外，也成为图像传递和个人留念的纪念品。同时明信片也成了集邮范围内的一个新的收藏领域。

清代“中国火车”明信片。

清代龙旗图“山海关”明信片。

有关中国或东南亚题材的图画明信片的普及是晚清和清末民初。这些明信片上的“光画”大多是当年旅居中国的外国人或入侵的殖民者们实拍的，它们记录着当年洋人眼中的中国国情。而明信片的发行者大多是外国的一些出版商、传教机构、照相馆等。中国本土的一些外国商人、出版机构，如后期的商务印书馆、中华书局、中国国际图片印刷公司等也纷纷加入了印制图片明信片的行列进行出版、售卖。

岁月光阴白驹过隙，弹指一挥间，但每一个历史时期都有每个时期和阶段的面貌和风情，也会发生无数令人心惊，给人磨难的历史事件。单凭文字记录是有限的，最接近现实的摄影图像自有它过人的魅力。但是这其中也要有所区分。当时在那些西方人眼中中国之景象的“光画”上，有现实主义的诠释和揭示，也有被粉饰和赞美诗诵咏的吹嘘。正像一位学者在中国历史明信片收藏家方霖的《旧梦重惊》一书序言中写的那样：“在这些历史明信片中，我们更看重的是这些历史的活生生的记录，它们记载着我们民族的不幸与屈辱。其中的偏见与曲解既妨碍了西方人真正地了解中华文明，而那些真实的描述又是今天的青少年很少亲身感受到的沉痛与辛酸。在明信片上那些潇洒的洋文后面，在那些别有用心选择的场景人物后面，在那些嘲讽的猎奇与无耻的吹嘘后面，我感到的是一种亲身体验的梦魇般的悲愤与压抑。”中华民族是一个有着五千年文明史的国家，虽然在当时这些明信片中所记录的那段历

清代明信片上的“苏州名妓”。

史时期，她正处于末世的艰辛、昏庸的老迈与苦难的新生之交替进程中，但她那正直的民众与光辉的创造也决不会如此破烂与麻木。

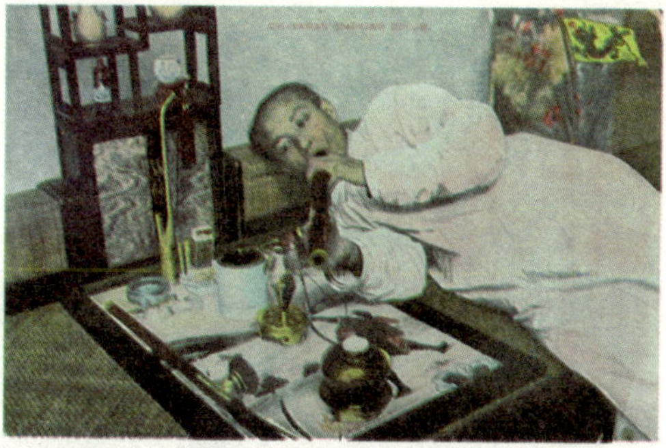

清代明信上展示的“中国人吸食鸦片”的情景。

因自幼喜爱集邮的这份痴迷，使我对历史风貌的明信片也有同样浓厚的兴趣。说来也是一次偶然的机会，一位好友赠我一套他爷爷留下的上世纪二十年代的“杭州西湖”风光明信片，那画面上凄清稀落的昔日风貌使我对杭州这座美丽的湖滨城市深感惋叹，久久不能释怀。

年迈的老人也许对昔日中国还留着比较清晰的印象，苦难与贫困，遭受欺凌，如此等等是永远抹不去的记忆。而年轻人的感受就只有在那些历史的图像资料或前辈的记述中获得了。我收集历史明信片是缘于对史料的珍视，眼下编写的这本《神州旧梦》老明信片集计有近400张珍贵的历史图画明信片，且极大部分发行于清代末年，少数系民国初年。清代末年，中国正处于一个被西方列强争夺蚕食的动荡岁月。但是，西方列强在对中国侵略的同时，也给中国这个古老的东方神州带来了西方式的文明。所谓“欧风东渐”、“西俗杂渐”，这也对封建中国的大清皇朝和社会产生了深刻的影响。特别是在以上海、广州等城市为代表的大都市生活中，西方式文明的影响无处不在。从生活日常用品到出行的交通工具；从住宅家居到风俗习惯；从教育方式甚至到休闲娱乐等等，都使人感到清末民初的中国逐渐渗透进了浓厚的西方殖民色彩的文明和时髦。但是，作为中国这样一个已延续数千年封建体制的国度，东方古国的传统文明仍处处保留在

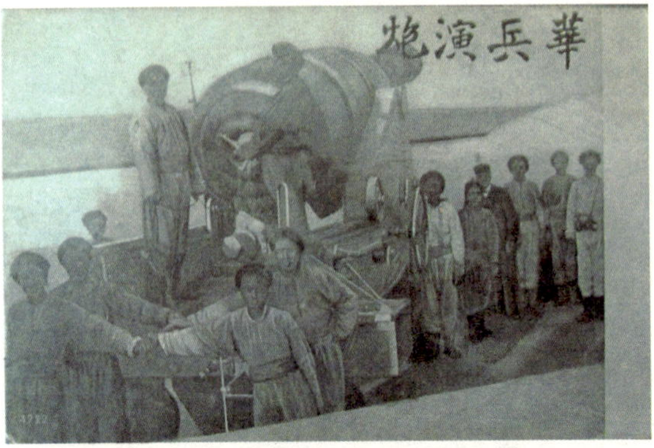

清末明信片上的“华兵演炮”，反映的是甲午战争中山东威海水兵练兵抗敌的情景。

清末某国外驻华机构发行的明信片“中国人卖馄饨”。当时，卖馄饨的担子两头高高形似骆驼，故称“骆驼担”。担子由一人挑来走街串巷，边烧边卖，颇具风味。

了当时旧中国的每一个角落。从本集中一些诸如清代的宫殿、花园、明清古街、中式茶楼酒肆、水乡民居等等，仍都带有浓郁的民俗风情和民族特色，而且，在这些名胜古迹中的风俗人情，也都保持着鲜明浓厚的中国传统文明特色。较之当代，那些清末民初的景物和风物人情更近乎于原汁原味的传统文明。

据不完全统计，清代末年至民国年间，世界各国和中国国内各出版印刷部门曾发行过数以万计的风景和图画明信片。看起来这个数字十分庞大，但如果与中国浩如烟海的古籍图书来比较，这种因摄影术发明不过百余年光阴的“风光风物相片”无疑要量少而珍稀了。当今，在中国集邮界和艺术品收藏界，对这些老明信片感兴趣的收藏者是越来越多了。由于需求量不断增加，这些老明信片，特别是清代的图画明信片存世量有限，收藏者往往对一些画面特色鲜明，风情浓郁的老明信片趋之若鹜，孜孜以求。这也使得一些较为珍稀的清代图画明信片在全国各地的邮品和艺术品拍卖会、交易会，以及古董收藏市场上价格急剧上涨。

据了解，发明于西方的明信片一直被西方人所宠爱，明信片的发行、使用、买卖与收藏也是西方最为普及。特别是百年前的明信片，西方人当时甚为流行，发行和收集的人比比皆是，所展现的题材也都是西方人生活和其景物风情、历史事件等等。所以至今在明信片集中的欧洲国家如英国、法国、德国、意大利和美国等，百年前的风光、景物类的老明信片尚存不少。淘宝者只要在欧美一些旧书店、邮票店和古董跳蚤市场上都能淘到这些上百年历史的欧美老明信片。而中国和远东地区的亚洲国家明信片因发行量少，即使在明信片交易和收藏最热闹的英法等国也常常是“洛阳纸贵”。所以如今能从朱政方和我本人十多年来收集的千余张中国题材的老明信片中精选出 400 张汇编成册确属不易。相信这些伴着百余年中国岁月光阴的旧影明信片能够走出尘封的历史，带给广大喜爱中国近代史的朋友和收藏爱好者们一个开启视野的天地。

“金猴”邮票

在收藏圈里，集邮是具有广泛群众基础的一项藏宝活动。过去的集邮爱好者不像今天的集邮这样，会将一枚珍稀邮票的经济价值看得那样至高无上，当作衡量财富天平上的一颗砝码。那时，即便收藏到一些较为稀少且精美的邮票，至多也认为这玩艺儿应该物有所值，收藏它更多的还是侧重于其选材和设计印制的艺术美感角度上考虑。过去说集邮就是收藏一部微型的百科全书，倡导从不断地收集过程中增加知识，开阔眼界，从而得以怡情长志。

但是，集邮之路走到今天这样一个经济社会喧腾的大环境里，同样是当时一枚价值相近的邮票，因缘于种种客观原因，此邮票与彼邮票两者间的距离在价值上已经拉开了十万八千里了。集邮在我的记忆中有这样一个深刻的对比：1980 年，邮电部发行了一枚“庚申年”生肖邮票“猴”。这枚 500 万枚发行量的邮票面值为 8 分，全国各地的邮局和邮票公司都能够买到它。就是这样一枚小小面值的“庚申年猴”票，竟在继后的三十年里焕发无穷魅力，一跳腾云，节节高升，价格翻了十多万倍。无数行家曾不止一次地分析过“猴”票何以能像

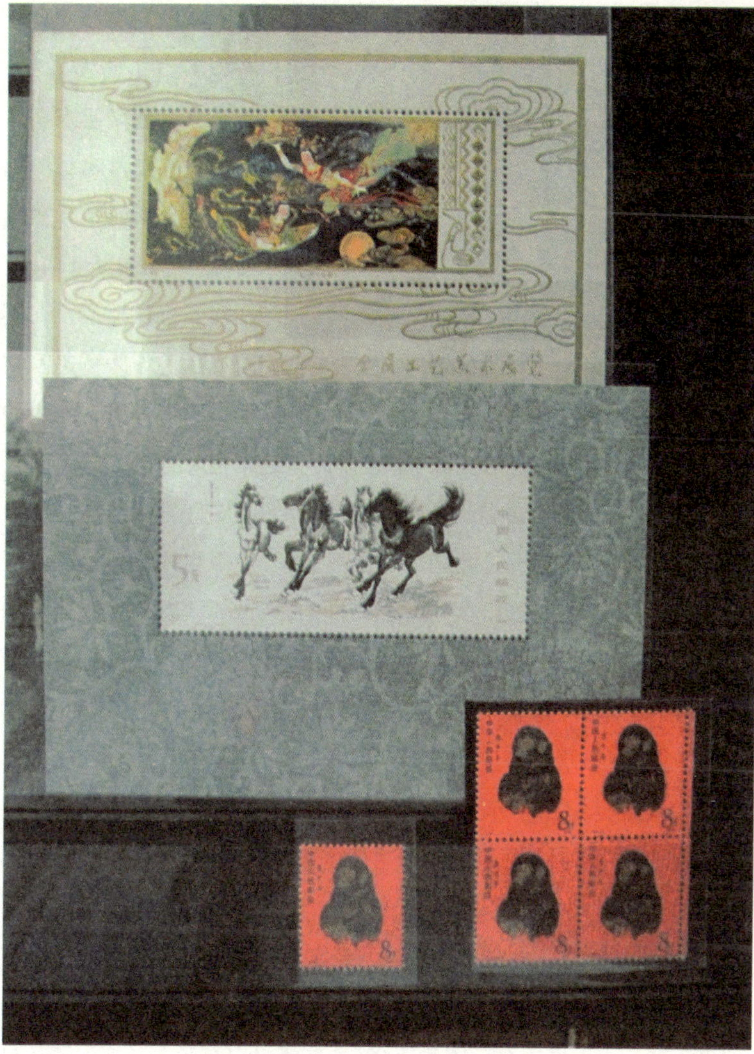

"猴"票与"飞天"、"奔马"小型张。

孙悟空那样"一个跟斗十万八千里"的原因。有说是仅500万枚的发行量，又说是人为爆炒的结果，还有说是精美而高质量的工艺设计……专家们通过种种综合因素的考量，最后得出一个基本结论："庚

发行于上世纪八十年代初的“猴”票四方连。

中年猴票”天时、地利、人和地占了两点优势，一是首次选材与大众息息相关的生肖属相的题材。张三李四，属猴属马，都是娘胎里带来的。不同的生肖邮票，在不同的年份作为寄递问候和祝福信函的邮资凭证，传递到每一位与己相关的生肖属相的人的面前，留一份永远的慰藉在心中。可以想见这生肖邮票的人脉有多么深远而广阔。二是，这首枚“猴”票是设计和印制完美结合的典范。“猴”票设计者黄永玉是我国著名画家，当时他采用挥洒自如的泼墨手法，寥寥数笔便勾画出猴的特征和神韵，经过邮票雕刻家的精雕细刻后的雕刻版制作，使邮票上的金猴毛发毕现，质感更强，充盈着灵动飘逸的艺术魅力。同时，再加上套色、烫金等多种工艺印制后，使得这枚“金猴”邮票成为了经典。

我从上世纪六十年代初就开始迷恋邮票这种花花绿绿的小纸片。那时候的人大多数没有收藏古玩的嗜好，当然那时的人也没有多大的财力和学识去藏古聚珍，哪像现在，全国范围内玩古藏宝蔚然成风。如今，中央电视台鉴宝栏目组派专家前往各地鉴宝，广场前、大厅内总是人头攒动，大家带着家中坛坛罐罐排着长队翘首等候专家的到来。过去的人搞收藏门类也不多，主要还是以集邮为乐。记得还是在上世纪六十年代初期，苏州市中心人民路乐桥边有一家“五洲”邮票社。这家临街的小小邮票店只有一排长柜和装在墙上的那三排玻璃橱窗。但是，这小店出售的邮票都分门别类，有条不紊地被装进邮票册页展示其中。店主是位老邮商，也是当时苏州唯一开店经营邮票的个体户。说起做邮票生意，这店主很有经营头脑和手段。这家邮票店里的邮票不论新票、旧票，零票还是套票，店主都合理又优惠地出售。尤其是针对大众集邮者的经济条件，店主主要销售信销邮票（旧票）。如：4 分面值的信销邮票一般售价为 1 分；8 分面值售价 2 分；10 分面值售价 3 分；20 分面值的售价 4 分；30 分面值的售价 5 分。像 50 分面值这种最高面值的邮票即便比较稀缺，但如果一旦有货的话，店主也会尽量满足邮迷的需要优惠出售。我记得，当时集邮者中最稀奇的是那 8 枚一套的“梅兰芳舞台艺术”邮票。包括从面值 4 分、8 分、10 分、20 分、22 分，到 30 分、50 分的最高面值，此套邮票中的每一枚都设计精美，让人羡慕不已。但往往就是好票难得，炙手可热。梅兰芳新票价高，一般人买不起，大家都眼望能集全此套信销邮票。我因常常克扣下自己早餐买大饼油条的钱来买邮票，店主后来知道此事，觉得我这个小学生如此痴迷邮票，真不简单。便答应留心帮助找齐一套梅兰芳信销邮票以优惠价卖给我。梅兰芳邮票中最不易收集的是那两枚 22 分面值的“天女散花”和 50 分面值的“宇宙锋”邮票。特别是经实寄的信销票更是奇货可居。直至今日，梅兰芳套票中还是这两枚邮票少见，而且价格也最高。为此，后来我专门查了一下“新中国邮票图鉴”上公布的发行量，得知这梅兰芳最后三枚 22、30、50 分面值邮票发行量都是 150 万枚。缘何 22 分与 50 分的难找，而 30 分面值的“生死恨”较多见呢，其中原因谁也说不清楚。不管怎么说，我当时总算如愿以偿得到了店主优惠价凑齐的全套梅兰芳信销票。收集到这套邮票真是大大增添了我的兴致和底气。也让我集邮的脚步从上世纪六十年代开始一直坚定不移地走到了今天。

集邮这么多年来，最让我折腾不已的还是这枚 1980 年发行的“金猴”邮票。我记得，当初发行时每个城市的邮电局和邮票公司都敞开供应。买一枚“金猴”邮票只需 8 分钱。即便买上一个整版也不过6元多钱。现在看来这6元多钱是个区区小数。如当时兴致上来时买它一个整版留着，现在可换一套别墅了。但收藏投资，谁也当不了“事后诸葛亮”。当时的人谁能料到今天“金猴”邮票会一次次大“闹”邮市，最后涨到这步田地。单单一枚8分面值的“金猴”邮票市价现已过万元。那时候无数人买了“金猴”邮票后主要是用于寄信。也因为是信销了无数，“金猴”邮票才更加珍稀。我虽然是个老集邮者，可当时阴差阳错并未在第一时间去买这枚邮票。当时我可能这样想，“文革”以后，邮政部门发行的邮票千千万，早买晚买差别不大。但隔了数年，“金猴”邮票就大幅度上涨，从发行初每枚8分陆续涨到每枚5元左右。这下触动了我的神经。1983年秋，我在上海人民广

上世纪六十年代发行的“黄山”邮票，采用影雕套色印制，工艺细腻，印刷精美，是新中国邮票中的佼佼者。

场一地下邮票交易市场上结识一位上海集邮者张某。他说有一个“金猴”邮票四方连可以出让，售价25元。我在他的集邮本中看到这金灿灿又红彤彤的“猴”票四方连后十分眼馋。当时就狠狠心掏尽身上包括回程路费的钱买了下来。这样，弄得最后还去上海亲戚家借了路费才回的家。现在想来，这番折腾自然也十分值得。

有了这“金猴”四方连邮票后，在以后价格屡屡飙升的岁月中，我曾在市场上以优惠价购得多枚“金猴”新票，但都没留住。因补缺而相继与他人交换了当时自己认为价值差不多的“毛主席去安源”和“革命圣地——井冈山”等邮票。虽然这几种邮票到现在也有不同的上涨幅度，但与这换出去的“金猴”邮票相比，乃是“小巫见大巫”。现在如再要算起其中的经济损失，真是一言难尽了。

“金猴”邮票现在已成为了中国邮票史上的一个传奇。几乎所有的新老集邮者说到这邮票没有一个不感慨的。都说这几年来集邮已与经济利益粘得如胶似漆，集邮的兴趣也变得十分势利，常常会“色迷迷”地看重这邮票的富贵和身价。在2010年12月中旬举办的“杭州2010中华全国集邮展览”上，有一部题为“中国第一套生肖邮票”的一框邮集，因为这框邮集贴满了各种“金猴”邮票的单枚、四方连、八方连和首日封实寄封等品种，可谓价值不菲。有人估算，这仅32张贴片的一框邮集最少估价也要近百万元。“金猴”邮票的不菲身价弥漫在此次邮展中。数天来从早至晚，这部邮集前参观者总是人头攒动，人流不断，大家似乎都带着自己的集邮经历在一旁细品着，感叹着，热议着……这部《中国第一套生肖邮票》邮集带来的热闹成了这次邮展上一道最亮丽的风景。最后，这“金猴”邮票的身价也给那位“杭州全国邮展”的参展者赢得了此次邮展一框邮集“金奖”的殊荣。

如今，我看着这枚价格已翻了十多万倍，比黄金都贵重的“金猴”邮票，心里一直在思量这“金猴”邮票的收藏，为啥会成为一个集邮神话；“金猴”邮票为啥又会制造出一个邮票发行的传奇。难道仅仅是设计者的智慧，印刷业的发展，市场炒作的成功，国家邮政部门因势利导的给力，如此等等。可能都是，可能又都不是。“金猴”邮票与集邮的传奇还在继续，“金猴”的魅力和集邮的诱惑还在前头。

寻珍“西湖博览会”免资片

1929年，浙江杭州举办了首届西湖博览会，与巴黎、费城、芝加哥的博览会并称为那个时代的国际性盛典。这场盛大的展示中国民族工业的博览会是西湖和杭州的骄傲，也是中国的骄傲。时隔七十一年后，杭州于2000年又一次成功地举办了西湖博览会，此后，杭州每年都举办西湖博览会……

杭州西湖是一首婉约派的诗词：“水光潋滟晴方好，山色空蒙雨亦奇。欲把西湖比西子，浓妆淡抹总相宜。”人们游西湖，总不禁会沉醉于春日西湖晴雨相间的酥骨暖风之中。但西湖不仅只是一派温山软水的柔情，西湖也有其浩大丰盛的一面。早在1929年，杭州西湖就成功地举办了万众瞩目的中国首届西湖博览会。西湖博览会是解放前的一次大型文化与商业的活动，与现在各地的“文艺搭台，经贸唱戏”是异曲同工。当时由浙江省省长张静江发起主办了此届“奖励实业，振兴国产”的博览会。自1929年6月6日至当年10月10日，历时4个多月，盛况空前。而具有历史纪念意义的“西湖博览会”免资明信片也在博览会中首次正式发行。

西湖博览会免资明信片“临时电信所”。据史料记载，这次首届西湖博览会上通邮的免资明信片等邮件，都是从这里寄递出去的。

为让西湖美景与博览会完美结合，当年西湖博览会会址选在西湖景色最集中的孤山与里西湖一带。尤其是孤山的蓬莱宫，是西湖景色佳绝处，有诗曰：“烟波淡荡摇空碧，楼殿参差倚夕阳。到岸请君回首望，蓬莱宫在水中央。”西湖博览会的很多展览馆所都开设在了蓬莱宫中，让人们在游西湖中参观博览会时欣赏西湖美景，可谓是两全其美，相得益彰。

西湖博览会规模较大，设有革命纪念馆、教育馆、博物馆、艺术馆、卫生馆、农业馆、丝绸馆、工业馆 8 个。为了扩大其影响，由张静江致函交通部部长王伯群，请允准制售免资美术明信片 100 万张，明信片每枚售价“大洋三分”，每打售价“小洋四角”。当蒙交通部函复，同意免贴邮票寄递。但规定只能在博览会内所设的临时邮局加盖纪念邮戳后投递国内各地为限，会外投邮不得享受免费权利。尽管尚有所限制，但毕竟是我国第一套可以不贴邮票就能投递实寄的美术明信片。这个首创“免资”寄递明信片的方式也为今后我国免资明信片的发行开了先河。也正是由于这是中国历史上第一套免资明信片，至今已极为珍罕，成套明信片在国内邮市拍卖中已卖到10万多元。

说到免资明信片，这里要先说一下明信片的历史及来源。明信片是一种按国家邮政部门标准制作，供书写通信内容，不用封套寄递的硬质卡片。集信封、信纸、邮资凭证三位一体，简单，方便。明信片片型有直片、横片、单片、双片。正面指定位置粘贴邮票（或印有邮资标志）和书写收、寄件人姓名和地址，背面或正面一部分可书写通信内容。以件为计费单位，邮资低于信函。1865年，德国一位画家第一个采用明信片形式寄信。德国邮政参赞斯特凡首先建议办理这种“信单”，但当时的德国邮政总局没有采纳。1869年1月26日，维也纳的赫尔曼教授在当地《新自由报》上发表《邮政通信的新方法》一文，提倡采用明信片通信。奥地利邮政当局采纳了这个建议，于当年10月1日发行了世界上最早的明信片，当时称信函片。头3个月就

西湖博览会免资明信片“西湖博览会开幕日之大门外”一景。

寄用 300 多万张。1870 年 7 月 1 日，德国随奥地利之后发行明信片。英国的第一批明信片是 1879 年 10 月 1 日发行的。1894 年在比利时安特卫普市举行了首次明信片展览。1897 年 8 月 16 日，中国开始发行明信片，其明信片上印有“龙”图，并标注有售价，这种叫做邮资明信片。而片上不标注售价的有一般的美术明信片和免资明信片等。

而免资明信片则是国家邮政部门批准发行的可免费寄送的明信片。印有或加盖表示免资的铭文或图案，使用者不必交付邮资。限时、限地区范围免资有效，只能作平常函件交寄，多带有纪念性质。中华人民共和国成立后第 1 枚免资片，是 1983 年 10 月 9 日上海市邮电管理局为纪念“世界通信年”和万国邮联成立 109 周年而发行的免资明信片，正面印有使用说明，背面印有周恩来题词手迹“传邮万里，国脉所系”。

由于免资明信片这个品种在中国邮政史上发行很少，且又是首次。所以，民国时期的这套西湖博览会无论从发行的规模还是花样品种，都是至今中国免资片中最牛的。据相关史料称，当时 36 枚一套的西湖博览会免资明信片共发行了一百万枚左右。也就是说，每枚不同样式的明信片各发行有 3 万枚左右。但十分奇怪的是，自发行日 1929 年至今，其间相隔也不过八十年上下的时间，这百万枚数量的免资明信片怎么就存世寥寥，全套的就更为罕见呢。

倒不是因为自己喜爱集邮曾梦想拥有一套珍贵的西湖博览会免资明信片，这么多钱的珍片当然买不起，但明信片上展示的当年博览会盛况却令人回味不尽。故每次来杭州游西湖，我总会沿着浅草芳郁的苏堤去寻迹当年西湖博览会的旧址。沿长堤走过葛岭、西泠印社、平湖秋月，走过西泠桥、秋瑾坟，走过孤山脚……我寻迹旧踪的西湖博览会当年展示各类产品和成就的“八馆二所三处”都环绕集中于里西湖、孤山和葛岭一带。为方便游人参观博览会，举办者当时还在

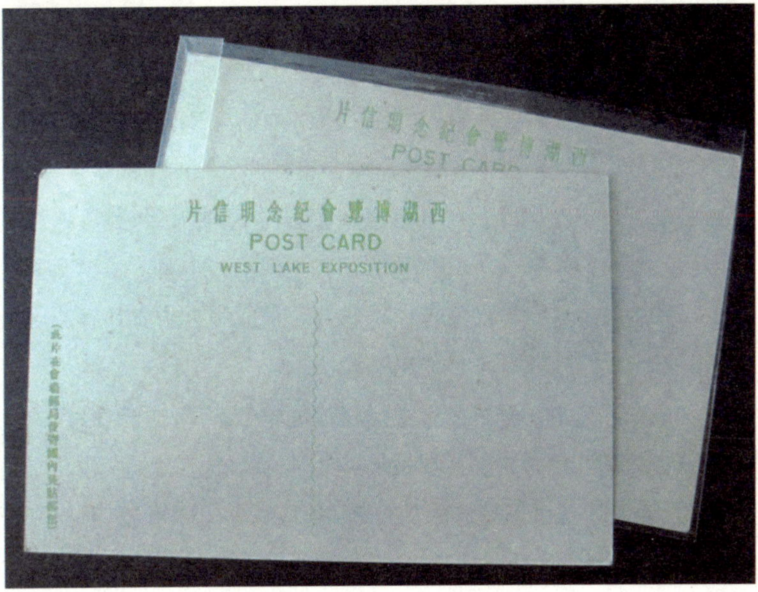

西湖博览会免资明信片正面图。

孤山和葛岭之间建造了一座富有浓郁民族特色的大型木桥和三座桥亭。这座曾被人称为当年西湖博览会标志性的建筑如今早已毁迹，但我仍揣着西湖博览会旧影照片兴致勃勃地在孤山脚下湖岸边寻觅着这座大型木桥的旧址。我驻足岸边翘首眺望对岸的葛岭，心想是当年一座大木桥把西湖博览会会址连成了整体，也使博览会与西湖的湖光山色和西湖的文化融为了一体。

在我的一部珍邮册中，现在珍藏着包括金猴四方连邮票、梅兰芳小型张等在内的珍贵邮票和明信片等。其中，所藏的 6 枚西湖博览会免资明信片也是我另眼相待的珍邮之一。西湖博览会免资明信片，全套 36 枚明信片，现在在国内拥有者寥寥无几，而经过邮路实寄的片更是身价百倍。苏州集邮家邓树镛至今珍藏一枚 1929 年 6 月我国著名集邮家张包子俊，由博览会开幕式当日从会场寄苏州某学校的

"西湖博览会"免资实寄片。片上的杭州博览会会场的日戳与苏州的落地戳都清晰可见。邓树镛先生曾说,他是在杭州一邮市上觅得的这枚奇珍的。当时价格虽稍高了一点儿,但按如今看来这个价格实在是微不足道的了。所奇的是当时这座举办首届博览会的美丽城市,而当时收到此片的苏州当地集邮者怎么就会这样不珍惜,将此珍邮流于他乡呢。看来,集邮这门一爱好,邮识和学问十分重要。邓树镛这枚"知名集邮家首寄的首枚免资片" 珍片现已成为至今集邮界的一段"邮识补拙,捡漏得奇珍"的佳话美谈了。

如果从图片的珍罕性与直接反映邮政史上来说,这套36枚的西湖博览会免资明信片中有几枚是最具史料价值的。它们是:西湖博览会会徽、西湖博览会开幕式大门外景、开幕式大门内景、交通部临时电信所、博览会主席行启门礼、会场全景之一等等。所幸的是,我通过十多年不懈的努力,现珍藏了6枚西湖博览会未实寄的免资明信片,其中就有"西湖博览会开幕式大门内景"与"交通部临时电信所"这两枚。

西湖博览会开幕式大门内外两处景观的建筑风格迥然不同。我藏的这枚西湖博览会开幕式大门内景的明信片,片上所展现的飞檐翘角的中式牌楼似乎更具中国古典风貌,也透溢着浓郁的民族文化传统特色。而交通部临时电信所,是西湖博览会上进行通邮、通信的场所,所有免资明信片都可以从这个电信所中邮寄出去。

七十一年后的今天,在首届西湖博览会的深远影响下,2000年新的杭州西湖博览会延续了依托西湖办博览会的思路,会展地点大部分都放在西湖环湖的龙井、太子湾、吴山等新旧景点及周边地带,在美丽的西湖和杭城搭起了一个更大更亮的"舞台"。新的每年一届的西湖博览会上,工农业、制造业、科技、文化、教育、旅游、美食、丝绸、工艺品、文物、雕塑等等各类成果百花齐放,把杭城和西湖点缀得更加色彩缤纷。每当我以怀旧情绪一次次寻迹首届西湖博览会旧址，再回首当今的西湖博览会新址新景时，我不免又会在这新与旧的博览会历史光影中领略和感悟着西湖文化永恒的魅力，它为西湖不败的景致又添上了一笔丰丽的色彩。

老明信片上的广州园林

在中国，修筑园林的风气始于宋代。明清以降，士大夫把宋徽宗疯狂造园的风气延续至民间。明清时期，中国的私家园林主要集中在江南苏州、扬州及广东和广州等地。这些地方的地方绅士力量雄厚，为造园提供了经济基础。广东私家园林继苏州而后秀，这是由于过去在广州当官和经商之人中多有江南籍贯，而江南文化向为岭南地区仰慕，所以广东的园林大都仿造江南园林的样式，亭台楼榭、假山荷池等风韵十足。据有关史料记载，广州的园林集中之地分别在珠江南岸之西与城东郊区。

屈大均《广东新语》说："广州旧多名园。基在城东者，曰东别业，陈大令之所营也。初在山口关之东而入，有一湖曰蔬叶。尝有蔬叶自罗浮流至。湖中有楼，环以芙蓉、杨柳。三曰石峰矗其前，高可数丈。湖上榕堤竹坞，步步萦回。"这里是指广州城东的园林。俞洵庆《荷廊笔记》说："广州城外滨江临珠江之西，多隙地，富家大族及士大夫官成而归者，皆于是处治广囿，营别墅，以为休息游宴之用。其著名者，旧有张氏之听松园，潘氏之海山仙馆，邓氏之杏林庄。顾、张、邓二园辟地不广，一览便尽，其宏规巨构，独擅台水石之胜者，咸推潘氏园。园有一山，冈坡峻坦，松桧蓊蔚，石径一道可以拾级而登。”这是指广州珠江对岸的园林。

我珍藏有一张清代晚期的“中国花园在广东”旧景明信片。据相前史料考证后得知，明信片上的旧景约摄于 1875 年前后，摄影者赖阿芳是广东人，早期在香港拍摄人像和广东本地风景，系著名的职业摄影家。他除了拍摄人物肖像外，还拍摄香港社会的世俗生活和风物景观，作为旅游纪念品向观光客销售。这是中国人最早的社会纪录摄影。在此以前，中国的社会生活影像，都是由西方传教士和探险家们拍摄的。赖阿芳的摄影，标志着中国摄影正式担当了记录历史的媒介身份。

此张广东花园旧景明信片系清代广州十三行巨商潘庭官（正炜）的私家花园。这就是俞洵庆《荷廊笔记》说的“广州城外滨江临

清末外国某驻华机构发行的“中国花园在广东”明信片。

珠江之西,旧有潘氏之海山仙馆”的潘氏家族中的一处花园。园中主景建筑是一座临水而居的楼榭,系潘庭官的私家剧院。此楼榭宏丽敞朗,气宇轩昂,比起古时江南小型园林中的亭台楼阁来显然要大度和气派许多。从此座宏丽的建筑规模来看可以想象昔日广东潘氏家族“笙歌归院落,灯火下楼台”的奢华生活。可惜“潘园”中这座宏丽的楼榭自照片拍摄后不久就毁于一场大火。因此,明信片上的此景也就成了目前唯一存世的一帧“潘氏剧院”旧影了。楼榭左侧的这个大型笼子样的建筑是当时的祭祀场所,以供焚烧冥纸。由于广州的私家园林当时常作为园主接待洋人及富商,与其谈生意或聊天游乐的场所,当时其热闹开放的景象可以想象。但从这处潘氏花园旧景上稍显落寞的景象来看,眼前这园内一池的残荷,和这萧瑟晚风中空寂的楼台,估计那时园主曾经的辉煌岁月已渐行渐远,只有这园内楼榭宏伟而精致的建构,还依稀留存着昔日潘氏家族富商鼎盛时期那么一点儿背影。

百年斑鳖旧影之谜

清代图画明信片的收藏近几年在国内十分火热。一百多年前，世界上的照相机和摄影术才诞生没多久，各国早期的影像资料相对较少，而中国早期的影像资料也是如此。清末中国的影像资料如照片、明信片等，基本上都是靠当时国外的传教士、商业机构与旅游者带来的相机所摄制的。当时由于五口通商，沿海地区的几个大城市如北京、天津、上海、广州等留下的影像资料相对较多，而中小城市和内地就比较少见了。带有摄影的明信片由于记录了那个年代一些珍贵的镜头和消失的场景，如今是一份难得的史料而受到文史专家和收藏者的关注。有些明信片上的镜头由于记录了当时一些重大的、突发性的人和事，就更具史料价值了。

我数十年来收集了千余张晚清图画明信片。其中，有一张百年前拍摄记录了世界濒危动物斑鳖的老明信片就比较珍罕。该明信片上的镜头记录了百年前苏州西园放生池中一只斑鳖露身的场面。

一百多年前，欧洲发明的摄影术刚刚起步不久。据了解，拍摄和印制这明信片的是清末时期在苏州阊门地区做丝绸生意的一日本商

苏州西园寺内放生池边的“斑鳖”塑像。

人。清末民初，此商人与日本同道们在阊门相继开设了“北原东洋堂”、“平泽东洋堂”、“精养轩”等洋行和旅社。生意空闲时，他喜欢手持这种从欧洲进口的新玩艺儿，在苏州城内外四处溜达。见到美景就“咔嚓”一下。就在这种四处游走的“咔嚓”中，这位日本商人捕捉到了苏州西园放生池那次难得一遇的“斑鳖露身”的情景。日本商人也懂得，像这种文物级的古斑鳖，以及苏州水乡各地及其名胜古迹之类，能留在刚刚发明不久的摄影机镜头中，并印制成照片和明信片出售，这自然是十分新奇诱人的，当然，为此赚上一大笔钱也是顺水推舟之事了。

现在看来，不管当时的这位日本商人是怎样的兴致和图谋。他敏感的神经已将照相机里的镜头定格了一份千载难逢的奇遇。在照相机发明的早期，这种神州古城的世间万象能摄成照片而四处发行，这本身就是一种日本商人特有的新闻意识。如今，一百多年前的苏州旧影照片，大部分均来自于日本商人印制。而我对能在数百张百年前日本印制的老苏州明信片中集得唯一的一份“斑鳖”照片而深感不易。

这枚明信片上的斑鳖，还引出了一段百年后的新闻故事：2008年5月6日，承担着物种延续重任的长沙雌性斑鳖经过千里长途跋涉后抵达苏州动物园，与苏州动物园内一只珍稀的雄性斑鳖进行了配对，若长沙与苏州这两只斑鳖能配对成功，这将是保护和延续这一物种的最后希望。斑鳖，又称鼋，这是一种已拥有1.7亿年历史的古老物种，上世纪60年代以来，野生斑鳖就已绝迹。据有关资料显示，目前全球仅有三只存活的人工饲养斑鳖，分别在苏州、长沙和越南。（因苏州西园原来尚有一只取名为“圆圆”的活体斑鳖近年来一直未曾露面，

清末苏州西园放生池。

故暂不在计算之例）

2007 年 8 月 19 日“七夕”节那天，苏州西园寺中那只四百多岁的雄性斑鳖“方方”离开了人间。据介绍，西园寺内的斑鳖一般都来自太湖，从最早西园出现斑鳖时至今已有 400 年左右的历史了。原西园放生池内的斑鳖有一大一小，大的取名叫“圆圆”，小一点儿的叫“方方”，寺中一直很注意对斑鳖的保护。如今，自“方方”的不幸离世后，“圆圆 ”已有很久未见露出水面了，至今生死未卜。

斑鳖，这种有着“水中大熊猫”美誉的世界珍稀动物，在西园寺放生池的绿波间，在苏州动物园清澈的水间上，它们浮游时每一个憨态可掬的身影，都会吸引来成百上千好奇的目光争睹风采。苏州太湖地区这种世界珍罕的斑鳖难得一见，历史存世的有关斑鳖的图片和影像资料更是凤毛麟角。据目前相前图片资料来看，我收藏的这张百年前的“西园斑鳖“明信片可能是迄今为止唯一发现的资料。我后来查阅有关苏州地方史料及多方面考证后得知，此种明信片样式的老照片是清代末年驻苏州阊门附近一家“日本东洋堂”的商业机构所发行的。照片可能当时是由日本来苏的某位商人在苏州一座寺院池塘内拍摄，池内的这只巨型斑鳖难得露出水面即被抓拍成照。若细看这张老照片，还依稀可见照片下方有一排印刷体的文字：“苏州放生池内巨鳖，东洋堂发行。”

说起苏州的放生池，有寒山寺、西园等多处。苏州地方志史料《吴门表隐》上也有相关记述：“西园在陆宅巷，明工部徐溶建，崇祯八年舍为戒幢律院，是有五百罗汉殿，佛像迥异。放生池尽畜巨鼋。”过去，西园池内鱼鳖很多，这大都是由佛教信徒放生的。上了年纪的一些苏州老人或许还能依稀记得，50 多年前在苏州西园放生池和殡舍昌善局（苏州动物园的前身）的池塘里有饲养“癞头鼋”（斑鳖）的旧事。据有些“老苏州”回忆，在苏州城东昌善局的池塘中，那时还

西园放生池内斑鳖旧影（1905 年左右）。

常可见到数只大小不等的巨鼋在水面上游弋嬉泳。建国后，昌善局改建成动物园，昔日的池塘依然，虽然以往“游者每以饼饵投之，麇集可观”的赏“鼋”盛景已日渐淡远，但因池内尚有斑鳖偶尔会一露“峥嵘”，故当时大人小孩游玩动物园时总不忘去园中那方池塘前站一站，看一看，总想赶一下这斑鳖说不定就会露水而出的巧时机。

这百年老照片上珍稀的“巨鳖”，如今尚有可能活着？在苏州何地？是西园，还是寒山寺或昌善局？为此，我经多方请教苏州地方志有关专家后了解，苏州寒山寺虽有放生池，但池塘的面积十分狭小，根本无法畜养放生的斑鳖，而且在历史上也未见有斑鳖的相关记载；而昌善局过去是殡舍之地，所在池塘也不可能称其放生池。如此看来，该是西园寺放生池的可能性就很大了。

在西园寺，对寺内放生池那两只巨型斑鳖“方方”和“圆圆”生活有颇多了解的恒中法师曾接待了我这位好奇的探寻者。恒中法师仔细观看了我那次带去的这张百年斑鳖的老明信片，当他看到关于这照片上所标注的“放生池内巨鳖”这行文字时，其观点也与苏州地方志专家所言一致，他认为，过去苏州各寺院有放生池的只有西园和寒山寺，不过，寒山寺放生池太小，历史上也未见有放生畜养斑鳖的记录。由此看来，此老照片上所注“放生池”应该是西园寺这处。另外，从照片上的池边绿树、房屋，池边的围栏结构，以及比较宽阔的池面等，都与西园放生池的环境十分类似。如今，西园寺还专门为放生池内的斑鳖“方方”和“圆圆”塑了一小一大两尊铜像，活生生地再现了它们当年的风貌。这时，恒中法师拿着我带去的另两张西园放生池老照片一边对比，一边示意着照片上的景物，我看后也感觉昔日西园旧景依然历历在目。

说到照片上这只栖息于池石上的斑鳖，究竟会不会是那只离世的“方方”，还是至今已久未露面的“圆圆”。恒中法师说，自去年9月“方方”离世后，另一只“圆圆”可能因失去了老伴而心黯神伤，不愿露面。其实，斑鳖虽然憨态可掬，但它也像人一样充满灵性，也有情感。现在，我们看不到“圆圆”的身影，并不是说“圆圆”就已离世，因为如果斑鳖真正寿终正寝的话，如今在池内也会找到它的遗体。西园寺的放生池很大，水系环延曲折，其优越的环境十分适合斑鳖延年益寿。对于这张老照片上栖息于水面石上的巨鳖，恒中法师认为，这只斑鳖与体形硕大的“圆圆”十分相像，也有可能会是一种巧遇。如果真有可能是巧遇，那就应验了中国那句“无巧不成书”的老话了。而实际上，我们目前对这张老照片的多方考证还只能权当一份参考而已，要真正解开这个“斑鳖旧影”之谜，还有待于今后能发现更多相关的史料来进一步佐证了。

老画册上的线条

历代的各类古籍版本和画册，向来是藏书家们的收藏嗜好。诸如明清版本图书中的《西厢记》、《牡丹亭》、《钱塘梦》等，以及晚清盛极一时的新闻类大型连环画报《点石斋画报》、《飞影阁画报》等等。这些古籍中，特别是有插图，甚至是图文相等比例的画册、画报等，就更能引起当代藏家们的收藏兴趣。

与文字相比，图画给人带来的美感也许是最直观，也是最强烈的。当今社会，已进入了一个“读图时代”，在大讲“眼球经济”的当代，人们更注重有其“视觉冲击力”的影视和图书。如只为贪求观赏和阅读的快意这一角度上讲，这也许是现代快节奏生活拉扯出的一种浮躁心理。不过，话又说回来，无论今天或过去，赏读中带图画的内容总比纯文字来得轻松而直观。就像童年岁月中流行的连环画。少年儿童们识字不多，这种被称为“小人书”的连环画，一幅接一幅的图画上那美丽的线条，撩开了无数个日月朦胧的眼帘，又带走了多少人的憧憬和向往。也许这就是带图画的书籍特有的魅力，可以让千千万万的“过来之人”返老还童，重新拾回了岁月流逝中的那种童真般的阅读喜好。

我这人可能也有这种怀旧毛病。虽然没有那么多老“小人书”和老画册的收藏，但家中杂七杂八的纸质品中，有几种老画册还是值得一藏的。如晚清时期上海出版的石印《点石斋画报》、《吴友如画宝》，民国时期的《铁路旅行指南》、《神州风景》系列等。

记得那还是在二十年前，我在苏州吴趋坊古玩街一位退休“说书先生”开的店铺里，淘得十多本清末上海文瑞楼书局出版的《吴友如画宝》。当时，这位“说书先生”卖此书时说的一句话我尚记得很清楚。他说：“这十几本《吴友如画宝》萌发过我说书（苏州人评弹中的说白）的兴趣，书画中不少新奇有趣的故事让我后来一辈子端住了这个说书的饭碗。今天我老了，这些书低价转卖给你并不要求你也

清末《吴友如画宝》中的“海上百艳图”。

清末《吴友如画宝》中的“山海志奇图”。

去吃说书这碗饭，只是想你也能留住书中那些新奇有趣的故事。”

确实，汇集画家吴友如一生精粹之作的《吴友如画宝》来之不易。这位出售自己心爱之物的说书先生可能是真心想将他的这十几本画册转藏个“好人家”。二十多年前，我想不到作为一个普通的收藏者读懂了这位说书先生的心思，留藏住了这批《画宝》。最近，我在网上看到一拍卖公司拍出整套二十四册《吴友如画宝》，价格竟然达5万元之多。

《吴友如画宝》汇集了晚清风俗画家吴友如先生《点石斋画报》、《飞影阁画报》等众多画报中的精品绘画，所涉内容堪比《山海经》，天文地理，人间万象无所不涉，是一部集吴友如先生绘画大成的画册。因为画这画册的吴友如是苏州人，加上我从小就对古今传统工笔画喜爱有加，我感觉能收藏这些画册真是前世有缘。说到吴友如，他是晚清时期从苏州去上海滩谋画为生的风俗画家。他幼时家景

清末年间的吴友如画宝“海上百艳图”。

贫困，父母早亡，寄食伯父家。但吴友如自幼喜欢绘画，又勤奋好学。稍长后进入苏州山塘画店，接触钱杜、改琦、费丹旭、任熊、沙馥、钱慧安等人作品，此后画艺大进。后为吴太元画店、吴锦增画店及桃花坞年画店绘制画稿。咸丰、同治间，太平军与清军发生激战，苏州山塘一带画店均被焚毁。他往来无锡、常熟等地卖画。光绪十年（1884）应上海点石斋书局之聘，任《点石斋画报》主笔，创作了大量时事新闻和风俗题材的绘画，名噪一时。光绪十七年应征召，北上京师，为宫廷作画。次年于上海自办《飞影阁画报》。十九年应曾国荃之请，画了粉饰清廷镇压太平天国的《绣像剿逆图》并石印出版。后改出《飞影阁画册》，每逢朔望出版，出至第十期时，吴友如因病去世。吴友如最擅长人物肖像画，能融合清代名画家钱杜、任熊等人的画法，自成一家。吴友如用画笔写新闻，其市井风俗、大厦轮船火车及声光电气等无奇不有。大到中法战争、中日战事，小到邻里斗殴、水火灾劫，荒诞到神鬼怪异、僧道乱行。每幅画旁配一段妙趣横生的文字，交代来龙去脉。即以营利为目的，故常以搜罗刺激、惊悚为乐事，还真吸引了市民阶层的眼球。主笔《点石斋画报》后，他不仅扩充绘画题材，用写实手法绘画从事新闻采访，以数以千计画面反映人们关注的新鲜事物；而且在绘画技巧上也打破祖先成规，引入了西方透视画法与光影造型手段，在当时也是领风气一时。吴友如逝世后，上海文瑞楼书局将他的作品分类结集出版，名为《吴友如画宝》。

我喜爱收藏老画册，在某种程度上还是受益于我的那位画家舅舅。舅舅姜一鸣是位上海美术电影制片厂的美术影片设计师。早年毕业于浙江美院。上世纪六十年代初全国家喻户晓的美术动画片《大

清末上海出版的《吴友如画宝》之“山海奇志图”插页。

闹天宫》、《济公斗蟋蟀》等就是他与众行家画师参与一同设制而成的。受过严格绘画训练的舅舅擅长工笔素描和速写。他笔下细腻流畅的线条往往能将物体和人物表现得生动鲜活而精准细致。上世纪七十年代后期至今，我这位“画笔不秃，绘画不止”的舅舅一直还在为各地的出版社画连环画和为图书配插图。他女儿出嫁那阵，他腾出了难得的空闲，仿古临摹了一幅四尺整张的唐代名画《虢国夫人游春图》，绘成装裱后布置在女儿的新房里。朋友们观赏了这幅几可乱真的仿古名画后，都钦佩我这个舅舅绘画中拿捏线条的深厚功力。确实，绘画最基本的，最压阵的功夫就是线条。我说，舅舅，你以后如闲来无事大可在仿古画上施展一番。说不定哪个拍卖公司会高价征集你的仿古名画去上拍呢。舅舅笑笑说，可以试试，但如到了真连拍卖公司的行家也难断真假之时，我也不会去仿画造假蒙钱的。如今老来业余闲暇时还是画画玩玩解解闷，只要心里有点儿成就感就很满足了。

当初，我将收藏的《吴友如画宝》等古籍画册给我的舅舅鉴定。说鉴定，实际上是炫耀一番，因为我舅舅搞绘画至今还未留心收集到像《吴友如画宝》这样的原版印刷品呢。他说我不简单，收藏这么多年来，各类东西从书画瓷器，到竹木牙角；从古籍珍玩，到民俗器具等等杂收杂藏，什么都有，也什么都能集到一定的精度和品位。我说，我自幼喜爱书画和音乐，绘画学过一阵子是“三天打鱼，两天晒网”，还不如个“三脚猫”。但收藏绘画的品位和悟性还是有的。这点儿品位和悟性也可能多多少少来自于曾经杂学“历练”的铺垫吧。

雕刻版邮品

雕刻版是一种高难度工艺的纸质印刷品的版式。一般来说,最让人们能广泛熟知雕刻版是咋回事的是纸币。如流通纸币中的人民币采用雕刻版印制,纸币上画面图案线条细腻而鲜明,持重挺拔,立体感强,摸上去有着凹凸的手感。雕刻版印制纸币是世界印钞的惯例,世界各国如此花大力气采用最好的印刷方式印钞,可能主要还是从防伪的角度上考虑。由此也可见雕刻版印刷品的科技和工艺含量。实际上,施用雕刻版工艺不只限于印钞,很多手工艺发达的国家还将雕刻版工艺施用于邮票、邮品、票证和插图等等。

微小的雕刻版邮票被称为是一种"用放大镜欣赏的绘画艺术"。雕刻版邮票的工艺及艺术手法与版画异曲同工,一如专家所称的"尖锐自在的线条以及浓淡阶调的特殊的魅力,能够细腻地刻画出人物的微妙与错综复杂的情感"那样,是一种细腻而有立体感的微型艺术。其中,"尖锐"一词非常确当地形容出刻制雕刻版的刀锋的韵味所在,也是对雕刻版邮票的一种立体化的描述。而对于"自在"这个词,可以解读成为"生动"和"富于变化"。有专家指出,雕刻版印制的邮票或其他纸质品，其中的点子和线条都是活的，富有生命力。原因是其大小、粗细、深浅、疏密及其走向、姿态、叠加组合，都能由雕刻家随心所欲，完全服从于创作者的意象构思，所以才会表现出雕刻版制品浓淡阶调的“魅力”，才能对“错综复杂”的描述对象进行“细腻、微妙”的表达。

对于雕刻版邮票，广大集邮者在收集中常被其高超的印制工艺和艺术魅力所感染，因此也格外珍视。例如，中国邮票中最有代表性的雕刻版“庚申猴”邮票，该枚邮票1980年发行，面值为8分。就是这样一枚小小面值的“猴票”，竟在往后的三十年里焕发无穷魅力，一跳腾云，节节高升，价格翻了10多万倍。无数行家曾不止一次地分析过“猴票”何以能像孙悟空那样“一个跟斗十万八千里”的原因。有说是仅500万枚的发行量，又说是人为爆炒的结果，还有说是精美而高质量的工艺设计……专家们通过种种综合因素的考量，最后得出一个基本结论：“庚申年猴票”是邮票设计和印制完美结合的典范，而不失时机地选用雕版工艺是其中的关键。“猴”票设计者黄永玉是我国著名画家，当时他采用挥洒自如的泼墨手法，寥寥数笔便勾画出猴的特征和神韵，再经过邮票雕刻家的精雕细刻后的雕刻版制作，使之邮票上的金猴毛发毕现，质感更强，充盈着灵动飘逸的艺术魅力。使得“金猴”成为经典。

集邮四十多年来，我对手工雕刻版有一种难以言状的偏爱。也对那些一辈子至死不渝地手握雕刻刀创作的雕刻大师们无比崇敬。最近几年来，我在收藏雕刻版邮票和邮品的同时，又特别痴迷收藏我国上世纪五十年代发行的雕刻版美术信封和邮票印样。五十年代中国的雕刻版美术信封印制有限，加上半个多世纪以来使用中自然损耗和流失，能保存至今已十分难得了。

老邮迷们可能都知道，新中国成立后，中国的纪、特邮票印制，有

五十年代北京印刷厂印制的“西厢记”、“首都十大建筑”等雕刻版信封。

不少是采用雕刻版制版工艺完成的。说起雕刻版这玩艺儿，其工艺是采用手工雕刻凹版。雕刻凹版是一种古老的印刷方法。由于原版是由钢版雕刻家用手工精雕细刻而成，故印刷品都是细腻而又完整的版画艺术品。与普通的影写版、胶印版等邮票不同的是，雕刻版邮票极具立体感和真实感，用手触摸之有明显的凹凸感。雕刻版的制版工艺比较复杂，其印制程序大致如下：首先要由受过专门训练的雕刻师在钢版上精确地雕刻出与邮票大小一样的画面和文字。由于雕刻面积小，操作时要借助放大镜才能看清点、线的变化，雕刻工序完成后称为原钢版，经过打样后即可制版印刷。但在印制过程中，还需经过一系列复杂的工序才能最终完成。

由于雕刻版的原版是由手刻的点线组成，制版工艺复杂，印刷难度高，不易伪造。同时，雕刻版邮票最能体现一个国家邮票的印制水平。雕刻版邮票又可细分为：单色雕刻版、一版多色雕刻凹版、混合套印版、多色雕刻凹版、阶调凹版、线条雕刻凹版。在世界上，法国、捷克、日本等是雕刻版邮票印制水平较高的国家。据有关资料介绍，新中国成立后，邮电部于 1954 年开始筹建北京邮票厂，选派人员出国学习邮票印制技术及邮票管理，聘请捷克专家到中国帮助邮票厂建设。工厂于 1959 年建成并引进了当时国际上先进的邮票制版设备及瑞士的“唯发”邮票印刷机、刷胶机等设备，印制手段平、凹、凸工艺技术齐全。过去，世界上许多国家印制邮票时，遇有重大的主题，才使用雕刻版印制。而当时在雕刻版制作的先进国家捷克斯洛伐克，不但所有邮票都使用雕刻版，各种首日封、信笺等也用都采用雕刻版印刷，可见其工艺的深厚基础。

我国上世纪五十年代中期，兴盛手工雕刻版邮票印制的同时，也印制了一批雕刻版美术信封、信纸等。其原因主要是受益于五十年代我国从捷克斯拉伐克学来的手工雕刻版邮票制作的先进经验，推而广之应用于信封与信纸等邮政用品上。自从向捷克等国学习了先进的雕刻版印制技术后，通过不断实践，在雕版印制技术上取得了丰厚的经验。当时包括雕刻版邮票、信封、信笺等一大批精美的作品相继问世。

也许有人很难理解，上世纪五十年代中期，我国还处于百废待兴的社会主义经济建设之中，当时国家资金紧缺，人民生活也不富裕，但为何要不惜工本地采用一种高难度的手工雕刻版工艺来印制一个普普通通的信封呢。现在回首历史，就不难感受中国在社会主义建设第一次高潮中那种“有条件要上，没有条件创造条件也要上”的精神。那时候，邮票印刷业中的不少专家都认为，从国外学回来的雕刻版先进工艺，如果能从原来的纸币、邮票印刷，推及至邮品、信封、图书、画册等方面，将来中国的印刷业能有多美好的前景。实际上当时的人们尚不知道，在世界各国的印刷工艺中，雕刻版印制品虽精美雅致，但由于工艺难度大，成本高而只占较少的一部分。新中国成立后，在百花齐放的工艺界，虽然五十年代印制业中雕刻版工艺曾兴盛一时，但这种繁兴的大好局面最终还是“昙花一现”。不过，这“昙花一现”所绽放的鲜亮光影也给中国的雕版印刷工艺留下了历史闪光的一页，值得后人珍视。

五十年代雕刻版邮品中最值得赞赏的是各类美术信封和信笺。带有雕刻版的信封边上，都印有一幅精雕细刻的美术图案，其图案的题材涉猎广泛，包括山水风光、风物人情、国庆大典、革命圣地、建设成就、文体、少儿、花卉等等。有的信封还将“北京风景”、“名胜古迹”等图案印制在整幅画面上，一张信封就像一幅雕版立体照片一样。还有的信封，正面印有雕刻版祖国风光的图案，背面还印有“歌唱祖国”的雕刻版歌词和曲谱。真是花样繁多，生动而别致。

像纸币、邮票和信封等纸质类物品如采用雕刻版工艺制作，其工艺程序大致为：先通过手工将需要印刷的图案画成素描稿，根据素描稿用刻刀在钢板上刻成层次丰富的点、图案及文字。手工雕刻出来的钢板的原版叫做凹版。再用这凹版经其后一系列的工序印制出一张张纸币，或一枚枚精美的邮票和信封等。

前几年一次偶然的机会，我在上海一处邮票市场上淘购到几枚上世纪五十年代雕刻版“千里马跃进”、“农耕中的拖拉机”等图案的美术信封。当时，我被信封上有凹凸立体感图案的美术信封迷住了。我后来才知道，这种美术信封十分难得，也记录了那个特别的年代手工艺变革中“大跃进”的历史光影。但由于如今保存下来的十分有限，以致后来我跑了大江南北十多个古玩、邮票市场都没能再见到同类的雕刻版信封。后来终于有幸在“普邮”网上结识了雕刻版美术信封收藏家吴剑先生，他先后友情转让我一大批上世纪五十年代精美的雕刻版信封等邮品，圆了我这几年一直痴情“雕刻版信封”的梦。

雕刻版邮品收藏家吴剑是中国铁道部隧道研究所的一位工程师。数十年来他工作之余最大的爱好是集邮和收集雕刻版邮品。令人钦佩的是，多少年来吴剑利用他常年出差在外的机会一次次苦心寻觅，至今几乎基本集全了上世纪五十年代所有的雕刻版美术信封。在他的藏品中，不但有现存世极其稀少的全套“国庆十周年”、“革命圣地”、“西厢记”、“中国古代名人”等雕刻版美术信封，而且还都备有不同的复品。更难得的是这批少有的信封中有一部分还是经过邮政实寄使用的实寄封。吴剑虽是一位从事隧道建设的工程师，但他热爱艺术，喜好古典诗词，有较深的传统文学修养，这也提升了他的收藏眼光和其品位。与吴剑相识，我们都有相同的志趣，这使我们的交往有了更多的共通之处。吴剑很大度，他虽然也十分珍惜那些来之

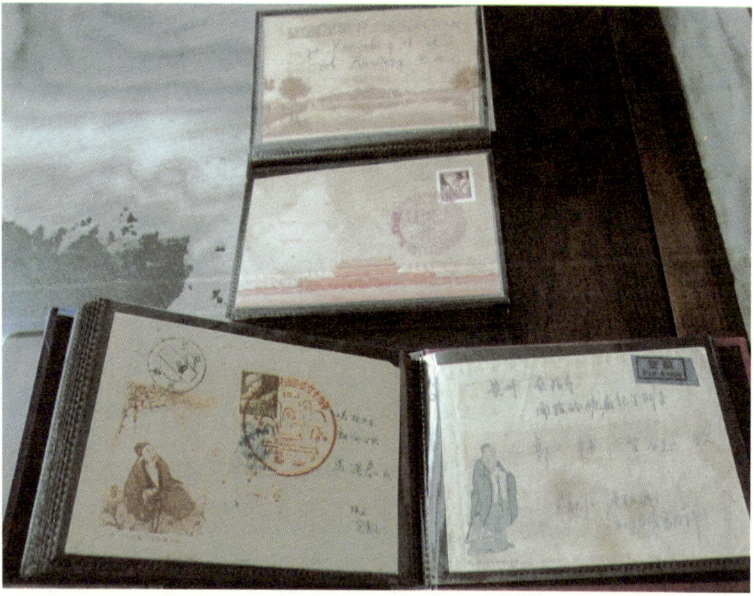

五十年代北京印刷厂印制的“中国古代名人”、“北京风景”等雕刻版信封。

不易的藏品，但为了能让藏友共享收藏之乐趣。他最后还是割爱了不少雕刻版精品信封，使我的收藏不断丰富而充盈。现在我在吴剑的鼎力相助和自己的努力下，基本上也集全了那些雕刻版美术信封中的精品。

欣赏我国上世纪五十年代的雕刻版美术信封，有着集邮中一种难以言状的乐趣。每枚信封上的美术图案都带着当时鲜明强烈的时代气息。小小信封上的革命历程、风物人情、建设成就和文娱体育活动等画面，经画家和设计家们浓墨重彩描绘，雕版师手工精雕细刻后印制，薄薄一张纸上清晰挺拔的线条，丝丝缕缕都呈现出一种立体的美感。每每欣赏回味中我都不禁会用手指去抚摸信封上雕刻印制的图案，感受凹凸的手感带来的立体视觉和触觉效果。五十年代中期的雕刻版美术信封，限于当时邮票印制工艺，雕刻版尚未有多种套色的作品，一般都是单色雕刻。而 1959 年出现的国庆十周年大典雕刻版美术信封，第一次有了红、黄、蓝 3 种颜色的套色，俗称“三套色”。这套在集邮界有五十年代“雕刻版美术信封龙头”之称的“国庆十周年大典”雕刻版美术信封，全套共十枚，系 1959 年北京人民印刷厂采用钢板雕刻印制。据了解，当时此套信封曾在北京、天津、上海等城市的邮局里均有出售，售价每套计人民币 3 角。这十枚信封的图案分别为：农业大丰收、钢铁煤炭大跃进、中华人民共和国万岁、人民公社好、世界和平、天安门礼花、伟大领袖毛泽东、马列主义、群众游行欢度国庆、人民军队接受检阅。由于采用了当时先进的雕刻凹版技术进行印制，这套国庆十周年大典的美术信封精致典雅，立体感强烈，如用手触摸信封的画面，层叠凹凸，手感明显。同时，精湛的雕刻技艺和首次使用的“三套色雕版”使信封画面中的天安门建筑以及受检阅中的人物、坦克、飞机、红旗、和平鸽等轮廓清晰，形象鲜明，色彩艳丽。从而也更增强了此套美术信封展现国庆大典宏伟场面的艺术感染力。与五十年代同类国庆大典题材的邮票、图卡等艺术品相比，这种雕刻版美术信封的印量和发行量都要小很多，故在如今的集邮市场上难觅踪影，特别是全套的信封就更为稀缺。2008 年，在北京某艺术品拍卖行的一次邮品拍卖中，曾出现过一套此类雕刻版信封，当时的拍卖起拍价就高达 6000 元。

雕刻版美术信封的印制，继上世纪五十年代曾有的高潮后，至今虽也偶有印制，但无论其精致细腻的程度，还是品种的多样化等方面，已远不如当初那种繁荣所带给人的深刻印象了。

五十年代的《美术日记》

新中国建国初期的五十年代，在许许多多有此经历的人心中，永远像是早晨八九点钟阳光下旧貌换新颜的沸腾岁月。在这一历史岁月中，出现了无数像“让我们荡起双桨”一样的儿歌；像《五朵金花》电影故事那样的社会主义建设中劳动与爱情的幸福生活；像《开国大典》油画中所描绘的新中国人民在伟大领袖毛主席“中华人民共和国成立了”的宣告中的欢庆场面……

五十年代让现在的过来人再度回首，可能还会唤起无数纯真的，激情的，生活俭朴清苦但余存缕缕温馨的回忆。这种岁月情结，让现在很多有此经历且又喜爱收藏的朋友，对五十年代留存下来的各类带美术图像的纸质印刷品备感兴趣。这类纸质品主要包括各类图书中的画册、画报，美术明信片、连环画、邮票、烟标、信封、笔记本等等。因为都是些以图为主的资料，那些具有鲜明时代特色的场景，将当时人们的音容笑貌和生活的喧响永远记录在了历史影像之中了。这其中，有一种五十年代中期开始印制的美术笔记本，如今在收藏界悄然时兴了起来，颇受中老年收藏者的青睐。

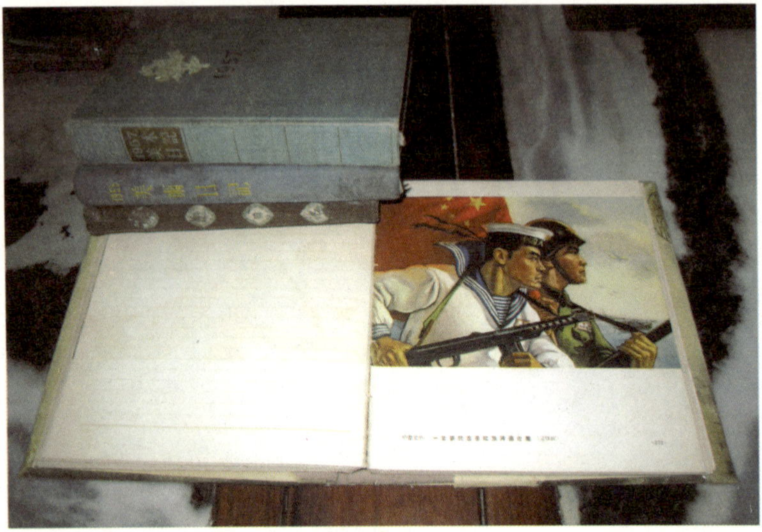

各种美术笔记本。

记得新中国建国初期，人们工作和学习中习惯做笔记，过日子喜爱记日记。故而，当时的笔记本几乎是家家户户都可能备有的一种学习用具。如何提高笔记本的档次，既可实用又可欣赏，各地的出版印刷部门当时都在选材、装帧和印刷上下了一番工夫。其中，最受人喜爱的是人民美术出版社出版的《美术日记》。

新中国成立后，从 1955 年至 1959 年，人民美术出版社对普通的笔记本尝试一种新的印制样式，即精选一部分建国后优秀的年画、版画和油画等名家代表作，与古典名画一起，以插图的形式汇编于笔记本中，出版了一套深受大众喜爱，且赏用一体的《美术日记》。因为这类美术笔记本每一页上都配有当时反映时代风貌和社会主义建设场面的画作，具有鲜明的时代特色和丰富的史料价值。这套美术笔记本在当时是市场文化用品中的精品佳作，印行数量不多，价格也比较昂贵。但是，仍有很多人即便节衣缩衣也会购上一两本，或作为珍贵礼品赠送亲友，或留下自我赏用。

在纸质品收藏界，上世纪五六十年代的老笔记本收藏近几年是逐渐走俏的一个品类。在我所见的一大批老笔记本中，最为走俏的当属那种志愿军慰问团赠送志愿军英雄的笔记本。虽说因当时条件所限，其装帧和印刷都不够精细，但因其特殊的意义，加上印量稀少而备受藏者珍爱。其次就该轮到五十年代“人美”出版的《美术日记》了。有一回，我在上海最大的古玩邮币卡收藏市场“云洲”古玩城，看到市场内某店出售的几本55年、56年的《美术日记》，这些笔记本看上去都稍显破旧，但店主还是当个宝贝一样漫天要价。实际上，就拿55年、56年这两种比较吃香的老笔记本来看，就是保存较好，品相上等的货，当今正常的买卖行情价撑顶每本也就在五、六百元上下。现在收藏古旧之物有时也说不清道不明，投缘时可能没花什么大价钱，你一本正经地当作一回事去觅购却往往又可能得不偿失。所谓淘宝，真正的有心人还需持有一种“无为而治”的心态去寻找机会。

话虽这么说，岁月挡不住的流波又总是让人感到无情又无奈。这套印量有限的《美术日记》如今已存世寥寥。我想，新中国成立后至今，也不过只相隔半个多世纪不算遥远的岁月，然而，其间的变迁却实在是太多太复杂了。像这种主要用以记录学习心得和生活日记的

美术笔记本的内页。

笔记本，里面可能挟带着太多的政治因素和内心的隐私而最终被毁弃了。

而我通过网上拍卖、托外地朋友寻购和跑古书市场等多管齐下的手段，“东方不亮西方亮”，经不断广泛收集，终于没费太多的钱就收集到了全套的《美术笔记本》，其中，有全新未用过的；也有一部分是写过日记后的旧本本，但这都并不妨碍我收藏欣赏。

1954 年 12 月，人民美术出版社出版了由曹辛之、张路编辑的第一本 1955 年的《美术日记》。在这本笔记本里刊载的美术作品，大部分是从专门出版艺术书籍的人民美术出版社、朝花美术社和荣宝斋所出版的图片、画册、期刊中精选出来的。它荟萃了我国古代绘画艺术及近代著名画家的不朽之作，共有 350 余幅之多。较为代表性的作品中，古代的有东晋顾恺之根据曹植的《洛神赋》所绘的《洛神赋图》，唐代吴道子的《八十七神仙图卷》（又名《朝元仙杖图卷》）。现存最早的木刻画宋刻《隋朝窈窕呈倾国之芳容》（又名《四美图》）。近现代的有齐白石和徐悲鸿的绘画作品各 16 幅。还有李宗津的油画作品《东方红》，艾中信的《毛主席和朱总司令》、罗工柳的《毛主席作整风报告》、王式廓的《井冈山会师》、王朝闻的雕塑《刘胡兰》、黎雄才的水墨画《三峡》等。

给我留下深刻印象的是这套笔记本中的一些著名年画、油画木刻等。如林岗的年画《群英会上的赵桂兰》，在五十年代是有名的表彰全国先进人物的宣传画，此年画用细腻的笔触描绘了毛泽东主席和国家领导接见劳动模范的场景，其浓郁的时代特色和艺术性得到了完美的融合。另有李可染的年画《劳动模范北海游园大会》，苗族画家潘迎华的油画《我们的首都北京》等。这些年画有的是全景式的大场面展示，有的则是取其一侧面或一个瞬间中人们的精神活动和情感的展露。而这本笔记本中那张阿老的年画插页《全中国的儿童都热爱你》，勾起了我儿时的记忆。记得那时几乎家家户户都张贴“我们热爱和平”，“光荣的最可爱的人”之类的宣传画。我家墙上的这张“全中国的儿童都热爱你”，画面上彩绘着一群童稚围着向领袖献花的场景，让人感受建国之初岁月温馨而清纯的一面。是毛泽东缔造了我们的共和国，这个当时每个公民都珍惜来之不易的新生活的情怀，被画家们用淳朴又热情的画笔渲染出来了。

美术笔记本上的画作，反映了当时少数民族青年代表来到北京，参观我们伟大首都和新中国建设成就的情景。

五十年代这套《美术日记》本中，最出彩的是那众多年画类绘画插页。收录这么多年画作品，这也和建国初期五十年代的历史有关联。那时候，最具大众文化和民族特色的年画正方兴未艾，特别是五十年代文化美术界掀起的“新年画运动”。有关的“新年画运动”的状况，根据当时的史料记载，1949年，是中国历史上划时代的一年。就在工农业领域都有着各类问题亟待进一步解决的时候，中国的领导人对于人民大众的精神世界和文化生活始终不曾忽略。新中国成立不到两个月时间，文化部部长沈雁冰署名发表的文化部《关于开展新年画工作的指示》，经陆定一、胡乔木上报，获得了毛泽东、刘少奇、周恩来的批示同意，并且这份对于新中国美术发展意义深远的文件很快就在《人民日报》上公开发表。可以说，新中国美术史的第一个篇章自此而始。这份文件使得在军民团结一心、艰苦奋斗的岁月里逐步建立起来的文艺政策，于建国伊始就获得重新确认与进一步发展。热情高涨的文教机构和美术团体，按照《指示》的精神，积极地组织了新年画的创作和出版工作。到 1950 年初就已有 26 个地区的 200 多位画家创作了 412 种新年画，发行了 700 余万份，而 1958 年全国发行的新年画更是已经达到平均每人一张以上。其中大多数新年画集中在如下几个主题的创作上：反映中国共产党所领导的光辉胜利；歌颂新中国成立这个伟大的历史事件；抒发中国人民对毛主席的热爱之情；表达各族群众大团结亲如一家；描画新中国人民的新生活等等。

新年画创作不仅受到群众的欢迎，而且在美术界受到了很多关注。“新年画”在当时似乎并没有被局限为一个画种，而是在一定程度上被看作美术界的集体创作运动。几乎所有画种的画家都参与了这场“创作运动”。如今回顾，不难发现有许多堪称“新年画”经典的作品出自不同画种画家之手：林岗的《群英会上的赵桂兰》、李可染

美术笔记本上印制的宣传画插页，为空白的笔记本平添了几多色彩。

的《工农模范北海游园大会》、任率英的《嫦娥奔月》、叶浅予的《全国各民族大团结》、李琦的《农民和拖拉机》等等。

虽然进入六十年代之后，新年画的创作并没有给人们带来更多的惊喜，“文革”更是阻隔了它的发展。但是新中国成立后二十多年创作的新年画作品所形成的艺术整体，凝聚了时代、承载了热情、记录了成就、创造了价值。即使艺术随着媒体一起发展得让人眼花缭乱，半个世纪以前的新年画仍然能久久吸引今人的目光。无论历史和艺术的标准如何地共同挑剔，持续时间并不很长的“新年画运动”在中国现代绘画史上都该具有牢固的地位。

那个沸腾的历史的时代已随光阴老去了。但是，那个时代掀起的令美术界艺术工作者和人民大众都兴奋不已的“新年画运动”中诞生的一幅幅美丽图卷并未消失。它们被一本本图书，一帧帧册页，抑或诸如这一本本存世的五十年代的《美术日记》本所收藏，永远定格在岁月的光影之中了。

回眸老苏州

在人们眼里，当代苏州已日益在钢筋水泥骨架与车流人拥的喧嚷市声中拔节壮大，那线装书般的老苏州已被新苏州渐渐抛远和散落了。

抛远散落的老苏州似乎是在当代苏州人足音中不知不觉逝去的。但人总有怀旧的心态，老苏州岁月中的那些平和闲静的气象常常被很多人牵挂和回味着，以至过去那些老苏州曾有过的贫寒困顿岁月都在那印象中一一淡远，只有苏州的平和安宁是永远抹不走的记忆。

老苏州是何等的景象，隔世的老苏州与当代的苏州风情风貌有什么不一样的面孔，这总是当今苏州人，也是神往苏州这块风物清嘉之地的外乡人感兴趣的话题。如今人们回眸老苏州，大都是从长辈的忆述和其文字资料中咀嚼到更多接近生活原状的东西。另外，也还有一种更直观的资料能回眸老苏州，那就是至今尚幸存于民间的一些老照片和历史图像的明信片。作为一个故乡有心的收藏者，我坚持了近二十年的苏州老照片及历史明信片收集，感觉拾珍不易，一旦有缘

清代苏州阊门吊桥与河道，呈现一派水陆航运的繁忙景象。

觅得一份珍稀的老苏州图片资料，感觉该是吾辈的一份至诚，也是一份荣幸。

记得第一次觅得难得一见的清代老苏州历史图画明信片，还是一回在上海老城隍庙一处藏宝楼古玩市场内。当初该市场内有一古董摊，专做古旧香烟牌子和火花等纸片的买卖。照理说，这种香烟牌子和火花摊铺不会有什么老照片、明信片之类。但就是碰巧，这古董摊主曾从上海一教授那里收购到一批清代各地的历史照片和明信片，其中有30余张是清代老苏州风景明信片。

第一次看到清代的苏州是这般模样，暂且按捺住心头突突的心跳，在一番讨价还价后全部购下。这些珍稀的清代苏州风景明信片展现了1900年左右的苏州火车站、寒山寺、枫桥、文庙、阊门新马路、留园小蓬莱、上方山、双塔旧院以及当时苏州的日本专管驻地——青阳地等景致。

确实是千年难得一见，这些摄影图片定格了当初的现状和景象。

不难想象，世界上发明摄影术不过一百多年的历史，从西方传入中国的摄影最早也不过是十九世纪末、二十世纪初的事情。从西方到东方，从大城市到中小城市，但苏州就有幸在世界摄影术发明后不久的清晚期被有照相机的摄影师拿捏，镜头里留下了一个个永恒的瞬间。

从如今我收集的诸多珍贵清代印有老苏州景致的明信片来看，发行者主要是两家当时日本人在苏州做生意的“北原东洋堂”和“平泽东洋堂”。据一番研究考证后得知，这两家东洋堂主要是在苏州老阊门一带做些丝绸茶叶之类的生意。当时照相机虽是稀奇之物，但这些东洋生意人有钱，也对苏州古城景色痴迷神往，拿着照相机摄下古城各地的景物和民风民俗，印成明信片和图册之类，拿回去也是一份人生经历国外岁月的留痕。然而对于我们故乡人来说，那个时代的留痕没有比这照片更真切和直接的了。

印象难灭的照片有“苏州火车站”，那时苏沪铁路刚刚建成通车不久，从上海到苏州，对原先这段船行人走的长途来说可谓是弹指一

清末苏州阊门大马路上马车“嘚嘚”，沿街两排中西式各异的小楼装点着这座江南古城金阊一带少有的繁华景致。

挥间了。苏州火车站虽建立了，但照片上的车站只是一座矮小的站房，孤零零似吊在那长长的铁道线上，在那夕照下真如一枯藤老树昏鸦。不过，就是这种萧疏和荒废之感，反倒给人一种古城历经岁月的苍远意境。同样，这种萧疏苍远的意境又展现在清末的上方山月城桥畔，展现在寒山寺前的照壁前，展现在千年枫桥与铁岭关间。有趣的是当时荒落斑驳的寒山寺前竟还停着几杆竹轿，轿篷似车，张着羽翼像在等候着一个听钟的天涯行旅。可以想见，当时从苏州城内去寒山寺不需行船抬脚便有竹轿相随。而清晚期的苏州阊门新马路却与那清静萧疏截然有别。一帧

清末时期的苏州留园小蓬莱景致。

清末苏州枫桥旧影。

清末苏州寒山寺外景。

约摄于1905年前后的阊门新马路景观，显现着苏州清末少有的繁华。在马车、行人、轿子车水马龙的街路两侧，一边是西洋风格的二层小楼，一边是中国传统风格的店铺客栈。载人马车在晚清由欧洲传入中国，流行于苏州街上约是1900年的光景。同样，西洋式小楼建筑也是“舶来物”，这种中西错杂，似有些不伦不类的街景建筑是苏州晚清马路的又一特色。

苏州私家园林古来闻名，清代的苏州园林与当今的园林相比，少了点修饰之美，而多了些清雅质朴和萧疏之感。留园小蓬莱是园中景致的精华部分，一张清代留园小蓬莱虽系初冬时节所摄，但留园古木交柯的繁枝仍参天伸展，似显现着古园不灭的蓊郁绿意。小蓬莱处的紫藤廊桥贴着荷池曲折蜿蜒，旧影上这紫藤廊桥当时还是木制的，雅朴之气扑面而来，如今岁月沧桑，紫藤廊桥早已用水泥替代了。当时的留园属私家宅园，园内这小蓬莱四周偶有一二家眷闲庭信步，观景赏石，煞是悠哉。

盘门，这座有着2500年历史的至今国内仅存的水陆双城门是苏州古城的象征。但若从史料中实物的真实性来看，无论是在明清时期还是在当代，盘门的城楼城墙，抑或是一块城砖一掬城土，都已非吴越春秋时的原物旧迹了。不过这不会妨碍古盘门的历史，经历千年的岁月沧桑，盘门城墙和城基的位置始终未移未变。清末时的盘门三景“古盘门、瑞光塔、吴门桥”，在一张旧影明信片上左右映带，绵延的城墙与远处塔影满眼风光，高高的石拱桥下舟船往来，桨橹悠悠，令人思接千载。据说，盘门“老三景”是古盘门、瑞光塔和无量殿。但离盘门约有近千米之遥的无量殿很难融入一个镜头，而吴门桥虽系同治年间所建，但其位置依城临水，与远处瑞光塔影，近处城楼飞阁和谐融一，组成绝佳景致。故在清代晚期，古盘门、瑞光塔和吴门桥自成“盘门三景”，被今人流连陶醉。

清末苏州玄妙观内赶庙会的人流熙熙攘攘。

我所集明信片上的老苏州景观最撩人襟怀的有两处。一处是苏州旧城未曾拓宽前的观前街，另一处是从北寺塔鸟瞰苏州旧城全景。

上世纪二十年代观前街未拓宽前不过二米多宽的样子，街对面店内的伙计可坐在柜台前隔街聊话。这条极富江南水巷特色的窄长街巷，脚下溜滑的石板路鱼脊般延伸，两旁店招鳞次栉比缤纷乱眼，似闻得阵阵叫卖与争喧。这条看起来宽不盈尺的窄街，却承载着江南水乡的百年岁月诸多的繁忙与丰盛。因民间所摄观前街未拓宽前的照片凤毛麟角，在此前至今只发现过一张观前西部的街景旧照，故我幸得这枚外文版的“老街”风景明信片时还不敢相信这是一种天意和缘分。此明信片下角有一排英文字母，意译为“苏州一街景”。这“苏州一街景”是否就是苏州古城那条名街观前街的街景呢，一时应该还不能妄加论断。苏州的老街星罗棋布，何以见得就是观前街？是街两旁的店招作了最有说服力的佐证。经考证，明信片上街景有其店招“同福永”，这是当时观前东部一绸缎店的牌子；“大有恒”，是观

上世纪二十年代的苏州观前街。

东当时一杂货店的招牌。而店招上的“顾绣”，也就是当时观前一位商人所开设的刺绣用品店。观前街观东这张旧照的发现，正好弥补了过去只存一张观西旧影，而无观东街景的缺憾。

二十年代“苏州城全景”的旧影照片，第一次以鸟瞰的视角揽括了苏州古城。这旧影是从当年的北寺塔第七层上向南鸟瞰全城的，一片粉墙黛瓦的民舍阎闾扑地，铺展向无尽的远方，与远近纵横的街巷、古塔等勾画出一条古城优美的轮廓线，给人以极目畅怀间浮想联翩。应该说，人们从高处鸟瞰古城，眼下最发人之幽思的是古城水巷纵横、瓦檐层叠和大片民宅建筑扑地而展的景观，古城城区的全部景象尽收眼底。与当代相比，二十年代初苏州古城那明清古建特点无疑更鲜明突出，古建筑的保存也更为完好。

岁月时光这一双无声的脚，不知不觉已将苏州带过了无数个世纪。当一代代忙碌的人们偶有静思的时刻回首逝去的岁月，且为流光而惋叹连连时，所幸还有摄影镜头留下了一帧帧苏州古城那个时代的背影，和那古城一处处令人思乡的背影。

多宝格上玲珑珍

多宝格又称“百宝格”或“博古格”，是专为陈设古玩器物的。

多宝格是在明代架格的基础上发展起来的。明代架格造型比较简单，给人以质朴之感。清初，著名戏剧家李笠翁（即李渔）在他的那本《闲情偶寄》的书里提到桌子要多设抽屉，橱柜要多设隔板和抽屉，并身体力行，设计制作了一批家具，对清代家具的形成起到了一定的影响。清代中期以后，出现了一种用横、竖板（此种竖板又称为“立墙”）将内部空间分隔成若干高低不等、大小有别的架格，这种架格前后左右做成不同形状的开光，内部空间之间分隔巧妙，设计得错落有致，因它与明代的架格趣味大异，称为“多宝格”。

所谓“园无石不秀，室无格不雅”。多宝格源于中国古典柜橱类家具，兴盛于清代，大致时间为乾隆年间。原先，明代的书格，栏架格主体部位前不装门，后无背板，分层而设，双面透空。清代室内装饰出现了“集锦子”，既作为室内分割的屏障，又可摆放各种古玩珍品，是中国独创的一种高艺术品位的室内装饰方法。而多宝格正是将明式的书格、栏架格与室内装饰物的集锦子巧妙地结合改造，创造了一

清乾隆漆金嵌象牙多宝格。

种独立的家具。清代的工艺美术事业空前发达，以收藏鉴赏为乐的古玩业兴起，也促使了多宝格工艺的不断兴盛和流行。

多宝格的前身明代架格（也称博古架）开始作为宫廷、衙门的陈设器具时，体积非常庞大，一具博古架，可以像一堵墙那样，起到“屏风”的作用。架内分成许多个高低不等、长短不一的框格，既有正方形、长方形，又有六角形、扇形、菱形、曲尺形等等。框格内除陈放各种青铜器、漆器、瓷器、陶器、玉器、木器等古董以外，也放置书画卷轴。

博古架进入民间后，体积逐步缩小，一般文人雅士书斋内的博古架以精致见长，或放古董，或贮书设鼎，或安置笔砚，或供设盆景，可谓花团锦簇，剔透玲珑。博古架古色古香，足以显露出诗礼人家的气度。古代的工匠，也为久居深宫内院的皇帝设计了各种“多宝格”样式的精巧小箱，供无法任意到处游乐的皇帝搁置和收纳珍宝古玩，闲暇中来欣赏、把玩，排遣一时的孤单。

制作多宝格的材料，最初是用松木、楠木，后来逐步改用榉木、花梨木，甚至紫檀木。也有用珍贵的老红木制作，非常精巧。多宝格造型大多为常见的长方形，也有奇巧多变的圆形、半圆形、桃形、瓶形和扇形；有单件的，也有组合的；有单面观赏的，也有可双面观赏的；有全部结构由架格组成的，也有带门带屉的；有素雅的，也有雕饰的，规格

清早期竹丝缠枝番莲多宝格。

尺寸更是多种多样，可谓百花齐放，异彩纷呈。

多宝格的独特之处在于，它将格内做出横竖不等、高低不齐、错落参差的一个个空间。人们可以根据每格的面积大小和高度，摆放大小不同的陈设品。在视觉效果上，它打破了横竖连贯等极富规律性的格调，因而开辟出新奇的意境来。由于多宝格为摆放贵重物品之用，故大部分见于宫廷或官府，民间所谓“大户人家”也有使用，但在普通老百姓家庭就很难看到。从流传下来的多宝格来看，这种器物的形式富于变化，有紫檀什锦多宝格，有髹漆描金多宝格，还有嵌珐琅多宝格。其尺寸大小亦不一致，大者可与储物柜尺寸相当；小者高度不及一尺，常设于床榻之上，摆上小件珍玩以供把玩。由于多宝格为富户巨室之家专用之物，为体现华族富贵奢华的气势，通常制作得极为精美，一件做工精良的多宝格本身就是不可多得的艺术品。

清代康、雍、乾盛世制作的小型多宝格，其优佳的材质、精巧玲珑的造型设计和巧夺天工的工艺制作，使得这种样式奇巧，高低参差、错落有致的“隔栏”本身就是一件件赏玩不厌的文玩佳珍。如果在其中再搁置上各种珍瓷翡翠、珊瑚玉器和珐琅水晶等珍宝小件的话，这只“百宝箱”就更加美不胜收，价值连城了。在台湾省故宫博物院内，现珍藏有数十件清代“康乾”盛世制作的精品多宝格。如一件清代竹丝缠枝番莲多宝格，此格由四面组合成一个圆盒状，展开后则成一座屏风，反合则成方形，用名贵的小叶紫檀木作为内胎，外部拼以竹丝，面贴雕木缠枝莲花及八宝，器底有骨足，内有格层及抽屉，分别可陈置珍玩和画卷画册。另一件清中期紫檀多宝格提梁长方盒，此格原是长方形，上有提梁以便提取和携带。用手向边侧轻推，则呈现两层形的盒子，盒面为扇形，非常雅致。盒中有不同的格子，可陈列各类珍玩玉器等十多件。同样还有一件清代紫檀木雕多宝格圆盒，此器作圆形，多宝格的面上还镶嵌一块可灵活拆卸的古代玉璧，玉璧如拿去后

清早期紫檀嵌湘妃竹黑漆描金多宝格。

内可藏一件小型瓷瓶珍玩。此多宝格的器壁也可以打开,开启后即成一个四面扇形的小格子,内可珍藏各类珍玩八件。多宝格自古以来就是搁置陈藏古董珍玩的,因要配得上各类古董珍玩的身价,精美的多宝格往往本身就是一件稀有的古董。

据悉,在央视《鉴宝》栏目组一次全国民间寻宝“上海行”的活动中,上海中福路古玩城一家古玩店内,有一件清乾隆时期的皇室用品“紫檀雕黑漆描金镶嵌竹黄多宝格”,这件由店主数年前花数百万元从日本一古董收藏家处购来的多宝格,经有关专家鉴定为清代皇家珍器,估价为500万元左右。可以想见,现今存世的珍品多宝格是何等受藏家珍爱,具有何等的价值。

琴炉

小小一只香炉，尺寸看来比鸽蛋也大不了多少。一掌可以握住它，屁股袋里也可以装下它。就像那小不点儿的随身佛像那样，虽个儿微不足道，但也是有耳有足，体态丰盈，周身纹式錾刻精细如画，一派“小器大形”的模样。这便是香炉中谓称袖珍雅器的琴炉。按现在人的话来说，小巧之琴炉，迷你型的玩物。

古代的文人雅士和那些达官显贵之族，他们那种“食不厌精”的生活观表现在各个日常岁月的细节中。就拿这香事的器具来说，古代的文人雅士与大众百姓的需求有着天壤之别。

普通的黎民百姓也会烧香拜佛，逢上时辰也要祭祭祖。家中供奉的佛主尊前供一只香炉，佛事和祭事中点上些香烛，以表其虔诚和思念之情。但是一般来说，过去普通百姓选香炉只求普普通通的形制和款式，工艺也不求什么讲究。故而如今我们看到的存世量较大的普通型香炉，都是过去千家万户都可能备有的，但是琴炉就不同了。拿现在各收藏市场和艺术品拍卖中所见的各类为数不多的琴炉来看，其存世量确实要大大少于普通的香炉。从这点也可以窥知，琴炉在古代并非黎民百姓家常之物。就该是属于少数文人雅士和官宦的专用品。

说到与琴炉一脉相承的香炉，历来是花样百出。瓷器玉雕，金银铜铁锡各类材质的焚香炉不拘一格地脱胎而出。自从明代宣德年间制造出一种“宣德”铜炉后，随后历代制炉人就一哄而上，纷纷照葫芦画瓢无休止地仿制起宣德炉来了。不过，历朝历代制炉人都这样不动脑筋地一味地去仿制宣德炉也不是个生意。那一批批铸着“大明宣德年制”款儿的铜香炉，如果“仿虎不成反类犬”的话，大伙儿的饭碗自然也端不住。于是，自明代宣德年后，宣德炉仿品中就不乏呕心沥血之作；也不乏摆脱光环，取其精华的创新之作。那时的制炉手艺人，不论名师还是凡匠，似乎都有点儿传统文化的根基，也都能善解人意。他们知道，那些文人雅士对香炉的多样性需求表现在生活的各种场合和境况之中：庙堂内供佛，雅室内熏衣，书房案头“红袖添香夜读书”，琴桌边弹琴奏曲，所置的香炉应各具特色，各领风骚。于是，在旧时那些日日夜夜炉火正红的岁月里，细铸精炼的香炉带着不同的体态、肤色和姿容来到了这个世界。就像今天的收藏者们还能看到的各种蚰耳炉、冲天耳炉、凤眼炉、马槽炉、鬲式炉、狮首炉、鼎式炉、压经炉等等那样，香炉们的缤纷多姿让人着实有点儿眼花缭乱。

是历代文人雅士的高层次的生活情趣，扫除了古代的手艺人原来惯有的惰性，使他们振奋精神，展开想象来制炉。而这类小巧精致的琴炉，便是古代制炉人想象翅膀中的一根羽翎，飞翔起来后就能展现出它的高卓与不凡。说起来，古时候的文人雅趣也多，他们喜好琴棋书画。数千年来琴与文人的生活密切相关，在宴乐场上、文人雅士的书斋中，都离不开琴、瑟、筝、箫。早在孔子时代，琴就成为文人的必修乐器。弹琴人在弹琴前很注重礼仪，一般会对月、沐浴、净手、焚香。故在文房用具中，香炉成为不能缺少的重要器物。于是专门为抚琴弹筝用的小型香炉应运而生，文人们于是也就为其取了一个很妥帖的名字——琴炉。琴炉燃香一次一炷，因而炉也小巧玲珑，置于琴桌前更显斯文。在书斋里点一炷香，弹一会儿琴，香气氤氲，琴声缠绵。此时，小小琴炉内袅袅而起的一缕青烟，携着阵阵幽香，使人恍入仙界。

别看我像古玩行家似的如此夸夸其谈琴炉，说老实话，早在数年前，我并未真正认识这种袖珍小炉的文化内涵和艺术品位，后来我有心关注琴炉是缘于一次古玩市场淘宝的经历。有一回，我在上海老城隍庙藏宝楼内一个古玩地摊上，发现一只难得一见的袖珍型压经炉。这铜炉比棋子大不了多少，圆口象耳，三足匀称，炉身黑漆古一般的皮壳溜光锃亮。因其精微细巧又不乏古朴雅致的意蕴，摆在这古董地摊一堆新旧杂货中，自然有它不俗的形象引人注目。过去我看到的不少压经炉，都是个儿较大，敦厚而稳实。而像这般小巧玲珑可以一手盈握的迷你型压经炉，我还是头一次碰到。一阵窃喜后我装作有意无意地随口问起价来。

但是，这古董贩子先并未给价，倒是滔滔不绝对说起他收购时如何如何的不容易来。我此时不会刻意去听此铜炉的来路，究竟是淘自昔日书香门第后代之手，还是达官显贵家族的旧宅老院。往往古董贩子嘴里的故事可信度等于零。所以，我干脆再一次装作煞有介事的样子说："我不懂这话儿，也不喜欢听故事。这小铜炉子，你究竟还能卖上多大的价钱？"哪知摊主扫了我一眼说："不怕你不识货，去整个市场遛一圈，看看有没有这样的老琴炉，清

明代仿西周青铜器形饕餮纹小铜炉，小器大形，古朴浑厚。此小炉点燃一炷文香，与铮纵的古琴做伴最为合适不过了。

中期以上的货，文人专用品。想买，低于 3000 元就免谈。”听着这个乡人模样的摊主这种神气活现的腔调，我一下子对琴炉的认识似乎有了顿悟。想不到，现在的古玩旧货商贩知识面和文化内涵也都大有长进，对香炉中这类小铜炉他们也能知根知底。现在连地球人都知道“文化”值钱，什么样的古董只要贴个“文人”标签，品位和身价都能指日高升。我真从心眼里佩服现代人做古玩这行生意，趋利而行的首选是自我标榜手中的劳什子如何珍稀显贵，如何有文化内涵。

不过，古玩商也不都是底气十足的。他们毕竟是生意人，只为谋财而经营。为能拿下这只小琴炉，我凭着多年玩物经历与这家伙声东击西“搞脚劲”，说现在古董假货泛滥，市场行情平淡，有时买下来的东西再想出手变现十分困难，何况你这类地摊货，谁能保证你货真价实。而你一出口价格就离谱，比拍卖会上的价位都高，谁会做这“冲头”（傻瓜）。经我这么一番半真半假洗脑式缠磨，这古玩商贩竟被我说得一时想不出什么道理来。为“变现”想急于出手的他，这只小琴炉最后被我连说带扯杀半价而购得。

现在要专题收集古代的琴炉有难度了。但有慧眼识货，勤跑市场，还有多关注媒体和浏览网站上的淘宝收藏信息，还是有不少机会的。近几年里，我有意无意地收集了五六只明清时期的小琴炉。有三足冲天耳的，有仿青铜器式的，也有朝板耳式的。没赶上年轻有为的光阴学一学古琴，琴炉自然也配不上闲时玩一把古曲一同自娱自乐。但是琴炉除易于我随身携带把玩外，还有一个可用可赏之处，就是供在自己家博古架中的几尊随身小佛像前。小说家荆歌收藏明清铜佛很讲求情趣和品位。他家多尊鎏金佛像中有尊尺寸不大的精品小佛像，佛像前供奉的马槽式小琴炉就很是般配。

古时候的琴炉为何会做得这番小模小样，只可燃一炷香，搁在书房琴桌案头，小鸟依人般静静地陪伴着，凝视着主人弹琴和夜读。有时候我总这样漫无边际的浮想联翩，在各种香炉中，琴炉以它特有的袖珍迷你型体态，让赏玩它的文人雅士们仿佛纳了小妾一样满心欢喜。我想，那些靠手艺吃饭的古代的工艺师，在创制每一件器物时也不只会一根筋地求新逐奇。他们的脑子灵得很，很能理解各式人等的性情喜好，自然也善于趋炎附势制作出适合世情的东西来。他们脑子里十分清楚，特别像文化人一类，其情感丰富，闲雅之时那种缠绵悱恻的念头多得很。如在书斋中弹琴奏曲，抑或赏文读诗，身边袅袅燃香的琴炉此时不就是你的又一红颜知己么。工艺师们把这种炉子做得像小女人一样小巧而丰盈，与那种硕大敦厚的庙堂香炉完全是两种形态，这为的是什么呢。不难想象，传统工艺领域中的任何一件古董雅物若求永垂不朽，一定要有它自己与众不同的精神风采。

铜镜如画

铜镜是古代女子用来鉴容的袖珍器具。如今人们收藏铜镜，自然不会再用来察颜观色了。藏镜者看中的是这铜镜中的“水中月”、“镜中花”。铜镜正面光素，崭亮可鉴，背面则浮雕着各色山水人物、奇花异草和神仙瑞兽等，给小小铜镜增添了无限情趣。

铜镜虽小，可制作起来并不简单。中国古代铸镜以“范铸法”为主，其制作包括如制模、制范、炼铜浇铸、打磨加工等多道工序。如：铸造铜镜最先可用泥雕塑出镜背图案、铭文，在空地上阴干，然后入炉烧制，形成纹饰、造型和铜镜相同的母模。其后，用母模翻制出泥范，然后阴干、烧制成陶范（纹饰、造型和铜镜相反）。接下来，将铜、锡、铅按照一定比例熔化（即成为

明代“百子图人物”铜镜。

明代“双龙”镜。

明铜雕“犀牛望月”镜座配“百子图”铜镜。

青铜），然后将青铜浇注入陶范范腔里，等待青铜冷却，去掉陶范。最后是打磨加工。制作者在水中清理并打磨铜镜，光亮镜面。经过此重重工序，一枚铜镜才告完成。

铜镜铸造的高峰期在汉唐，而往后的事往往很奇怪。岁月随大浪淘沙，文明在光阴的流波中不断得以淘洗净化，繁兴发展，可铜镜的制作工艺却逐渐显得有点儿底气不足。此后的宋元明清，不管后继者怎样折腾，这小小的器物就是“小巫见大巫”，一代不如一代。不过，虽然比不上前朝，汉唐铜镜艺术的高峰难以逾越，但后朝的铜镜中也不乏灵光返照之作，不乏昙花一现之秀。

我收藏的多面铜镜中有一面宋镜不算多见。此镜巴掌般大小，镜背面的图案是一幅“龟鹤同春”图。我一直觉得它绘得有点儿意思，但却不能读懂其“镜画”的真正含义。此镜的画面上布满了青青松叶，镜钮是一只乌龟，龟头之上飞翔着两只仙鹤。照理说，这只乌龟与飞翔的仙鹤如此同乐于青松林间，应该是一种畅怀喜庆的心境了。但奇怪的是，铜镜镜钮上这只乌龟四脚腾空作惊恐状，其形态倒有点儿

宋代“龟鹤同春”铜镜。

宋仿唐“瑞兽葡萄”镜。

引人忍俊不禁。铜镜图案明明是展示“龟鹤同春”的意思，为何又把这只龟做得如此惊慌失措的样子呢。自买了这面铜镜后，我曾琢磨了好些个时辰，思来想去总是搞不太明白。此后，我为弄懂这玩艺儿图案上说的问题，便关注起各种相关铜镜的史料和图册来，后来通过一份古籍中的介绍终于开了窍。此种“龟鹤同春”图案的宋镜，画面上的内容是：乌龟想托仙鹤把它带上蓝天一同飞翔，仙鹤答应后用嘴衔上它，带着龟儿上了半空后却突然又放下了它。这样，四脚腾空跌落下来的乌龟当然惊恐不堪了。乌龟想与仙鹤一同高飞，此愿望难道是“癞蛤蟆想吃天鹅肉”么？应该不是。可能是仙鹤们在与乌龟的戏乐中想锻炼锻炼这龟儿的能力，考验考验龟儿的胆魄和意志，或许还想试试这龟儿是否具备顽强的生命力，如此等等。当然，任何想攀登高峰的有志者，不可能单凭着他人的扶持和援助而实现理想的。如果是这样，这铜镜上的这种寓意也不言自明了。

现在，人们在古玩铜器收藏上比较关注历代铜镜的收藏和研究。铜镜的那种古人用以察颜观色的作用不存在了，人们更多的是从不断的发掘收集中享受玩赏和研究的乐趣。铜镜作为铜铸之物，镜中各种立体浮雕图案穷极了古代工艺师的想象，也寄托着人们各种愿望和祈福。汉唐铜镜存世的传世之物不多，其中大部分都来自发掘后的出土之物。我这么多年杂收杂藏的大都是宋以后各代的古铜镜，如果现在想不花大价钱就能捡漏搞到汉唐铜镜，那可就是异想天开了。宋代以后的铜镜如今在市场上还常能碰到，其价格一般在数百或数千元不等，我所藏的一些铜镜也就是这个范围，如有宋代的“海兽葡萄”镜，明代人物镜、双龙镜，以及清代常见的“生肖”镜、“五子登科”镜等等，大概都属于古时候中产阶层人士的家常用品。不过，这些铜镜中有些还是铸造得蛮精致的。如有一枚宋仿唐的“海兽葡萄”镜，此铜镜的镜面除了没有“唐镜”典型的“水银沁”质地外，其背面镜画上的海兽和葡萄、瑞鸟、花草等图案鲜明突出，花纹纹饰力度感强，制作亦十分精细，堪与唐代“海兽葡萄”镜媲美一番。有位铜镜专家看后说，此镜虽是宋镜，但属“头模”镜，(即原来范模中浇铸出的第一面铜镜)当然比“二模”或其他镜要有价值许多。

藏玩铜镜，我也和其他收藏者一样，更多的是将铜镜搁在红木架上玩赏。这些圆圆的铜镜就像古瓷盘一样如诗如画，搁在红木架上很具观赏性。搁铜镜的架座多种多样，其中有一种巧思巧艺的铜座子最适合铜镜摆设，这就是名为“犀牛望月”的镜座。这种镜座铸有一卧伏的古犀牛，犀牛正回头望着一“弯月”。“弯月”是一个弯弯的座

宋至明代铜镜一组。

架，也正好可以作为搁置铜镜之用。如果将那圆圆的铜镜搁上这“弯月”座架，犀牛回头望见的就是“圆月”了。

“犀牛望月”镜座虽然在古时多有制作，但存世至今已为数不多，加上藏镜者人人都想配备几个，古玩市场上的这类镜座炙手可热。现在一般来说，尺寸只有香烟盒般大小的镜座也要卖上个近万元。所以这样可能就会“妹仔大过主人婆”，收藏者往往要花费上一大笔钱才能如愿了。

寻寻觅觅宣德炉

明代宣德年间的宣德炉是稀世珍宝，这种宝贝现在可能连捡垃圾的老头都听说过。如今的收藏界，带有“大明宣德年制”款式的铜香炉也是炙手可热。且不说专门收藏炉具杂项的藏家关注，就是初入古玩行，收藏尚无目标且也不知深浅的毛头小伙子，也时不时会随着行情瞎起哄，在拍卖会竞拍中张扬起志在必夺之势，跟着拍卖师的叫价频频举牌。我向来就喜欢明清时期铸造的铜香炉，只因常囊中羞涩而无力在拍卖会上争强好胜；而现在大多数在拍卖会上强争豪夺的又都是年轻的古玩商，他们资金雄厚，当前哪种玩艺儿热门，钱就往哪儿掷。这样一来，上品的明清铜炉基本上无一漏网。

当前的明清铜香炉如此热得发烫，是不是这类古董存世量稀少，还是这一系列“大明宣德年制”款式的铜炉子件件都是真品无疑？惹得现在的收藏投资者和古玩商贩个个都趋之若鹜。其实不然。说到宣德炉，现在真正意义上的宣德炉只是剩了个“宣德”款字而已。存世的宣德炉基本上属于同时代或后世的仿品。收藏者现在也都会通过各种通畅快捷的渠道，了解到真正的“宣德”炉已基本不复存在的内情了。因而，后朝不断仿制的宣德炉也自然而然地弄假成真，取而代之。既然传世真品早已不复存在，那么嗜好藏炉玩炉的人退而求之也未尝不可。历朝历代后仿的宣德炉照样有精品佳作，藏炉玩炉照样有无尽的乐趣。

我收藏的东西虽然比较杂，但各类明清铜炉却作为我家庭收藏的一个系列，包括手炉、熏炉、琴炉、香炉等。明清铜香炉以历代“宣德”炉为基准，我藏香炉的观念也与如今一般藏炉爱好者们相仿，喜爱明清传统典型的造型与款式。其中，比较标准的几大款式如绳耳炉、朝板耳炉、蚰耳炉等、马槽炉、凤眼耳炉等等。

说起来，历代仿制的“宣德”炉造型及款式实在也是千奇百怪。自明代以后，清代至民国，也有不少铜炉制作工匠铸炉哗众取宠，把好端端素雅大方的炉子搞得雕龙画凤，花里胡哨的。实际上，殊不知香炉主要是用于佛事及书斋，作为供器，应以庄重典雅为上，而过去曾一度流行的繁复与花哨不免带有画蛇添足之嫌，使人日久生厌。

要讲宣德炉，不要忘记那个明代的宣德皇帝。他在位时，为满足玩赏香炉的嗜好，曾经特地下令从暹罗国进一批风磨铜，责成宫廷御匠吕震和工部侍郎吴邦佐，参照皇府内藏的柴、汝、官、哥、均、定名窑瓷器的款式，及《宣和博古图录》、《考古图》等史籍，设计和监制香炉。为保证香炉的质量，工艺师挑选了金、银等几十种贵重金属，与红铜一起经过六炼至十二炼。十二炼以后，每一斤铜，炼剩四两铜，所以它手感非常的重。制成的铜炉珠光宝色，晶莹温润。根据铸造的不同，大体分为五个颜色，有栗子皮色、茄皮色、棠梨色、褐色和藏经纸色，而以藏经纸色的宣炉为最稀少和最贵重。香炉的形制最多的是仿古青铜器式样，也有仿唐代铜镜的花纹图样，以及仿宋元代礼器图形的。

明代宣德年间是铜香炉制作的巅峰时期，所制造的宣德炉选料考究，做工精美，款式古朴典雅，当时就十分的珍贵。宣德炉的色彩丰富，它以紫红色为基调，有褐、青、绿、红、蓝、黄、白、金等数十种颜色。炉的构造由炉耳、炉身、炉足三部分组成。炉耳有：象耳、狮耳、环耳等等，都成对置于炉身的两侧。炉壁厚重，拿在手上有一种沉甸甸的感觉；款识规范端庄，大多落于炉外底部。然而，宣德炉最妙之处还在于其颜色的丰富多彩，变幻无穷。古人说："宣炉最妙在色，其色内融，从暗淡中发奇光，正如好女子肌肤，柔腻可掐。"大收藏家项元汴也说："宣炉之妙在宝色，内涵，珠光，外观，澹澹摩穆而玉晕金粟隐耀于肤理之间。"的确，由于宣炉在炼制时加入了各种不同的原料，采用了不同的炼法，其色泽也就各不相同，据史料记载，宣炉的色泽多达数十种，比如像宋瓷胎上铁锈色，与古代青铜器绿锈相似的仿古青绿色、仿古代漆器的黑漆古斑色、类似深紫色中葡萄斑、千红和朱砂斑、鳝鱼黄色、藏经纸色，各种鎏金色等等。根据史书记载说法不一，都分布在皇家的寺庙和宫殿里边，以及给一些重臣使用。宣德炉的铸造工艺对外一直是保密的，所以在明代，宣德炉就显得特别贵重。从宣德年间，民间就有人开始仿制宣德炉。这种最先仿制的铜炉应该最接近原汁原味的。据史载，宣德炉仅在宣德三年铸造过一次，宣德三年利用这批红铜开炉共铸造出了三千座香炉，以后即封炉不铸。

明末三足绳耳"宣德"铜炉。

宣德炉的铸造成功，开了后世铜炉的先河，在很长一段历史中，宣德炉成为铜香炉的通称。真正宣德三年铸造的铜香炉极为罕见。为了牟取暴利，从明代宣德年间到民国时期，古玩商仿制宣德炉活动从未间断。就在宣德炉停止制造后，部分主管“司铸之事”的官员，召集原来铸炉工匠，依照宣德炉的图纸和工艺程序进行仿造。这些经过精心铸造的仿品可与真品媲美，专家权威也无法辨别。后朝仿制的宣德炉形形式式，花样繁多。但典型的明代同朝仿制的宣德铜香炉，就显得稳重而大气，古雅茂朴。一般来说，这种宣德炉皆系三足双纵耳。香炉炉身光素不加纹饰，尽现“宣炉”的古朴铜色和庄重造型。同时在炉的外部敲上些小块金箔，谓之“生金”，熠熠生辉。金箔大小相间，小者如雨点，大者如雪片，如此金色“雨雪”交加，更显豪华气质。炉的造型古朴庄重，做工精致，铸造采用当时先进的“失蜡法”工艺，铸成后再打磨，以致找不出拼模和铸口的痕迹。经数百年的岁月，至今这种最接近真正意义上的明代仿宣德炉也可谓是凤毛麟角了。至今国内各大博物馆内收藏的许许多多宣德炉，没有一件能被众多鉴定家公认为是真正的宣德炉。鉴别真假宣德炉已成为中国考古学中的“悬案”之一。

现在玩铜香炉的人都有个基本概念，明清铜香炉一定要有底款，无论是“大明宣德”款，还是堂名款，或是龙款、花押款等等，有款的炉子就有源头。而“大明宣德年制”六字款的铜炉在如今的藏家眼里则是最正规的款字了。自古以来，除竹木牙角雕刻等文玩杂件较少有款识外，无论书画，还是瓷器等都讲究落款，制作者或制作坊的名款就是这件作

清代菱形象耳铜炉。

品的招牌。与竹木牙角类的文玩家具相比，至今存世的明清铜香炉几乎近百分之百的铸有底款，且绝大多数都是“大明宣德”类的文字款。同样，这种存世量很多的宣德铜炉，从另一方面也证实了史料所称的“明清时期普通人家也可能备有‘宣德’铜炉进行使用的”说法。

宣炉在明清时多有仿制伪制出现，其中有的情况较为复杂。有掌铸铜炉印第师参加过宣德炉的炼造，后来又自己炼炉，并刻上自己的名款，这类铜炉的质量高，和宣德炉并无太大的差别。又比如明代的张鸣岐，他极擅炼炉，所铸之炉底部有张鸣岐款印，极力精整，时称“张炉”；还有明末清初的汤子祥，也是仿铸宣德铜炉的好手。他得到周敏仲和周文甫的炼炉方法，时人称其所炼铸铜炉为“汤炉”。明代安徽歙县人吴龙也是擅仿铸宣德炉的好手，他最善于摹仿宣炉的色泽，极有创造性，他还善于补养汉玉和修补古代的青铜器。

鉴别宣炉最关键之处是细致观察其色泽。真宣炉经过反复冶炼，其色泽有一种从内单透出的奇光，变幻无常。而伪者则是外表鲜活并无温润厚实的质感。宣炉的款识多为楷书，有“宣”、“宣德”、“宣德年制”或“大明宣德年制”四种。字体工整，而伪造品的款字往往粗糙，色泽也与炉身不同。由于宣德铜炉名冠天下，所以后世多有仿制，但是无论怎么仿，它的颜色、铜质都与真正的宣德炉相差甚远。宣炉工艺的高峰期一共有两个，第一个高峰是在明中期也就是以明正德年间为代表，另一个高峰则是出现在清乾隆年间，这两个时代都对前期工艺有足够的传承，是黄铜工艺得以发展和光大的年代，这从瓷器等其他艺术品上都可以得到相应的验证。这两个时代的产品都具有其各自鲜明的时代特征和独到的工艺特色，虽然大部分都是寄托款，但它们却是铜器工艺的分水岭。如清顺治至康熙年间，铜炉还明显带有明风，比较拙重古朴。到了雍正年，铜艺就已经在力求变化，向绮丽精致，厚薄适度做转变，到了乾隆年就完全形成了规整华丽，典雅繁复的清炉风格。

铜炉体积太大不一定就好，因为用于庙宇神堂的大型铜炉往往制作粗糙，但用于文房的铜炉，由于文人专门订造，所以用料精，工艺好，大多是品位高的精、逸、妙、佳品，甚至是极品。而私款铜炉大部分属于官宦世家或富贵人家的文房用具、府内祭器，是专门铸造，所以属孤品，后有喜欢其传世的款名，亦有后记，但不会批量生产。所以形制好、铜质精、皮色佳、款字优的私款炉，其文物价值、艺术品位和市场价值极高。一位藏炉的资深玩家曾告诉我说，目前古玩收藏界的玩家，对养玩铜炉持有三种态度：一种是文养派，主张靠长时间精心的盘养。有玩家试过用碧丽珠喷涂炉面，在炉子里放炭焚香，通过蜡液和热力的共同作用，使得蜡锈慢慢软化，过程中用干净的棉毛巾轻轻抹拭，周而复始，三四个月后，蜡锈尽除，皮色亮润。另一种是武养派，主张直接用火烧炉。王世襄曾撰文认为铜色可以经过炭烧热，徐徐火养而成。序作于乾隆十二年的《烧炉新语》也力证这一观点。但由于烧炉是把原皮去掉再烧，存在着一定的风险，坊间一直争议很大，认为是破坏文物，极少玩家会采用这种方法清理炉子。还有的玩家，主张完全保留铜炉的历史原貌。对于藏家来说，如果你拿到的名家递藏的铜炉，就可以少了一份对于铜炉保养的操心，只需要在现有品相的基础上，小心擦拭即可。

清末象首卧狮铜熏炉。

近年，收藏界的玩家对收藏明清铜香炉和铜佛像兴趣陡增，各地的市场交易和拍卖活动也十分热闹，精品铜炉的价格也扶摇直上。因为宣德炉这种玩艺儿自明代后历代皆有仿制，这已不足为怪了。为此，当今宣德炉正“热”，仿炉获利的人认为有利可图的时机已到了家门口。于是许多地方像江苏、浙江、河南、河北等省纷纷出现仿制宣德铜炉的器物，散布于各大古玩市场甚至拍卖会上。近年来，我在苏州园外苑古玩市场看到有数家古玩铺内出售一些类似像标有“琴书侣”、“大明宣德”、“宣德” 等款字的新仿铜炉。由于制作者如今仿旧的制作水平提高了，所制的铜炉无论款式、铜质和皮壳包浆等都比较到位。特别是容易让新收藏铜炉的爱好者障目的是铜炉的皮壳。现在的仿制者通过特殊的着色、文火熏烤和长期盘玩时手汗浸润等方法，使日久后的铜炉皮壳产生出深沉熟旧的效果。一些古玩商们介绍起这种铜炉时常会如此之说：“你看这宣德炉的皮壳多‘传世’（意思是这种熟旧感可证明是经过前人世代祖传使用后的存世之物），虽是清代的仿品，但是老仿，照样值钱。”

清中期朝板耳铜香炉。

新仿的宣德炉即使仿得比真炉还真还妙，我也不会去收藏它。我喜爱收藏宣德炉，爱的就是存世的古旧的铜炉至今带来的那种远古气息——古拙自然，并不见得十分规整且曲折有致的造型，经长期使用后香火熏燎存积的灰垢，以及皮壳上的熟旧包浆等等。嗜好古物的人有时候说起来是蛮有点意思的。已涉足古玩圈三十多年的我现在回过头来细想想，这个所谓的有点儿意思就是古玩圈内的人最常说的那一句话:“好古玩物,玩来玩去就玩一张皮。”

玩一张皮,中心意思就是指玩味那器物上那层岁月的包浆。无论是文物行家,还是嗜古的古玩虫,看包浆是他们观物藏物最常用,也是最本能的手段。包浆是古玩行业中的一专业术语,这玩艺其实也就是以物品为载体的岁月留痕。物体的表面由于长时间氧化形成的氧化层,过去古董界称为“包浆”。现在古玩行中又多了一份注解,就是指物体的皮壳有没有经历。一件器物,在悠悠岁月中因为灰尘、汗水,把玩者的手泽揣摩,或者土埋水浸,衣物皮肤经久的摩挲,甚至空气中尘埃的吹拂,层层积淀,逐渐形成的表面皮壳的亮光。它滑熟可喜,幽光沉静,告诉你,这件东西有了年纪,显露出一种温存的旧气。那恰恰是与刚出炉的新货那种刺目的“贼光”,浮躁的色调,干涩的肌理相对照的。包浆在古物中,不只限于玉器、瓷器、铜器、竹木牙角雕器等等，连书画碑拓等薄如蝉翼的纸绢制品在内行人眼里也统统有包浆。我玩古藏物三十多年,在摸爬滚打中过来,炼眼长智,最大的收获是渐渐学会了看包浆。这些都让我抚炉遐思昔日人们那些与佛缘共度流逝的岁月,与斋室琴书共眠的长夜。如今,宣德铜炉中的香火依然袅袅升行,伴随着今人的思情回味一个个以往,又转念向往着一个个明天。

诗筒

现在不少文玩藏家，对古时候的诗筒比较陌生。古人三天两头写诗的生活如今已与当代人远隔千山万水。现在的人哪有多少闲工夫隔三差五就去赏景赋诗，谁还会有那“细雨骑驴入剑门”的诗兴，把灵感擦出火花的妙句立马写下丢进随身而备的诗囊里呢。没有人再备诗囊，也没有工匠再制作诗筒。当代人中无论是专业搞诗词创作的，还是业余爱好诗词的发烧友，诗兴徒起时或挥毫奋书，或电脑击键，写成的诗作也不用再装进诗囊，储进诗筒去了。

说到诗筒这种玩艺儿，它是古代文房四宝之外的配套用品，最早起源于唐代。收藏家娄悉先生在《话说诗筒》一文中认为，据《唐语林》载:“白居易为杭州刺史，与吴兴守钱徽、吴郡守李穰酬唱，多以竹筒盛诗往来，谓之诗筒”。而白居易的诗中也往往提到诗筒，他的《醉封诗筒寄微之》就有“为向两州邮吏道，莫辞来去递诗筒”。他也在给元稹的答诗中介绍了诗筒传韵的方式和内容，“拣得琅玡截作筒，缄题章句写心胸。随风每喜飞如鸟，渡水常忧化作龙。粉节坚如太守信，霜筠冷称大夫容。烦君赞咏心知愧，鱼目骊珠同一封”。在白居易之后，用诗筒传递诗稿往来应和，渐渐成为文人雅士间的一种风气。到了明代，诗筒更成为文士出行必备的文具，与茶具、香炉、文房用具等一道置于“备具匣”中，里面“藏红叶各笺，以录诗”，类似于李贺的“诗囊”。

关于竹诗筒的制作，王世襄的《竹刻小言》提道：“截竹为筒，圆径一寸或七八分，高三寸余，置之案头或花下，分题斋中咏物零星诗稿，置之是中，谓之诗筒，明末清初最多。”据记载，明清间许多著名的竹刻家都擅长雕制诗筒，可惜传世诗筒实物难得一见。目前可见的诗筒多是清代中后期，或者民国时候的制品。2006年嘉德“春拍”上曾出现过一件清嘉庆十九年嘉定马国珍（号珂亭）制的松荫逸兴图诗筒。口呈泥鳅背，竹节横膜为底，并隐起三只矮足，更有细密的浅浮雕刻画，是难得的名家珍品。至于诗筒的材

清乾隆象牙山水人物雕书签，与竹雕诗筒、香具及琴炉等文房器物相配用，更添一份琴棋书画之雅趣。

质则在传统的竹质之外，还可见到檀木、沉香木，以及更为名贵的象牙制品，也曾出现过陶瓷诗筒，不过与竹诗筒相比，数量要少得多。

收藏古诗筒，懂行的人都还有这个好奇和雅兴。我藏有一件清中期的竹雕“望庐山瀑布”竹雕诗筒，这是我多年前从上海一个艺术品拍卖会上巧取豪夺一番后竞拍到的。这种在当代人眼里看来装饰性和实用性都不强的小小竹雕诗筒，在拍卖会上远不如金铜佛像和彩瓷玉器等来得抢眼。这样，竞拍中的捡漏就容易出现了。我当时在众多竞拍者举牌的迟疑中果断出手，最后“抱得美人归”。这件后来被行家赞赏不已的竹雕诗筒（有说是香筒）如一支竹笛一般，这细长的诗筒周身采用高浮雕技法雕镂着满山葱郁的古木，悬泉飞漱的山岭溪谷间有一老者搀扶着一童稚正举目仰望山中的飞瀑，其神态怡然自得。这种不采用漏雕而只用多层深雕形式雕制的高浮雕竹筒，如作为燃香之用当然不合适。燃香的香筒一般来说要求透气，漏雕玲珑的空间可让香烟缭绕而出，香气四溢。而这种没有孔隙的竹筒，在古时一般都可用作储藏诗简和香料等。像这种雕刻有文人画意的“望庐山瀑布”图案的竹筒，依我之见，古人存放诗稿应该也是十分合适的。可以想象，古时候的文人雅士，如果在某地山林琴溪边举办个类似“兰亭雅集”那样的诗会，大家都带上一小小诗筒，畅游间对着眼前好山好水吟咏一番，灵感擦出的诗兴落笔成诗文装进诗筒。如果大家要互赠诗文，这时诗筒中的诗稿马上就能派上用场。

小说家荆歌先生藏有一件竹筒，细长仿佛竹笛，长36厘米，径不过2厘米。他认为这是香筒的一种，不是用来焚香，而只是储香所用。荆歌先生这件竹筒，是透雕的佛手等图案。观其形，应是储香器物。但通体透雕，储香又显然不宜。储香于内，极易受潮。若开口处闷头有孔，倒亦可以用作焚香。我倒是认为，古代的人对某种器物一器兼用或多用的情况是很普遍的。这种不管是漏雕还是浮雕的竹筒，应该既

清中期竹雕“望庐山瀑布图”诗筒。

可用以存放诗稿;也可以用于储香或燃香。诗筒和香筒都是文人雅士喜用的器物,而文人的性情要说苛刻有时非常苛刻讲究,随性起来又十分的随性。诗筒、香筒,其使用性能与特点等各方面大致类同,有时如能一器兼用也更为方便和实惠。关键问题是,它是否能真正适合这种一器兼用的作用,来为文人的性情打点生活。

扇骨手中展风韵

中国古代的扇子多种多样，竹扇、羽扇、蒲扇、槟榔扇、檀香（拉花）扇等等不一而足。但真正被文人和藏家所珍爱的还是折扇。折扇一名“折叠扇”，也称“聚头扇”。折扇收拢时则折叠，使用和观赏时则撒开，故又称“撒扇”。

折扇由扇骨和扇面两部分组成。如果将折扇比作人们生活中遮荫挡雨的屋檐的话，扇骨就好比屋檐瓦棱中的椽子，一根一根支撑起人们那片生活憩息的天地。由于折扇收撒自如、出入怀袖、方便携带，具有较强的实用性，被古人称为“随身而伴的‘凉风’；而今天人们则趣称为折扇是随身而伴的天然的“微型空调”。因其折扇又具有一定的艺术性，故自古至今，即使到了空调、电扇早已十分发达普及的今天，折扇仍具有它的使用和观赏价值。

作为文玩艺术的一类，折扇上的扇面书画艺术自明清至今早已流芳百世人所皆知。而在中国传统文化里，传世的古董文物中，扇面书画除讲究名家挥毫外，扇骨的制作也极尽奢华，求之精美。扇骨材质如紫檀、乌木、玳瑁、象牙、斑竹、兽骨等争妍斗奇；工艺技法如阳雕、微刻、镶嵌、髹漆、烫花、手绘等锦上添花。中国传统的折扇，扇骨一般用竹、木制作，少见的也有象牙、兽骨、牛角、漆雕等。但作为折扇这种主要为文人雅士和富家子弟设计制作的实用兼赏玩之物，其扇骨材质总体上还是以竹质为多，这也附和文人那种爱竹，追崇竹子清高气节的襟怀。从大量竹制的扇骨存世品来看，除常见的玉竹、白竹等外，还有棕竹、湘妃竹（斑竹）、梅鹿竹、佛肚竹等名贵品种。其次是木制的扇骨，材质有紫檀、白檀（檀香）、黄杨、桃丝、鸡翅、楠木等等。

竹子的扇骨在古代的折扇中占了很大的比重。竹子在我国有着极为丰富的资源，主要分布于长江流域及华南、西南等地。品种繁多，约 250 余种。竹子具有硬度高，耐磨，柔韧性强，富有弹性，易于雕刻等特性，遂逐渐取代木制扇骨，成为制骨材质中的主流。如玉竹与油竹，均出自毛竹，且以陈竹为贵材，特别是近根部质地细密者为上。带竹青的毛竹经水磨打光等一系列加工程序后，洁净呈青白色的称玉竹，呈褐色如旧竹的称油竹。玉竹骨的使用最为普遍，它如玉般晶莹剔透的表里尤为文人雅士所青睐。又如斑竹，即称为“湘妃竹”，因外皮生有大小疏密不等的褐色斑点而得名。另有一种梅鹿竹（梅篆竹），竹身遍布大小不一的圈点，状似兽斑。梅鹿竹较湘妃竹多见，

各式竹木雕老扇骨。

但好的梅鹿竹少见。 斑竹是制作扇骨的上佳材质，多用于十六档、十八档、二十档扇。一般用做大骨，偶尔用做小骨。现有在普通竹子上烙烫斑纹从而冒充斑竹，可观斑纹处，凸者为真，凹者为假。 还有如罗汉竹，也叫佛肚竹。特点是竹节相距较近，中间圆凸，犹如弥勒佛的肚子。罗汉竹不太粗，对剖后恰为两片对称的大骨材料。一般用做十六档扇骨。由于罗汉竹造型奇特，别具天趣，材料又很难得，故为竹骨家族中的名品。

在扇骨的品类中，不同的折扇，有不同的扇骨档数和尺寸。扇骨（股）是以档来划分的。一般分为九档、十一档、十二档、十三档、十四档、十六档、十八档、二十档、二十二档、二十四档、三十档乃至四十档不等。所谓的档即扇骨的数目。扇子两端的两片骨为大骨，大骨间的若干骨为小骨，大、小骨数目之和即为此扇的档数。九档、十一档扇均为日式扇（讲究用紫檀、象牙等名贵材质制骨），在清末民国年间十分流行，尤其受到文人的青睐。一般来说，十六档扇尺寸适中，开度完美（展开后呈 140 度角），使用舒适，故在百余年间流行不衰，获得了最为普遍的赞誉。现在较多的十八档扇是新中国成立以后才流行起来的。

说到扇骨的式样，也是由简而繁，花样层出不穷。有几种典型款式：

一、直式方头扇。造型极简洁，为一长而窄的梯形，是最早出现的式样。用名贵材质如象牙、紫檀、乌木等做扇骨时，多选用此种式样，以求充分利用材料。民国年间生产的直式方头扇有 “仿古雅扇”之称。

二、和尚头。此款式也叫圆头或大圆头，早在明代就已流行。因扇骨聚头处以扇钉为轴心成一圆球状，看似和尚头而得名。这种式样多见于十六档以下的大扇。和尚头大多由一种材料聚成，也可在两侧加扇钉处镶两片异质材料，如竹骨镶紫檀、象牙、玳瑁等。和尚头扇骨一般较同等材质的扇骨价格高出一等。

三、螳螂腿。此款式扇骨因大骨上面较粗，下面很细，形状颇似螳螂腿而得名。竹质扇骨大多采用这种式样，螳螂腿扇骨最大的特点是轻便适手。

四、波折式。大小扇骨均做成波折式，相邻两根扇骨的波峰、波谷相错，看似层层波浪，动感十足。此种式样仅见十六档竹骨大扇。

五、细梢式。秋扇的特有款式。插入扇面的骨梢尖细，露在外面的部分宽而圆转。平展后扇骨排列严密，不露缝隙。材质有竹、棕竹、乌木、象牙、玳瑁等。

六、尖头式。明代称之为“尖根”，即聚头处的形状如削尖的矛头。这种式样仅见于十六档竹骨大扇。

七、日本式。日式扇骨为九档、十一档。其特点是大骨窄，小骨与之相仿。扇面侧面露于扇骨之外。除上述基本式样外，还有一些花式造型，如鱼尾式、葫芦式、如意式等。

在扇骨上进行一定的工艺装饰，能提高扇骨的美感和价值，常见的扇骨装饰手法有雕刻、镶嵌、髹漆、镂空、合骨、烫花、手绘等。而扇骨装饰中最普遍、最常见的手法是雕刻。竹刻在唐代已走向成熟，宋代更趋完善，明清两代竹刻高手辈出，精品层出不穷。竹骨雕刻以玉竹为多。分阳刻和阴刻。阳刻有沙地、平地之分。沙地也叫“沙地留青”，留青即在凸起部分保留竹皮。沙地是在铲除了竹皮的竹肌上用特殊刀具打上密密麻麻的小点。平地是把地子全部铲平。沙地制作省时，平地则耗时耗工。行家在论价时更看重后者。

阴刻又有深刻和浅刻之分。明清时，浅刻竹骨盛行，民国初年的深刻颇受欢迎。深刻一般层次较分明；而浅刻乍看如“划痕”，其实好的浅刻作品笔锋刀法无处不在。行内人多认为浅刻比深刻更见功夫，

几种清代竹木雕扇骨。

因为它的力度更难把握，细微的变化也更难处理，同时，竹刻扇骨中的浅刻也是最能体现中国书画意境的工艺技法。明清扇骨浅刻艺术如今能得其传承精髓的已凤毛麟角。当代传统扇骨竹刻家，苏州的张泰中先生，是目前国内较少从事传统竹雕浅刻工艺的嘉定派竹刻传人。至今，张泰中手中刻就的扇骨计有千余把。由于是主攻竹扇骨浅刻艺术，张泰中十分注重中国的传统书画艺术，经二十多年来大量的画作积累和竹刻基础技艺的磨炼，使张泰中的绘刻和竹雕浅刻艺术日趋成熟，并形成了自己独特的风貌。同时，张泰中还掌握了明清竹刻大师们竹刻中的一手特技，即不用打画稿便可脱手在扇骨和其他竹器上刻画出各类山水佳景、奇珍名卉和仙神祥兽等，这正是名副其实的古人所言“以刀代笔”的竹刻传人了。

我收藏的十几把新老扇骨中，最爱的有二三把。如有一把清代的竹骨推光漆扇骨，此扇骨选用上佳的山阴面的“掮竹”（竹子采集后由人肩挑下山，此可避免在山中拖拉中划伤竹筋）。竹子制成扇骨后

老竹雕扇骨配当代名家花鸟画成扇之一。

清末黄杨木雕扇骨配当代名家人物画成扇之二。

再上漆处理。漆后的扇骨由竹刻家刻写钟鼎文字和图案，其文字施以漆金。整把扇骨让人感觉富丽雅致。有一回，我曾将这把扇骨带去苏州扇刻名家杨惠仪处，请他鉴赏其优劣。那段时期，杨惠仪手头正忙着对一部反映中国折扇的《怀袖雅韵》大型图书进行校对，见我带着扇骨来，杨惠仪说，他手头上就是再忙也是有兴趣来鉴赏一番的。他仔细看着我带来的这把清代推光漆竹刻扇骨后赞赏有加。这时，他翻开那本印有全国各地名扇的大型图书，指着上面刊登的一把与我大致相同的折扇漆骨后说："这把清代漆骨扇是我们总编从一藏家手中选借来上图录的，说实话，相比其扇骨的漆艺和雕刻真还不如你这把精细，早知道你有这样的精品，我提议主编采用你这把扇骨就更好了。"杨惠仪还说，漆骨扇的推光漆漆艺十分复杂精细，需要工艺师在无尘的环境中上十多道清漆，如稍有不慎，漆中沾染一丁点儿灰尘都会影响扇骨光洁如镜的漆面。只有漆骨的面上光洁细腻了，在上面施以雕刻、漆金等工艺才能显现出它应有的效果。

我所藏的扇骨中，另有一把民国时期竹刻家高晋西篆刻制作的竹扇骨，也十分清雅古朴。扇骨上仿刻有古泉刀币图案及甲骨文字，其刀法细腻且不乏畅朗，这样可使扇骨上的书画更增添几分高古和逸趣。清代的各类竹刻扇骨，留青刻法的扇骨多以山水人物和花鸟图案见长；而浅刻扇骨则以铭刻古泉铭文为上，显然，后者更讲求文人书卷气息。当代扇刻家张泰中先生的浅刻扇骨我也收藏了几把。张先生刻扇一般以本地名家画稿为蓝本，也有自画自刻的，但大都是山水和花鸟之类。张泰中刻扇手法多样，以刀代笔中或粗犷畅达，或流转细致。所刻山水崖石、花鸟鱼虫已到了随心所至、拿捏自如的境界。应该说，扇骨虽微，但小小扇骨的方寸天地里，艺术家想象的空间是无限的。

文玩木雕说黄杨

多年前，我在苏州虎丘万景山庄盆景园采写一则有关盆景的报道时,得知这里一盆享誉大江南北的古柏盆景“秦汉遗韵”已寿终正寝了。这棵被苏州人视为“苏州盆景元老”的古柏树桩从此只留下了一段历史的遗韵让人回味和忆念了。好在那棵具有“盆景王”之称的鹊梅仍百年不衰,枝繁叶茂,显示出一种寿星的生命力。不过,万景山庄还有不少像“雀梅王”那样珍贵的黄杨盆景,历尽沧桑岁月的风霜雨雪后仍枝叶繁茂,点缀着虎丘万景山庄的一派风光。

黄杨树能做上佳的盆景,因其野生老桩,以其叶小常绿,生长缓慢不易变形而成为艺术珍品。黄杨盆景春季嫩叶初发,满树嫩绿,十分悦目。元代华幼武的咏黄杨诗中写道:“咫尺黄杨树,婆娑枝干重,叶深圃翡翠,根古距虬龙。岁历风霜久,时沾雨露浓。未应逢闰厄,坚质比寒松”。黄杨木树材优异,当盆景可贵,自然也能被艺人们量材适用雕制成各式木雕文玩佳品。黄杨木是一种珍贵的木材,生长在原始森林,高山峻岭之上、悬崖陡壁处。逢冬开花,春到结子。黄杨木生长缓慢,四五十年的直径仅有 15 厘米左右,所以俗话有“千年难长黄杨木”。黄杨木的特点是木质坚固，纹理细滑光洁，色黄如象牙，年久色渐深，色泽优美传神，古朴美观，且硬度适中，是一种雕刻小型圆雕的最佳材料。

黄杨木雕最早作为立体雕刻的工艺品单独出现，供人们案头欣赏，目前有实物可查考的是元代至正二年（1342 年）的“李铁拐”像，现保存在北京故宫博物院。明清时期，黄杨木雕已经形成了独立的手工艺术风格，并且以其贴近社会的生动造型和刻画人物形神兼备而受到人们的喜爱，内容题材大多表现中国民间神话传说中的人物，如八仙、寿星、关公、弥勒佛、观音等。晚清民国以后的黄杨木雕圆雕小件以其古朴而文雅的色泽、精致而圆润的制作工艺，且适宜把玩和陈设等特点，一直深受收藏者的喜爱，而朱子常的黄杨木雕作品更是收藏界梦寐以求的精品。

清初“香山九老图”黄杨木雕笔筒。

明清的黄杨木雕，较多的除木雕人物作品外，文人案头的文具和文玩小品常常做得更为精雅脱俗。作家荆歌先生珍藏有一件清中期黄杨木雕香筒。此香筒细细长长，直径不过五分硬币般大小。但这细长的香筒的四围，却满工深雕古木奇卉与古代贤士，一幅充满诗意的微型山水人物画卷在股掌间赏玩中令人顿起悠悠遐思。香筒是明清时期文人盛行的一种香具，形制多样，可分镂空透雕与高

清初黄杨木雕“香山九老图”笔筒局部图。

清代黄杨木雕水盂。

浮雕、浅刻、留青等等。一般来说，古代有雕工的香筒，如不是施以镂空漏雕的，都作为储备香料之用。如果是镂空雕制的香筒，亦可用以燃香。可以想象，当一缕清香自细长的镂空雕香筒间袅袅而出，其静谧清闲的氛围会给人带来多少惬意。一般古代的香筒多用竹材，采用黄杨木、紫檀等制作的相对较少。荆歌先生所藏此件黄杨木香筒可谓难得。

在明清各类黄杨木雕文玩中，有件清初黄杨木雕“香山九老图”笔筒，堪称中国古代黄杨木雕文具中的传世绝品。这件被中国大收藏家常罡先生收藏的“香山九老图”笔筒，荟集了古代木雕艺师高超的雕刻技艺和艺术审美情趣。诚如收藏家常罡先生对这件迄今文物界罕见的笔筒所赞誉的那样：“是派师高杰，最令人心折。镢镂剔凿，深入木肌，层层遂挖，可数者达十数层次，而意境悠远以至无穷。山水人物树石，交织宏响，栩栩高凸，几成纵身欲出之圆雕……夫成一器若此，岂止万刀千刀，而竟奇绝无一俗刀，非胸有大丘壑而可盈缩山川者，断不能办此。”常罡，这位旅居海外的中国大收藏家，数十年来经历各国的大小艺术品拍卖会后也深深感叹此件《香山九老图》笔筒：“遍览当今世界公私所藏黄杨木雕，论材，论工，雄把首席，不为过誉也。”

常罡这件黄杨木雕“香山九老图”笔筒上雕刻的人物故事，来自于唐代大诗人白居易的人生往事。白居易晚年购得洛阳履道坊杨侍郎旧宅，疏沼种树，凿八节滩，构石楼于龙门东山之香山，流连山中，以诗酒宴赋，颂佛辑书自娱，凡十有八载，自命醉吟先生，又号香山居士。古文人轶事中的“会昌九老”，又称“香山九老”。说的是唐会昌五年二月，74岁的刑部尚书白居易，与89岁的前怀州司马胡杲，88岁的卫尉卿吉皎、87岁的前磁州刺史刘真、85岁的前龙武军长史郑据、83岁的前御史内供奉官卢贞、77岁的前永州刺史张浑等七人在洛阳，邀吟游于香山泉林间，举行了“尚齿会”。群贤毕至，既醉且欢，各赋一诗以记其盛。同年夏，又有李元爽及僧如满也告老回到洛阳，复举行九老尚齿会，并将当时的情景描绘成图，记上与会诸人的姓名、年龄，题为《九老图》。图中的初夏香山，九位老人聚集在浓荫覆盖的盘石下。有的饮酒赋诗，选韵联句；有的观花赏景，顾盼流连；有的婆娑起舞，击箸踏歌；有的煮艺，有的对弈，洋溢着浓郁的生活气息。

“香山九老图”笔筒背面

“香山九老”，与王羲之诸贤之“兰亭修禊”、东坡少游等“西园雅集”的古代文人聚会的故事鼎足而三，传为文坛的千古美谈。此“香山九老图”黄杨木雕笔筒画面开阔宏畅，松柏峥嵘，浓荫蔽空，叠嶂夹岸，伊水淙淙。

俯临幽谷涧树，远眺瀑川遥落。香山九老，会聚其中，逢场赋诗，把酒临风，其乐融融。古代文人会聚时那种闲乐雅趣的心境尽显其中。

古代的黄杨木雕的香筒、笔筒等，都属文房摆件器具。雕刻方式一般都沿袭了明清时期竹雕中深雕、漏雕等手法，在巴掌般大小的尺寸内雕刻山林楼阁、溪桥茅舍，或人物花鸟和动物等等，雕刻艺人们根据木料的天然纹理与色泽，与所雕制的山石树木楼阁等相互映衬，有机融合。有的还利用木料的色泽纹理，类似琢玉那般通过“借皮色”巧雕巧制。木雕作品塑成的自然山水人物之所以历来受人喜爱，可能就是因为树木本身是植物，具有活性的缘故。收藏家在一遍遍赏玩之中，感觉这树木与人之情感有息息相通之处。经天长日久的抚摸，这木雕器具皮壳的包浆亦日渐古朴淳厚，不由令人屈指之间回味和流连那一帧帧岁月如梦的光影。

苏州工艺大师陆涵生的黄杨木雕小件“五龙戏玉环”。

近几年在我的杂项收藏中，添得几件清代黄杨木小品，有水盂、鸟食罐、菱形花座等。因黄杨木树材本身个儿小，所雕物品大多为小件小品，也可能就是因为这"永远长不大"的黄杨木那坚实细密的材质，让无数能工巧匠为之倾心。他们将这材料像当作金玉一样珍惜，穷其工巧将其制成各种人物塑像和文玩小品和雕刻件等。例如我藏有一件清末时期的黄杨木雕水盂，其造型圆圆如一小盘碟，上刻有"涉世无才，退而著书，日守方砚，不懈奋读"的篆体字款，当是旧时书香人家子弟的文具；另有戏曲人物鸟食罐，上浮雕古代人物故事场景和花卉植物等；而雕镂得像园林里的花窗一般的菱形花座，更是见雕刻的纷繁细密而玲珑多巧。其中可见多种缠枝莲及花叶纹理，左右上下环绕随连，枝枝蔓蔓间似透溢着无限的馥郁和生机。也正是黄杨木的这种不让黄花梨、紫檀般的坚实细密，让木雕艺师们想象力和才思的印迹永远清晰地留存在了器物之中。

虬角雕

提起虬角，人们首先想到的就是“龙生九子”中虬龙之角。实际上，这种名字较为陌生而古怪的“虬角”之说，在艺术品市场上就是指海象的牙齿，行内人也有称作“秋橛”。

清代早中期，中国工艺名匠雕刻高档文玩雅器所用的犀牛角等材料来源稀少，故常以“虬角”取代“犀角”，雕成一些文房雅玩小品器物，以供达官显贵及文人雅士案头的清供和把玩之物。而这些文人雅士所喜爱的赏玩器物中，虬角雕作品又以“山子”摆件最为精雅有趣。

清代文人雅士们曾风行一时，且所称的“山子”，起源于宋代曾流行的研山。两宋时期，文人雅士案头摆放微型山石成为一种风气。当时人们收集或制作一种呈高低逶迤峰峦形状案头小摆件，并称其为研山。虬角雕山子，其器型基本上成一种“研山”之形状。小小器物上山峰峥嵘，连绵逶迤，大有一种咫尺千里之势。这种经雕刻后的山子小摆件，或可用于搁笔，亦可供文人雅士闲时赏玩，从中取其意境激发灵感。

清乾隆虬角雕“溪山行旅”山子摆件之一。

虬角雕山子，是虬角工艺雕刻中最值得琢磨的一枝奇葩，也是自清乾隆盛世时开创的一种极其耗工费时、且又不记工本的佳品范例。实际上，这种虬角山子其雕刻只占三分工，而磨工却至少占了七分。那虬角上的每个细小颗粒都需以精微的特制工具打磨成形，且光洁圆润。正如俗语所言“磨刀不误砍柴工”那样，虬角雕山子中精致细密的微观景象，是经过千百次的精磨细研而产生的。这种案头小品工艺绝活，真正考量的是古代工匠手下缜密而深致的功夫和其恒心。虬角雕山子缩龙成寸，将天地乾坤浓缩于咫尺拳掌，让赏玩者于盈握间遥襟俯畅，有集归山林、藏纳百川的心襟。而虬角其自身特有的细密坚致且十分耐磨的质地，也十分适合雕刻者施刀动锉，一遍遍将手下的山水景物精心地打造和刻画。

一件“秋山行旅图”虬角山子印章摆件曾在北京保利公司 2009 年春拍中以 56 万元的高价拍出。在古代文房小品的工艺制作中，各种材料的山子摆件，都是力求在方寸咫尺间展现其山林野趣及奇山秀水之四季景象。此件“秋山行旅图”虬角山子印章摆件，上面雕刻古木苍松、危岩峭石掩映之下的几间茅舍及行旅数人，与沿途崖壑间蜿蜒而去的栈道一同构成一派“秋山行旅”的气象，令人于卧游间翩然遐想。此虬角雕山子雕刻精细入微，其工艺制作中最大的特点，是成功地借鉴了古代玉雕工艺利用各种玉石皮色进行雕刻的“巧雕”技艺，将虬角本身具有的，那些状如无数蜂巢样突出的奇型骨质的部分，借形借势雕刻成一片层峦叠嶂，恰如天然造化而成的危岩峭石。这样的雕刻工艺手法，如在象牙雕刻中则无法运用和展现。

海象具有象牙的质地，乍一看上去与象牙几乎毫无二致。过去，海象牙这种材料比较普遍一点，所以现在有不少收藏者对过去的虬角制品不够重视。一提到虬角有人就认为在竹木牙角艺术品中此玩艺儿是挤不上一席的。苏州牙雕名师殷淑萍女士有一件虬角雕达摩塑像，是她早年制作的佳构。由于虬角材质的细腻光润，牙雕名师殷

清乾隆虬角雕“溪山行旅”山子摆件之二。

淑萍的这件达摩像仪态生动传神，尤其是面部表情和眉目毛发清晰入微的刻画,以及极富动感的躯体造型,都显得浑然一体。就是这样一件虬角人物雕精品佳作,可能因其材料稍逊于象牙的缘故,专藏古代人物造像艺术品的苏州小说家荆歌后来有机会得到了这件宝贝。

因为虬角这名字好生新奇，藏玩杂件的我也曾多次留心收集这种东西。但是,又是好生奇怪的是这种东西在古玩市场上十分少见。前几年我收集到了两枚当时认为是虬角雕的圆形浅刻人物纨扇扇柄。扇柄约一支烟长短,只是比香烟略粗一些。扇柄上细刻一幅古代的婴戏人物图,图为一老者及妻儿夏日里在百草园中戏乐,其老者手摇长扇,孩儿手摇“拨浪鼓”,一派“太平盛世”之景象。扇柄头上有一小孔,原先应当作安插纨扇之用。对于此件东西,我自己认为有可能属虬角雕刻,因物件小巧,故日后常随身带着去向多位古玩藏家请教。又因这扇柄上没有牙纹而难以识辨。于是各专家看后众说纷纭，有说是虬角,有说可能是骆驼骨,还有说是象骨的。最近,藏友荆歌兄告诉我,他将我此种玩艺儿请吴江一位玩古“实战”经验颇为丰富的藏家陈老板看过,他说这是清末民初时期的塑料制品。我当时想想真有点儿百思不得其解，后来荆歌兄曾轻手轻脚地将此玩艺儿用微火燎上一燎,果不其然,有一股儿轻微的塑料味儿穿鼻而过。好家伙,中国清末民初的科学已有了一定的发展，可以用塑料染色雕刻后代替虬角或象牙制作工艺品了。不管怎么说,遗憾归遗憾,毕竟此扇柄是件老东西,纨扇扇面失缺了,可柄上的浅刻人物却依然生动有致,完全可当作一件把玩件。为此,我后来又请苏州篆刻家王良先生给刻就一方闲章。这样以后一举两得,既可随身玩赏,又可为书画添得一方闲章印款。这种因材施用的玩法也是玩物中的一种情趣。

奇巧之艺话鸟笼

鸟笼作为一种中国传统工艺，有着雕棘镂褚之奇巧。养鸟人在养鸟的岁月中时时刻刻与鸟为友，与笼为伴。在他们的眼里，一只只精致秀雅的鸟笼，就是一座座鸟儿的空中花园。

鸟笼制作与中国古代工艺中的竹木牙雕、玉雕等一样属奇巧之技。一般来说，擅长竹木牙角雕刻的艺人中有不少是兼顾研制鸟笼的。最早的鸟笼起源于哪个时代，惜无详细的记载。但也有史书曾载录：南宋高宗时期，苏州有一位竹雕高手叫詹成，他精于家具和工艺小件制作。他曾雕过一只鸟笼，四面用竹片雕着花板，上雕宫室、人物、山水、花木、禽鸟等各种花纹，刻得像丝缕一般细致，而且玲珑秀美。鸟笼上刻有"詹成制"款识。见到这件作品的人都疑为鬼工。元代陶宗仪《辍耕录》中称："詹成者，高宗朝匠人，雕刻精妙无比。曾见所造鸟笼四面皆花版，皆于竹片上刻成，宫室人物山水花木禽鸟纤悉具备，其细若缕而且玲珑活动，求之二百余年来，无复此一人矣。"从有据可查的史料来看，最早的鸟笼工艺制作的记载可能也就是南宋高宗时期的苏州竹雕名家詹成了。可以看出，无论是记载南宋时期詹成所制竹雕鸟笼及家具、工艺小件，还是元代《辍耕录》中所称詹成之手艺是“求之二百余年来，无复此一人”，应该说中国的工艺美术，特别是江南地区的竹木牙角类的雕刻工艺，自宋代全面兴盛后，至明清两代，已达到了历史的鼎盛时期了。宋代的竹雕作品实物，近年考古发掘中曾有出现，如残荷洗等物，其雕刻水平也相当高超，各种技法基本完备。但从至今所见考古发现的文物中还未见到有鸟笼出土。估计鸟笼这小巧精致的玩艺儿可能不太经得起岁月的尘封；抑或是世上还没有人玩鸟玩到死不瞑目，入土后也要与鸟笼为伴。不过，明清时期传世至今的竹雕、木雕和象牙等材质的鸟笼尚有不少。这些鸟笼大多制作精致，造型古雅，一般在古玩拍卖中价格都在万元以上。

鸟笼的制作工艺来源于古代的竹雕。所以在鸟笼的每个环节，无不显现着竹雕和竹刻技艺的特色。古代的竹雕工艺能将山中一根根粗大的毛竹横截竖劈，锯成筒、劈成片、扦成条、削成篾、拉成丝……经过鸟笼制作师们的精工细作后便成了一只只玲珑雅致的鸟笼。现在人们看到的大多数方、圆、六角、瓜棱等形制的竹雕鸟笼，无不展现着传统竹器雕竹刻工艺的设计和构想。人们看到悬挂在空中的鸟笼，一根根竹扦和竹篾儿横竖交叉，错落缠绕，构成了一只只长圆、方正、多棱等造型各异的笼子。编制笼子用的细细的竹扦竹篾儿有的橙黄金灿，有的褐红古朴，有的则乌黑油亮，不少笼子

苏州竹雕“绣眼”方笼，采用上好的“煎竹”精制而成，适合于娇小灵巧的“绣眼”鸟的驯养。

民国初年北方某市的鸟笼集市。

的笼架、笼条、笼圈和门柱等还都雕制成竹节形状，使原本就很玲珑秀丽的鸟笼变得更耐人寻味。养鸟人在竹节形的鸟笼内养着一只只羽翅斑斓、上下跳跃的五色鸟，那声声清亮的啁鸣很自然会让人联想起那青山竹林间的苍翠。

鸟笼，作为人们养鸟种花闲雅生活的实用品和观赏品，那种显示精雕细刻的竹器工艺自然也十分符合人们传统的审美习惯。而且，富有韧性的竹子非常适合鸟笼造型上的弧线处理，可以把鸟笼制作得弯曲有致，形姿丰盈。有的鸟笼制作师把制作鸟笼叫“编笼织笼”。这种把做鸟笼视为像编竹篮竹篾席一样精工细作的活儿，也充分展现出了竹笼工艺张弛自如、精细有致的特点。由于用上百根细细的竹丝穿织镂制，用一根根竹条、竹片架构搭接，这一只只竹笼子自然更显得空灵剔透，玲珑多窍。富裕人家养鸟更讲究观赏效果，鸟笼的笼架、笼条、笼门、笼圈、笼爪，甚至笼钩上都有纹饰雕刻。竹雕工艺中的深雕浅刻、留青陷地和贴簧等凹凸有致的技艺经有机地结合后，在一只只精巧的鸟笼上得到了淋漓尽致的展现。

当然，精巧美观的鸟笼总是兼顾了养鸟方便和观赏性这两个方面。但是，要拥有一只既舍得长久养鸟而不会损伤，又具有高工艺品位的鸟笼不太容易。这里面常有这两个矛盾：要么，养鸟人为长久尽情地养鸟玩鸟去选择一只只工艺一般的笼子，因为这种批量生产的鸟笼制作不太精细复杂，耗费少价格较为便宜。但有些人收集玩赏鸟笼并不是完全为养鸟观鸟所用。我看到有不少古董玩家花大价钱觅藏古董鸟笼后根本不去养鸟。有的古董鸟笼不仅是用竹材雕制，还有用珍贵的紫檀木、象牙等材料制作出来的。可以想见，像紫檀、象牙这样材料本身就珍贵稀少，制作者因材施用精心制作，雕制出来的鸟笼件件都是珍品。这种精品鸟笼大都未被玩家主人使用，上百年的笼子存世至今干干净净，依然显得崭新亮丽。鸟笼内的鸟儿歇脚站杠、各种鸟食罐、饮水缸、鸟粪板等配备齐全，如果挂在空中即便无鸟儿在内也让人依然感觉鸟雀啁啾。这是玩家对精品鸟笼的珍爱，其惜物之情完全融合于玩家观赏把玩的心态之中去了。

在鸟笼传统工艺中，苏州人制作的苏式鸟笼自古享有盛誉，这与苏州明清时期的传统工艺就已经享誉海内外不无关系。明清时期苏州工艺匠人的红木家具、竹木牙角雕刻、琢玉、年画等工艺独步天下，这自然也带动了苏州其他一系列的工艺和手工艺。苏式鸟笼就是其中的一项。苏州人自古有养鸟的习好，对鸟具的要求亦较为讲究。如鸟笼，造型讲究规整文气，不求过于花哨。一般来说主要以小巧玲珑较为文气的各种尺寸的方形鸟笼为多。材质以竹质为主，也有红木、紫檀、象牙的。在苏州及

清代铜雕人物“钟明”鸟笼钩。

江浙地区养鸟人中，如今提起张琪林先生制作的苏式“绣眼”鸟笼，没有一个人不啧啧称道和羡慕的。在百鸟中，“绣眼” 鸟长得小巧而精灵，很活跃，叫声婉转清脆，十分可人。过去，苏州的书香门第养“绣眼”鸟的居多。“绣眼”鸟与画眉、鹦鹉、百灵等鸟类不同，它小巧秀雅的特色赢得了文人雅士们的青睐。而过去社会的三教九流各式人等，则喜爱养性格张扬的画眉鸟等。为此，旧时养鸟有句俗话，叫：“文人绣眼，小姐鹦鹉，强盗画眉。”意思大概是各类性情的人根据特点养不同类型的鸟，各取所好。当然，养玩“绣眼”鸟的鸟笼讲究做工细巧，有条件的可请制笼高手专门定制，并精雕细镂，使鸟笼雅巧诱人，适合挂在厅堂或文房内玩赏。

江南多文人雅士，对养“绣眼”鸟的笼子制作要求也十分讲究，既要精细雅致，又

清乾隆象牙六角形鸟笼。

清中期紫檀嵌象牙雕宝塔形鸟笼。

要具有品位。这与一般的“画眉”笼、“百灵”笼完全等不一样。绣眼鸟笼是一种小型竹制鸟笼，其制作较精巧。绣眼鸟体型小，活动量大，很善跳跃，所以一些南方玩赏者乐于采用方形竹笼，认为方形笼容量较大，适用于善活动的笼鸟使用。其尺寸为长宽 25~30 厘米，高 30 厘米。笼内设竹质栖架 1~2 条，框架两端设食罐、水缸。竹栏间距 1 厘米，竹栏结构纤细，不宜饲养嘴形粗硬的鸟类。北方各地玩赏绣眼鸟，常喜欢选用圆形精制竹笼，这与南方的习惯不同。绣眼鸟笼也可用来饲养柳莺或山雀等小型鸣禽。

作为苏州的收藏者，我前几年购得一只苏州当代鸟笼制作高手张琪林的“绣眼”鸟笼。得其传统苏式鸟笼工艺真传的张琪林先生，经过近三年多的钻研和积累，掌握了很多制作鸟笼的“道道”，以及一整套规范的苏式“绣眼”鸟笼的制作技术，并形成了自己独创的风格特色。

据张琪林介绍，他制作一件上品的“绣眼”鸟笼，从选料至上光，以及最后全部完成要有二十多道工序。竹料最好是选用浙西天目山一带的毛竹，以七年竹龄为佳。天目山毛竹质地光滑，有韧性。采伐下的山竹必须靠人工肩扛下山，这样为避免毛竹就地拉拖而损伤竹皮。这种肩扛的竹子又称“扛竹”或“肩竹”。顾名思义就是不受损伤的优质竹材。这种竹材在明清时期也是雕制鸟笼、笔筒、竹臂搁、竹扇骨等文玩古董最佳的材料。竹子搞回后，鸟笼制作者用中药配方对竹材进行沸水煎煮，这种方法在鸟笼制作行内叫“煎竹”。经过中药配方煎煮过的竹子一是不霉不蛀也不变形，二是原先竹色较浅的竹子色泽变得更深沉质朴，古意盎然。煎竹后搞成一根根制作鸟笼的竹丝很讲究韧性，竹丝弯曲 360 度亦不折损断裂和变形。然后才开始一系列的制作程序：鸟笼拼角、笼抱柱收角、门档的回纹雕刻、顶档和弯档的缝口拼接等等，都需精工细作。特别像那种竹节型的鸟笼，其功夫更大。如笼四周的竹抱柱和横档等都要雕刻成竹节形状，再加上镶嵌亮丽的笼门，配上瓷质或黄杨木雕制的鸟食罐，整只笼子充满着古朴雅致的意蕴。

原来，江南这种小巧的“绣眼”鸟笼还有这么多学问和道道在里面。如今，我得到了张琪林先生的鸟笼，又得悉这笼儿要成佳器不易，自然更是珍爱有加。用它来养鸟当然舍不得了，那么，就当作一件具有环保理念的艺术品来净化一下心灵和厅堂内的自然环境吧。

明清牙雕腰牌清赏

在中国古代，腰牌为腰佩的装饰物，也可用于信物之凭证。明清时期，有一种用于出入宫廷的象牙雕腰牌在臣吏中颇为盛行。后来，这种需常佩于腰间的牙牌甚至引起了文人雅士们的广泛兴趣，纷纷约请能工巧匠按照自我喜好和情趣定制各类花鸟祥兽和山水人物图案的象牙牌佩挂于腰间，作为其装饰物或赏玩品。

中国古代的帝王宫殿门禁森严，朝廷军政臣吏、皇亲国戚及当差行走即使可以出入也须持有出入证。腰牌就是中国古代官吏系在腰间证明其身份，常用作出入宫廷备查的通行证。历朝历代腰牌的质地、款式、规格、铭文等虽有所区别，但“通行证”、“身份证”作用都是相同的。说到这腰牌，我国最早起源于夏商周时代

明王抒牙雕腰牌。

的玉制“牙璋”（即战争时调兵遣将的符信），分两块，合处凸凹相嵌，叫做“牙”，分别掌握在朝廷与主将手中，调兵时以此为凭。到了明清时期，经演化而来的腰牌，除用于臣吏官宦们出入朝廷作为“通行证”外，文人雅士们作为护身或赏玩之物的风气日渐兴盛。腰牌的品种也不断丰富，其材质除象牙牌外，犀角、玉、铜、木等各品类也各自彰显其特色。

多年前，广东省揭阳市有位收藏家郑礼文先生，家藏有一件明代山东巡抚都御史王忬象牙腰牌，颇为稀有。此件腰牌为椭圆形，采用优质象牙，牙心部分进行雕制，牌高6.3厘米，径5.6厘米，上有懈穿相对，中有圆孔作钮，以便系带。象牙腰牌雕制精细，具明式风尚。此腰牌为圆形，上有伏兽一对，正面为蟠龙图，背面为大篆，字为“给监察御史王忬佩”。蟠龙图案动态飞扬，首尾相连，充满张力。此腰牌主人是明代王忬（1507-1560年），王忬是苏州太仓人，嘉靖进士。曾任御史，此腰牌即为监察御史腰牌。有腰牌上所刻的“给监察御史王忬佩”字样为证。嘉靖二十九年（1550年）俺答攻北京，王忬主持通州防务。三十一年赴浙闽提督军名，用俞大猷、汤克宽等将领，屡破倭寇。旋改任蓟辽总督，进右都御史。后被严嵩父子构陷致死。

王忬的牙雕腰牌是明清时期象牙牌的一个典型类型。这种牙牌通常采用圆雕与浅浮雕工艺制作。这也为以后出现的各种深雕、浅刻以及漏雕工艺的牙牌提供了借鉴和思路。如有一件明代“携琴访友图”象牙牌，取牙心纵剖而成长方形，牙牌的顶部制成牛鼻穿孔以便佩挂。牌形方阔厚实，包浆温润，画面采用减地浅浮雕。其雕工深峻，布局虚实相间，线条自然流畅，生动地展现了古代文人携琴访友的生活景象。又如一件清早期“花神”牙牌，则采用的是圆雕、漏雕和浅刻的多种工艺，这样不但丰富了牙雕牌的艺术手法，也极为精巧有致地再现了古代花神在人们想象中那飘逸多姿的风采。

说到牙雕腰牌，就不得不简略地说一下象牙雕工艺。牙雕是古代工艺中的一个门类。

牙雕是以动物的牙为材料雕刻的工艺品，其技法与竹、木雕刻大体相同。我国牙雕历史源远流长。原始社会时人们就懂得利用骨、角、牙制成雕刻品，1959 年在山东宁阳县大汶口遗址出土“回旋纹透雕象牙梳”是大汶口时期工艺品的精品。1976 年河南安阳殷墟妇好墓发掘的兽面纹嵌松石象牙杯，可证实我国早在商代就有了负责象牙雕的专业奴隶，技艺已达到很高的水平。唐宋时期，象牙制品达到了十分精美的程度，如现藏上海博物馆的鸟兽花卉纹镂牙尺上纤巧的细刻，虚实分明、疏密相当，所刻花纹、鸟兽充满生机，精妙美观。明清时期，随着竹、木雕刻艺术的高度发展，以象牙为材料的牙雕工艺也相应普遍发展起来。由于与南亚、非洲各地的经济文化交流的扩大，象牙原料也随之引进中国，以苏州、广州和北京为中心，我国各具特色的牙雕传统工艺得以不断地延伸和发展。

清早期“花神图”牙雕挂牌。

明、清时期，牙雕工艺有较大的发展。明代象牙雕刻的题材比较注重意境的表达。山水图案中的人物，往往会被处理成贯穿其中的一种轮廓符号，而着力表现的主要是深远幽静的山川沟壑。到了清代，由于受西方艺术的影响，高浮雕技法逐渐成为时尚。这个时期的牙雕作品刀法硬朗、图案致密。制作工艺上还出现了象牙染色、镶嵌珠宝；甚至进行拉丝处理，用拉出来的细丝编织成凉席。这些巧夺天工的作

清早期“行旅图”牙雕牌。

品，从不同侧面反映了当时的制作水平。清代象牙进口增多，为牙雕的发展提供了物质基础。在内务府养心殿造办处设有牙雕作坊，专为宫廷雕刻象牙器具，并从江苏、广州招募优秀匠师施天章、陈祖章、黄振效等进宫。清代牙雕继承了明代的传统，已经逐步走向小品雕刻。象牙、犀角制成的笔筒、笔架、砚台、墨盒、墨床、镇纸以及文具盒、印盒、画轴、画托，是当时上流社会比较常见的工艺珍品。它们的工艺多以文人故事、花鸟图案、吉祥纹饰为装饰题材，散发出浓郁的文人气息，在技艺上也有不少创新之处。清代牙雕创制的大量精美小件陈设和实用器具，也富有想象力，品种、题材比明代丰富。

现存的明代早中期的人物牙雕制品均产自福州地区，工艺技法以圆雕为主，有时也结合一些深刻和浅刻。如人物衣褶上的线条，人物身上佩饰的花纹和线条等，都可以结合浅刻得以表现。由于圆雕工艺是一种四面见景见物的立体环雕，雕刻的造型立体感强烈，人物形象亦生动传神。据高濂《遵生八笺 燕闲清赏》载：“闽中牙刻人物工致纤巧”，又据崇祯元年（1628 年）《漳州府志》所载：“漳州人以舶来象牙制仙人像，以供玩赏，其耳目肢体均生动逼真，海澄所造尤为精工。”福州地区的人物牙雕刀法简练而生动，圆润自然，衣饰中的花纹带有装饰性。人物的动态借助牙料的自然弯曲随形而制，构思巧妙新颖，人物面部的刻画重在传神。福州地区的牙雕人物作品自明代开始，一直延续至民国年间。此后渐渐衰落，逐渐被广东和北京等地的牙雕人物工艺所代替。福建和上海等地的象牙雕，在晚清至建国初这一时期一直比较走俏，销往海外的也有各式各类。我有一件藏品当属广东福建一带的工手，象牙经染色后雕刻并施以墨彩绘制而成。可以看出，清晚期象牙神仙瑞兽一类的雕刻以福建、广东地区后来居上。但其工手仍沿袭最初牙雕“苏州样”的基本形式。

说到“苏州样”，明清时期的象牙雕刻工艺，牙雕四大产地苏州、广州、北京和福建。最早由江南牙雕工艺达到了鼎盛，形成了以苏州为中心，辐射南京、扬州、嘉兴和杭州等地，并以其雕刻技法多样，工艺水平高超影响着全国其他地区的牙雕生产。苏州牙雕影响了大江南北的牙雕风格。不仅为广州和福建等地的牙雕的发展提供了早期的素材，北京、南京等地也都纷纷效仿苏州的样式。这里所说的“苏州样”牙雕，主要特点是工艺精致入微，艺术典雅淳厚。其雕刻善于运用隐起手法，在其隐起中逐渐施展技艺，其布局疏朗有致，给人以怡静之感，细节上的处理也非常纯熟。刀法一般采用浅浮雕、阴刻、圆雕、透雕和高浮雕等。奏刀干净有力，简洁明快，打磨圆滑、光润。题材来源十分广泛，有人物、花草鸟兽、山水庭园和神话传说等；也有以名家书画

清中期象牙雕腰牌，牌上浮雕一骑象持“如意”的童子，其貌笑意盈盈，天真烂漫，寓意“吉祥如意”。

入题，再现其艺术风范。在雕刻中，其技法主要效法竹雕，山水画作品追求北宋或吴门画派的布局和法，人物、花草、禽兽则仿效工笔效果，力求重现恽派气质，有古雅、野逸、明快、秀美之风。

明清时期的牙雕小品堪称一绝，而牙雕腰牌，则是这一类牙雕小品中的翘楚。实际上，象牙牌的出现应该是受玉雕牌子的影响。明代最具影响力的玉牌“子冈牌”，将中国琢玉中的小品工艺推向了一个新的高峰，也凝聚了玉雕工艺中各种琢玉手艺的精华。同样可以看出，这小小一块象牙腰牌，可以通过手艺人诸如圆雕、浅浮雕、薄地阳文、漏雕等各种雕刻手法来制作。使牙牌呈现出或古雅浑朴，或玲珑有致，或生动畅朗的风貌。明清时期的牙雕牌子，其形制以椭圆形和长方形居多，但也有少量的随形制品，这与玉雕牌子的形制大体相近。由于牙牌都是小巧玲珑之物，制作成后供官宦和文人雅士随身使用、赏玩。故而在制作中其工艺既要讲究精巧有致，也要注重大气浑朴的文化气息。使人在常年随身赏玩中感觉其意蕴无穷，玩味不尽。

在当今收藏界，明清时期的象牙牌十分受宠。笔者曾粗略地查阅了数十份历年来各大艺术品拍卖公司的杂项拍卖资料，发现上拍的明清时期象牙牌的精品佳作并不多见，即便有一些，这类不过火柴盒大小的牙牌起拍价都要数万元。如果说要按材料来计算价格，比这牙牌要大数十倍的其他象牙类工艺品，其价格也不过如此。从这一点可以看出，一件真正的艺术品，其价值的高低最终还是取决于其手艺和思想的创造力，而并非材料的贵贱。

昆刀刻玉“子冈”牌

在我国古今工艺品历史长河中，玉雕工艺，是一个让中国人垂爱的手艺。那块块“蕴山川之美、凝日月之辉”的美玉一直是人们心中高贵而圣洁的塑像。玉的高贵气质和其温润的特性千百年来让人珍视和崇仰。玉雕艺术受人们的珍视，古往今来，从事玉雕艺术的艺人精英也是层出不穷。“玉不琢而不成器”，苏州这个地方虽然不产玉石，但是自古能工巧匠荟萃，雕玉琢玉穷极工艺之巧。特别到了明代中晚期出现的以文徵明、沈周、唐寅、仇英为核心的吴门画派，影响了当时工艺美术的发展和提高。玉雕艺术受其熏染，出现了雕镂文人山水人物写意画的玉器，其品位大大提升。明代万历年间苏州出了个“碾玉妙手”陆子冈，其技艺高超独绝，饮誉四海。“子冈玉”被历代后人称为是明代玉雕中最珍罕的艺术品。

中国人对白玉的追慕，与古老东方民族含蓄内蕴的个性十分契合，有说随身佩玉能洁身美德，有说佩玉可以祛邪，也可辟祸消灾；又有说佩玉于身就是福祉所至；还有说佩玉玩玉本身就是一种修身养性之举。爱玉的人完全有可能会把所有美好的祝愿毫不吝啬地呈献给白玉，而且又将白玉推至非君子身份才得以相配的地位。同样，白玉的这种温润内敛，刚柔相济，且又平易近人的品质也受到越来越多布衣百姓的喜爱。所以直到今天，我们也能从古人佩挂的大量存世玉制品如“玉锁片”、“玉头簪”、“玉带钩”、“玉佩件”等中了解到过去中国百姓对玉器使用的普及。

“玉不琢不成器”，这是一句由来已久的老话了。有了这样一句关于白玉的至理名言以后，琢玉人赋予白玉的艺术创造力就成了白玉价值天平上的砝码。也就是说，一块真正的美玉，只有经玉雕大师富有创造力的雕琢才能真正发掘其内在之美，才能显现其各自卓然不同的面貌与风韵。这样一来，琢玉治玉的工艺中也就出现了众多像浅浮雕、镂刻、透雕、圆雕、俏色雕、立体浮雕、薄意雕等巧作巧艺。

琢玉工艺到了明清时期，主要产地集中在苏州和扬州。特别是苏州的小件玉雕，以其素雅玲珑的特色独树一帜。其中，最具代表性的就是明代苏州琢玉大师陆子冈的“子冈牌”玉挂件了。这种白玉浅浮雕山水人物及花卉类的玉牌子，是陆子冈的首创。相关史料上常零星记载了他的身世，说这位当时的知名琢玉艺匠，生于明代嘉靖、万历年间。陆子冈自幼心灵手巧，喜爱雕刻。在多年的琢玉实践中练就了一手绝技。凡其所制玉器，均富有变化，作品纤秀玲珑，特别是白玉牌，其方圆扁平，意之所到，即能成器。他还大胆创新，将过去传统的“沙碾法”改革成“刀刻法”，使雕刻技艺达到了高超精美的程度，成为当时名闻朝野的玉器雕刻师。陆子冈一生创作了众多玉雕作品，有精美绝伦的婴戏图玉执壶、环把带盖玉卮，有巧夺天工的文房玉洗、玉笔筒、茶晶花插，有“玲珑奇巧，花茎细如毫发”的玉簪，更有令人爱不释手的玉牌子。陆子冈是玉雕艺人中第一个要求社会承认自己的艺术创作的艺术家。他第一个坚持把自己的名字留在所有的作品上，在所有的作品上不引人注意的地方都留有“子冈”二字。当时的权贵对艺人的这种大胆放肆颇不以为然，但是又实在喜爱陆子冈的玉雕作品，所以只好妥协。相传当时皇帝命他做一套玉壶，并严令其不得署名，但是几十年后，人们在绝难发现的壶嘴内部还是找到了极为巧妙的隐蔽起来的“子冈”二字。多年的琢玉生涯中，陆子冈制作了许多精美玉器，成为士大夫和收藏家的偏爱之物。往往一簪之微，其价高达五六十金。其中有不少传入宫中，成为帝王寰赏之物。当时，他的名气很大，可与士大夫抗争。据传说，后来他在制作一件玉器时，因一时失检，在龙口中（一说在龙背上）刻了子冈款，遂遭人告发，被判“犯逆”罪处死。

对于陆子冈治玉，同时代的国画写意大师徐渭曾予以高度赞扬，且有《咏水仙簪》一诗：“略有风情陈妙常，绝无烟火杜兰香；昆吾锋尽终难似，愁煞苏州陆子冈。”陆子冈所制的玉挂件，多为长方形，宽厚敦

杨曦的“春江垂钓”白玉牌。

杨曦的白玉子冈牌“江南水乡枕河人家”。

实，犹如牌子，故简称为“子冈牌”。子冈牌的特殊魅力，体现在别开生面的形态，精美的玉质与精细的雕工于一体的艺术风范。这种长方形的子冈牌，非新疆和阗佳料不用，洁白无瑕，滋润温柔。其雕琢多作剔地阳纹，以浅浮雕形式，将书画图纹表现得曲尽其美，淋漓尽致。其玉牌常常一面琢山水、花鸟、人物、走兽图，虽用琢玉工具碾出，仍不失画家的笔墨情趣；另一面雕刻诗文，并琢有子冈印款。将中国的书画艺术镌刻在玉牌的正反两面，加上玲珑剔透的牌头装饰，具较高的观赏性，玩味无穷。陆子冈用自己的绝技——昆吾刀，采用减地浅浮雕、高浮雕、镂空、立雕等手法，独步当时的玉雕行业。子冈玉牌一般都在 4×6 厘米左右，并必落“子冈”或“子刚”款，图案生动合理，无懈可击。字体遒劲有力，布局得当，其字体风格端庄周正，从不马虎潦草，字体的细润圆滑程度令人叹为观止，为一般玉雕师所不能企及，这也成为鉴定子冈玉牌真伪的其中一个重要因素。

由于陆子冈的作品称冠一时，价倍于常见玉件，引得世人竞相效仿。传说陆子冈死后，技艺未传后人。子冈牌真品罕见，现在国内外博物馆及私人收藏有相当数量的子冈款玉牌，大多为明末及清代后人所仿制。虽然说在如今的收藏市场上，真正的“子冈”玉牌凤毛麟角，甚至更有专家认为，其真品“子冈”玉牌已不复存在。但是，陆子冈超拔的治玉手艺，和其独具风采且富有文化内涵的白玉“子冈”牌，引领和推动了苏州玉雕艺术的发展。直至延续今日，作为享有明清“苏作”盛誉的苏州的玉雕工艺，仍“香火”不绝，代代传承，在玉雕艺术百花园中绽放异彩。

在当今苏州玉雕工艺界，被人称作“当代陆子冈”的玉雕大师杨曦先生，在他所创作的各种样式的玉器中，白玉牌在继承了明代“子冈牌”创作手法与样式的基础上，推陈出新，创出了自己的风格和特色。其玉牌的画意和款式古今相融，雕刻手法丰富多样，以深浮雕为主，结合漏雕浅刻。特别是在突显强烈的视觉效果的同时，更注重这种“小器大形”的白玉牌中呈现的气韵与风范，力求在其玲珑古雅与含蓄内蕴中不失大气畅朗，让人在随身佩挂中玩味不尽。如其创作的“佛在心中”白玉牌，大胆地运用毕加索的抽象艺术理念，将佛像侧面镂空于牌片中间，在外形对称中求变化，摆脱传统的构思方法，于西方表现手法的交错中，寄托言语之外的思绪。另有一件玉牌“水乡”，其画面以典型的江南水乡为题材，作者将江南的沿河小桥人家屋舍与石驳岸边的舟船等，通过高浮雕结合漏雕、毛雕等手法来展现。虚实相间的处理手法与花纹边饰透雕的漏窗设计又使人感觉置身于江南水乡人家古朴清丽的氛围之中。再有一件“凤穿牡丹”玉牌，是传统民族化的题材，作品借用民间剪纸艺术的表现形式，节节透雕，如窗花、凤凰等图案镂空于牌片中央，透过与之交错对比的浮雕大花牡丹，整块玉牌表现出一种新颖的视觉装饰效果。

如今，我作为一个杂项收藏者，自然对本水本土的苏州玉雕情有独钟。我与玉雕大师杨曦交往多年，出于新闻工作的职业习惯，我也长期关注苏州工艺界的传统手艺的发展变革。杨曦先生创作的一系列白玉“子冈牌”无论从选料的优劣，题材的拓展和艺术手法的多样等方面，与陆子冈的玉雕牌相比较，确实有“青出于蓝胜于蓝”的精神面貌和艺术含量。特别是杨曦先生对白玉牌采用的高浮雕结合漏雕和毛雕的手法，使小小一块玉牌的画面既有多种层次和交替，又玲珑多窍的空间，这也十分适合当代人对作品的审美视觉要求。小小一块白玉牌虽微不足道，但佩挂于身能够百赏不厌而玩味不尽。这玉牌所要给人的不仅仅只是一种“君子无故，玉不去身”，君子以玉修身示德的佩玉习惯了。

古意盎然话槎杯

古代人饮酒比较讲究酒器，尤其是那些喜爱饮酒赋诗，以诗文会友的文人雅士，他们对手中的酒器更是有所讲究。于是，那些能工巧匠就会别出心裁地制作出各类仿古、仿生类的酒具，诸如仿商周青铜礼器、花鸟祥兽类的酒杯、酒壶；仿仙人乘槎舟而行的槎杯等等。不难想象，古时候这些文人雅士饮酒赋诗的雅兴，与手中那些精美的槎杯中的玉液琼浆相互映漾，灵感之泉随之汩汩流淌，曾滋润出了多少诗人的千古绝唱。

在古代各类材质和款式的酒杯中，有用银和犀牛角两种材料制作而成的槎杯，是酒器中的妙品佳构，历来广受古代文人、显贵们的推崇和珍爱。而古代的酒器中的槎杯，首先当推元代银作名匠朱碧山制作的各种银槎杯。这里说的“槎”，就是古代神话中往来于“天上人间”的木筏。木筏，可以载人载物漂泊于江河之上，“槎”也与载人渡河的行舟作用相似。在宋元时期，船形的酒杯和酒器较为多见，而以“槎”的形象来设计酒器则比较罕见。自朱碧山这位元代银匠开创性地制作出银槎杯后，这种槎杯一时便闻名遐迩。自元以后，江南的

藏于苏州博物馆的朱碧山银槎。

达官贵人、社会名流都以能得到朱碧山制作的槎杯为荣。朱碧山，名华玉，以字行，其生卒年不详，约生于元大德初年。有关他的生平及其事迹，《嘉善县志》和《吴县志》均有记载。朱碧山出生于嘉兴魏塘（当时嘉善尚未建县），但成名后经常在嘉禾、苏州地区从事槎杯的制作与经营活动，曾一度定居于木渎和渭塘。他一生名作很多，所制酒器最为精妙，如有虾形杯、蟹形杯、灵芝杯和槎形杯等，其中尤以槎杯为最。在嘉禾地方史料上，元明清三代都有“朱碧山银槎”的记载，无论在宫廷酒宴还是文人雅集中，无不以槎杯饮酒为时尚。清代诗人朱彝尊对朱碧山的银槎赞赏不绝，曾以“银槎杯”为题写过诸多诗词。他在“朱碧山银槎”饮酒的竹枝词中写道：“宣公桥南画鼓挝，酒船风幔拄鸦叉，碧山银挝劝郎醉，棹入南湖秋月斜。”明末清初著名学者孙少宰（号北海）在《槎杯歌》的序中也有相关的赞赏：“予老友费红蕉，曾以碧山槎杯酌酒，索歌出小长芦钓师图同示，即用竹垞

（即：朱彝尊）银槎韵答之，稿存红蕉家，不复记忆矣。红蕉矣，槎归同邑宰李，李卒于官，槎又不知所归，予感而重赋之。”

槎杯取材于“张骞乘槎”（也称“仙人乘槎”）的故事。故事大概是这样的，相传在西汉武帝时期，黄河屡发大水，泛滥成灾。当时的汉武帝决心治理黄河，就发布诏书，在全国寻找自告奋勇愿去探明黄河源头的人。当时谁也不知道这黄河源头在哪里。诏书下达近一个月没人应诏，汉武帝心急如焚。但此后不久就有人揭榜了。此人便是年轻时曾二度出使西域，打开汉朝与西亚地区通道的张骞。今日他为承国难，不顾年事已高，老当益壮，再次“出使”，挑起治理黄河的重任。张骞乘木筏溯黄河而上，绕过无数个急流险滩，终于有一天来到了河流的一段开阔地带，见到了传说中的牛郎织女……最后完成了大业。

实际上，“仙人乘槎”的故事，是晋人张华在他的志怪小说《博物志》中，记载的一段传说中的怪异现象。原文这样写道：旧说云：天河与海通。近世有人居海渚者，年年八月有浮槎去来，不失期。人有奇志，立飞阁于槎上，多赍粮，乘槎而去。二余日中犹观星月日辰，自后忙忙乎乎，亦不觉昼夜。去十余日，奄至一处，有城郭状，屋舍甚严，遥望宫中多织妇。见一丈夫牵牛渚次饮之。牵牛人乃惊问曰：“何由至此？”此人具说来意，并问此是何处。答曰：“君还至蜀郡，访严君平则知之。”竟不上岸，因还如期。后至蜀问君平，平曰：“某年月日有客星犯牵牛宿。”计年月，正是此人到天河时也。

后来，有人又把这个美丽传说的主人公，附会到张骞身上，传说其出使西域使用了槎。于是，引申出了“张骞乘槎”的故事。仙人变成张骞的时间，大概在南朝，自宋至梁的一百年左右的时间内。唐宋元明清一直沿用此说。大量的诗词歌赋、雕塑、绘画等可以佐证。古诗不少描述仙槎的作用，如苏轼《黄河》：“灵槎果有仙家事，试问青天路短长。”陆游《初到荆州》：“万里泛仙槎，归来鬓未华。”杨万里《醉笔呈尚长道》："晚风一雨生新涨，只送仙槎到天上。"等等。

从当今史料有据可查的记载上看，中国，包括台湾省及世界各地博物馆馆藏的朱碧山银槎杯不过三、四件之多，这足以见证其手艺的卓绝与作品的珍罕。前些年，曾受中国民间文艺家主席冯骥才先生关注的苏州知名银器艺人龚斌先生花数年工夫，专门研制和仿出了朱碧山的银槎杯，但细观器具的工艺及神韵，尚不能与之相比肩。由此可见，像朱碧山这种银槎杯的制作，并非仅靠熟稔"细瓷活"的手艺就能拿捏的。从事金银、铜器类制作的手艺人可能都有点儿了解，一般来说，铜器中的铜鼎铜炉等主要通过浇铸工艺制作而成，而与铜器硬度相近的银器，有一部分则需经先浇铸，后施以锤揲錾镂及接焊等工艺来制作完成。这就使某些银器更提高了工艺制作上的难度。特别像银槎杯这种造型奇崛，器形又多皱折和棱角的酒器，要真正能做到其神形毕肖，且又富有仙风道骨的意韵，不仅需凭精湛的手艺，更需要有一种思想境界的提升。朱碧山作为元代杰出的银匠，他独具眼光地研制出了这种银槎样式的酒器，并不懈地追求其内容与形式的完美统一。难能可贵，又值得欣慰的是，他那历经无数风雨春秋磨砺的手艺，最终能够与他心灵中那个理想境界的高度一同翱翔。

元明时期的槎杯，除朱碧山创制的银槎杯外，利用犀牛角雕制的槎杯也不乏精品。明末，朱碧山式槎杯以另外的材质流行开来，犀角槎杯就是其中一种。现藏于上海博物馆的"天成"款犀角雕仙人乘槎杯、故宫博物院藏"尤通"款犀角雕仙人乘槎杯均属其例。杨之水在评价上海博物馆藏的这件槎杯时认为："'天成'款犀角杯因材施雕，顺犀角之势而成一具水天之际的仙槎，下边用不多的浪涛助成腾涌之意。各色花卉结为舟篷，舟篷下的主人一手持书卷，一手持如意，波涛不惊。槎身的宽敞处为杯，旁测有圆洞与槎端的吸孔相通。虽然它依旧保存了酒杯的形式，其实已成为案头清玩，而不再是实用之

北京故宫博物院藏品朱碧山银槎——“龙槎”。

现藏于台北故宫的朱碧山银槎。

具。”

至今存世的一件藏于北京故宫博物院的银龙搓杯，就是朱碧山银器的代表作品之一。此件银龙槎杯器身作屈曲栓柏树段状，中空，可盛酒。杯面刻道装老者坐于树间，左手持书披阅，神情怡然。正面搓尾刻“龙槎”2字，杯口下刻行楷书：“贮玉液而自畅，泛银汉以凌虚，杜本题。”槎下腹刻楷书诗一首：“百杯狂李白，一醉老刘伶，知得酒中趣，方留世上名。”槎尾后部刻“至正乙酉，渭塘朱碧山造于东吴长春堂中，子孙保之。”钤“华玉”章。这件龙槎杯是典型的朱碧山银槎杯的造型特色。有史料载：“乘槎形酒杯本身就是一件具有诗意的艺术形式，宋以前还没有看到过槎形酒杯，这种形式只盛行于元、明两代，及到清朝就没有这种形式了。或者这种杯子就是由元朱碧山创造的也未可知。”

金银铜器镂刻工艺在当代因种种原因而少有人再传承相继。而在苏州这个有着铜器镂刻悠久历史的手艺之乡，如今仍有人几十年来痴迷这项工艺绝活，他就是当代被联合国教科文组织授予“中国工艺美术家”称号的铜雕师龚斌。

在苏州城西胥江边一条古老的巷陌中，有一处独家小院。院子虽小，却颇具江南水乡特色，粉墙黛瓦的老宅，院内花木馥郁，笼中鸟雀啁啾。龚斌的铜雕世界就沉浸在这种江南人家秀雅清丽的氛围里。一个深秋的夜晚，在小院屋西头那间小小的铜镂刻工作室里仍然灯火荧荧。戴着老花眼镜的龚斌先生在灯下凝神作业，手中小锤正对着一件铜雕器小雨点般地轻轻敲击着。这件即将脱胎完成的银器就是龚斌精仿的朱碧山《银槎》。

龚斌仿制银作大师的珍品可是花费了不少心血。他根据有幸得到的一张博物馆藏品的图片资料，再根据一些零星的史料再三揣摩，画出一批图纸后选择最富神采的一张作样本，然后精镂细揲了三个多月。这件与古代银槎基本无二致的仿品在龚斌手中脱胎而出。

这件“当代朱碧山”银槎之所以难得和珍贵，不仅是朱碧山的名声大，作品罕，仿制不易，更主要的是此银槎的制作非常复杂。龚斌经过充分的前期准备后，动手制作时凭着一把小锤，用了上百种形状的镂揲，在七八块银皮上分别敲凿出人体、槎杯和树形。然后再在银槎的造型上细细敲打出一条条飘逸的衣褶，数百条弯曲伸展的虬干和树根的纹理。特别是银槎中坐着的人物，其塑造的面貌和表情，都要靠小锤这么一锤锤轻重缓急地敲击出来，其难度可想而知。但龚斌先生凭着多年来娴熟的锤揲镂刻技艺，和对人物神韵风貌的生动准确的拿捏，槎中飘飘欲仙的人物意境在这件仿制的银器上呼之欲出。

小小一只银槎杯，常人眼里也许不过是区区一件“雕虫小技”之活，但缘何会如此广受文人雅士和达官显贵的青睐，且作为与友畅饮交心时的贵重酒器而倍加珍视。我想，这完全是缘于朱碧山这位元代银器艺师独到而精妙的手艺。中国历代的金银器不乏千古流芳的精品佳作，而在饮酒器的制作中，唐代以后的金银酒器以仿商周青铜礼器造型为多，而朱碧山并非“一根筋”地去操守，而是常常突发奇想的去开拓他的手艺空间，以仿生学的理念，制作出各种仿植物、神仙祥兽和花鸟鱼虫等形态的银器具。这就使他的手艺在拓展多种样式的空间中更富有生活的意趣。在朱碧山未成名前，他只是江南一名普通的银器匠人。但创新意识强烈的朱碧山往往能够独具匠心，终于成功制作出了那些“独领风骚数百年”的银槎杯。

元明时期的各种槎杯，代表了这两个历史时期银器和竹木牙角等工艺中锤揲錾镂及雕刻的高超技艺，及对造型特点的讲究。这样，本属人们生活中的一件件实用器物由于增强了艺术内涵，最终成为不朽的奇珍异宝。

木雕架座 绿叶扶红花

明清时期的红木小件中，各种瓷器玉雕摆件的架座是木雕工艺中的精巧之作。

著名赏玩家张传伦先生在《文玩架座清赏》一文中说道："恰如明代之前的家具存世很少一样，今天所见之架座绝大部分是明代以降至民国时期的产物，其材料与明清家具所用一致，不外乎紫檀、黄花梨、红木、乌木、黄杨、花梨、铁力及各类白木。架座造型设计，雕工纹饰，提取明清家具之菁华，有些架座即是明清家具之缩小型，但其形制之多样，设计之精巧，雕工之精美，选材之精良，则更具独到之处。现今，仍屡有发现在样式、纹饰上构思之巧妙，造型之新奇，前所未见之架座。令人由衷叹服中国传统文化博大浩繁，折射在架座艺术上亦是如此之美轮美奂。"

明清时期的木雕座架艺术熔南北工艺于一炉，风格多样，佳作纷呈，或光素朴实，或繁丽典雅。木雕架座的制作与木质家具一样，在全国各地分布较广，有京作、苏作、广作、闽作、鲁作、晋作等等。北方做工古朴大方，而京作虽属北作之工，但因复承了宫廷官器之豪华典

明代犀角杯配上老红木镂雕花纹座，更显其玲珑多姿，秀雅精美。

丽，法度精严，制作中从选料、造型、雕刻、拼榫接缝，打磨擦漆之众多工艺推向到了极致。南作中包括苏作、广作和闽作。三者艺术风格各异，苏作设制工巧，精雅秀致，广作质材精善，舒展飘逸，多呈现弯腿弯足，料圆而少起线。闽作与广作又有同工异曲之妙。

纵观明清时期至今仍绵延传承的红木小件工艺品类，使用最普遍的还是红木架座类木雕制品。这类小件在注重实用性的基础上，十分讲究其造型及工艺的完美。因大部分为艺术品类器物作装饰陪衬之用，故这些木雕座架在整个设计造型上，都须做到既新颖美观，不落俗套，又起到与所衬托的器物和谐对称，相得益彰的效果。如一只乾隆青花赏瓶，配以五足雕披肩圆座，方显官窑之高贵；一尊明代佛像配以仰复莲花座，尽显法相之威严；白玉蟾，可配红木雕或黄杨木雕荷叶座；奇石山子，应配饰以海水江涯纹座或根瘤座；一具明代铜三足压经炉，则可配饰三足荷叶座或八卦图纹座。

红木架座的形制主要分两大类，一类固定形制的架座，另一类是随形而制的架座。固定形制的架座相对较为普遍，至今我们仍可以看到各种方圆形及多边形的红木架座。一般来说，红木座子如工艺讲究的话，大都采用整块木料进行挖凿雕镂成器，这在红木小件之乡的苏州工匠手中又称其为“独木雕”。过去这种一气呵成无拼接的雕刻，给人感觉上下连贯，其凹凸有致的立体图案浑然一体，在旧时北京古玩行中有所谓“老活一个劲儿”的说法。例如像花卉如意座、寿纹座、莲花莲子座等，这类座子进行独雕费工费时，工艺难度也比较大。其中的图案花纹不但需线条灵动，清晰流畅，其形雕刻到位，深浅适度；又需要气韵连贯，意蕴深厚，其打磨及漆作工艺也需配合雕刻工艺之细活，以求一脉相承。

固定样式架座中有时为省工省料，工匠们也设计了多种分为上下二层可搭接的座子，如比较典型的有下层系雕刻荷叶瓣纹底座，上层为圆型木雕座垫；又如下层系雕镂空回纹方底座，上层为圆型座垫的座子。由于这一类上下两层拼接工艺的架座在市场上比较价廉物美，工匠制作时有效地利用了各类红木小料和“角材”，这样就比较省工省料。如手巧一些的工匠雕刻的活儿细致些，行外人是不易看出其中是有否拼接之处的。

固定形制的红木雕座子尺寸多种多样，从小到大，如圆型座子最小的不过现在一元硬币般大小，而大的可有圆墩座那般硕大。其中不同的尺寸随陈设器物底座的口径大小而定。如可以配陈各种材质的香炉、熏炉、粉彩瓷赏瓶、瓷笔筒，以及青花瓷坛、瓷罐等等。固定形制的方圆形红木类座子中，如三足香炉座中的荷叶纹圆形座，八卦图纹圆形座和三足立柱式圆形座等较为普遍。这几种香炉座大多选用老红木或紫檀木“整料独雕”进行雕制，雕制时需要在座子中开挖炉足凹形圆孔，但不拼接，不凑料，给人以一种规整浑厚之感。同样，方形或长方形的香

清乾隆红木荷叶随形座。

清中期红木圆形座架。

炉、熏炉座子也是如此。讲究一些的炉座上还施以镶嵌银丝或多层镂空工艺，显得较为富丽华美。各种摆放瓷器的红木座子主要有以注重线条造型的明式座，与讲究繁缛图纹的清式座等形制见长，以有效地衬托各种风格雅丽的明清瓷器的陈设。

随形而制的木雕座子一般称其“随形座”，也是红木架座中比较广泛应用的座子。随形座主要配以各种不规则形状的器物，如奇石、白玉雕山子、翡翠雕摆件，以及各种瓷塑神仙人物和动物瑞兽等。这类座子由于形状不规则，一般都需用整块材料来随着器物底部的自然形状进行挖凿和雕制。奇石摆件中有些并非以小巧玲珑见长，而是比较硕大而宏伟，抑或酷似大自然山岭峭岩嶙峋，挺拔而开豁。这类大型山石摆件适于大型的厅堂馆舍陈设之用。所配的红木石座有时因实在找不到整块大料，则也可通过装榫拼接后进行雕凿。手艺精巧的工匠雕凿中会巧妙地利用木料的天然纹理，或座子上雕刻图案时呈现的凹凸线条隐匿其拼接的缝隙，再经打磨和上漆后让人很难分辨其中是有否其拼接，依然有浑然一体之感。

丰富多彩的红木架座，是红木雕刻小品中的“绿叶”。常言说，“红花虽好，尚须绿叶扶持。”旧时人家，在厅堂书斋陈设瓷器、玉器、铜器以及各类奇石文玩等，都会寻求相配的红木雕架座，以更有效地彰显家中宝物的富丽高雅。

古匣

我收藏杂件中有这么一个癖好，喜欢那些“小鼻子、小眼睛”的器物。器物小巧精致，可供于案桌，亦可随身携带把玩。对于这样的收藏癖好我自己觉得玩得惬意，玩得有味。诸如像古玩收藏中的箱匣类藏品，这几年来我在古玩市场淘宝中如有巧遇会常买个镜箱、药箱、文具盒，或者挑拣个印匣、首饰匣什么的回来。这些经过昔日木匠手艺人精工细作后的器物，如今尚余旧的皮壳和油亮的包浆，还有那器物上铜配件沉稳斑驳的色泽，一切仍带着昔日岁月光影的留痕让人

明 鸡翅木文具盘。

回味。马未都在《箱匣雅趣》中有这么一段话耐人寻味："正对于古人的生活状态，大多数人懵懂不知，透过风雅别致的箱匣，可以窥见一斑。早期的箱匣以盛装食物为主，上有提手，称提匣。随着功能逐渐增多，也可用来盛放文具册页或小件珍玩等物。箱匣逐渐演变为一种传统的包装形式。……"

箱匣器物属于家具品类。箱是一种收藏衣物的方形家具。皮革、竹和木料是主要的原料，但都必须配备铜制或铁制的饰件。箱最早的含义指的是车箱，以后便引申为现在的含义。古书称："大曰箱，小曰箧。"又称："箱方而密，笼圆而疏。"按照储藏物品的不同，箱子可分为衣箱、书箱、药箱、百宝箱、印箱、轿箱和官皮箱等。百宝箱也称首饰箱匣。又如古时家具中的衣箱，一般形体比同类的诸箱要大一些，两边装铜质提环，便于搬动，是旅行和出门办事携带衣物的用具，平时在家也很实用。这类箱子由于经常搬动，为了坚固起见，四角拼缝处多用铜面叶包裹箱盖，四角饰铜质云纹包角；正面饰铜面叶和如意云纹拍子，可以上锁。而比衣箱稍小的箱匣就多了。有内藏多层抽屉盛放小药丸的药箱；安装有小镜子的梳妆箱，用料精致考究的官皮箱、文具匣，皆属小巧玲珑的器具。这些箱匣自明代中后期就比较流行而常见。实际上，官皮箱也是一种放置梳妆用具的小箱，这种小巧精致的箱匣通常只有一般常见的贴盒那般大小，只是比贴盒要高一些。官皮箱正面对开两门，内安抽屉数个，顶上有盖，后墙安合页，将两侧及正面两门的上边做出子口，箱盖放下时正好扣住两门。箱下安底座，门有面叶，盖有拍子，两侧有铜提环相配。官皮箱是平盘和抽屉结俣的家具的通称。

古代的箱匣中，我对盛放珠宝首饰的"百宝箱"犹感兴趣。此兴趣最初是源于古代冯梦龙《杜十娘怒沉百宝箱》小说中的故事。故事说，旧时秦淮名妓杜十娘久有从良之志，她深知沉迷烟花的公子哥清康熙黑漆嵌螺钿竹节形“琴棋书画”多层盒。

清康熙年制作的黑漆嵌镙钿竹节型多层盒，造型别致，富有姿态。尤其是匣盒四周的嵌螺钿山水人物图颇具光彩，更增器物一份富丽雅致。

儿们，由于倾家荡产，很难归见父母，便处心积虑地积攒一个百宝箱，收藏在院中的姐妹那里，希望将来润色郎装，翁姑能够体谅一片苦心，成就自己的姻缘。经过长期考验和寻觅，她选择了李甲，并且欲终身托付于他。归途中，与一富家公子偶然相遇，目睹杜十娘美貌，心生贪慕，就趁与李甲饮酒之机，巧言离开，诱使李甲以千金银两之价把杜十娘卖给了他，杜十娘明知自己被卖，万念俱灰。她假装同意他们的交易，却在正式交易之际当众打开百宝箱，怒斥奸人和负心汉，被命运作弄的杜十娘最后抱着百宝箱投江而死。因这样一段悲情往事，百宝箱因此也承载了更多的人文情怀和历史内涵，以致后来的人看到古代那些存世的百宝箱，往往自然会想起这段秦淮名妓杜十娘“人与器物共命运”的历史故事。古时候制作的百宝箱，主要给女性使用。无论是名门闺秀还是青楼女子，百宝箱里盛装着的珠宝首饰可能就是自己一生视为生命的财富。

多年前我曾在苏州观前古玩城一店摊上觅得一只清晚期楠木黑漆描金人物图的百宝箱（首饰匣）。据那位老旧货摊主朱某介绍，他出让的这只首饰匣其实亦可用于盛放珠宝首饰。店老板是出于推销产品而尽量多介绍此箱器的功能，其实我早就心知肚明。古时候的百宝箱现在市场上已不易淘得，我觅得的这件百宝箱是个漆具，其箱匣的体积只不过一本普通的《新华字典》般大小，应该属于小巧型的首饰盒器具了。器物上的黑漆描金了一幅“携琴访友”图卷，盒中还备有一只带锁孔的小抽屉。这小小不过一只烟盒般的抽屉还装有锁具，可以想见古时候人对珠宝首饰的珍爱不逊于金银。明清时期各种箱匣类器物中，木质的漆盒过去也是很流行的。普通木质的箱匣由于有各种诸如“剔红”、“剔黑”、“剔犀”、“黑漆描金”、“嵌螺钿”等上漆的工艺，即使未用上佳的黄花梨、紫檀木做原料，但由于经工艺师高超的漆艺处理，其器物的防护和美观程度大大提高，仍然不失为一

清末红木文具箱。

件赏用两美的佳器。

我收藏了这件楠木黑漆描金人物首饰匣后，曾数次推荐给我的夫人作储藏首饰之用。但不谙此道的夫人对这件器物并无多大的兴趣。她说现在的女人拥有的金银翡翠首饰大多是新工艺制作，古匣内放着新首饰，是“旧瓶装新酒”，没多大的意思。夫人现在将首饰都储存在那只从小商品市场上买回来的绒面工艺首饰盒内。她说这种工艺盒放首饰正合适，理由是新工艺首饰盒金漆崭亮，具有时代气息，这陈腐的老匣子有什么新鲜，过去哪个小富人家的爷爷奶奶没有。夫人这番话使我彻底明白了，这个世上怀旧之情虽人皆有之，但好古之趣可能是人无我有了。嗜古之人与常人确实在审美趣味和境界上有着天壤之别。夫人对古物知之尚浅，又无多少兴趣和时间去发展深化，你一定要她和你一同分享其境界中的乐趣可能就强人所难了。所以，夫人的观点我也赞同，青菜萝卜，各其所好。

古匣品类繁多，而百宝箱和文具匣等器物最受人关注。我收藏的一批箱匣中除有红木镜箱、贴盒和药箱等外，也有几件文具匣和印匣。而我一位朋友近年在拍卖会上拍得一件日本藏家旧藏的清康熙嵌螺钿竹节形文具匣十分精致，令我眼馋。此件文具匣造型奇特，工艺浑朴华丽。黑漆推光的器物上，所嵌螺钿精工细雕。多层的匣器上窄下宽呈梯形分布，四边支架雕成竹节形状，增添了几分雅趣。抽屉四面螺钿嵌山水人物，或踏青郊外，或泛舟湖上，草木树石光耀彩幻，如同置身于梦幻仙境。匣盒侧面通绘“琴棋书画”，文人气息尽显其中。而器物底部的“千里”篆书款，为清代康熙年间黑漆描金螺钿制作名师江千里的作品。江千里（秋水）是明末清初镶嵌漆器名师，所制作的各种漆器中尤以制螺钿小盘著称，旧时有“家家杯盘江千里”之说。嘉庆重修《扬州府志》载：扬州有名画家查士标，擅长山水画，另有漆器名师江秋水，擅长螺钿镶嵌。与张鸣岐铜炉、濮仲谦刻竹、时大彬紫砂壶齐名。朋友的这件黑漆嵌螺钿文具匣是名家佳构，也较少见，拍回来少不了得要花一大笔钱款。而我以为，世上的佳器不管最终归属豪门或书香人家，还是可能巧遇平民百姓，缘分是最重要的。我藏有一件清代老红木文具匣，数年前仅花百元购得，说来这是一种缘分和巧遇。卖给我的是位苏州近郊古镇上的书法爱好者。这位书法爱好者有一次看到有几幅录我名款的行书条幅在古玩地摊上贱卖。他认为我这书法写得不俗，怎么会落到了地摊上贱卖这田地。我与这

清晚期红木小药箱。

位书法爱好者后来相识了，当偶尔谈及此事我是有点儿难堪的。我说，记得应该是过去缺钱淘古董去与古玩商贩作廉价交换的。这位书法爱好者后来得知我特别爱收藏文具匣之类的木雕件，于是顿起“怜香惜玉”之念，做出“宝剑赠英雄”的举动，主动将家中一件清代老红木文具匣惠让予我。

收藏诸多古匣，可以实用兼玩赏。在匣中盛放点儿小巧精致且有文化味儿的又常用常随的物件，这是我对古匣收藏的一种情趣。每每在画桌前打开这文具匣中的一只只小抽屉，依次取出那些老墨、小香熏，以及印章印盒之类，这一天自娱自乐的书画活动就开始了：在装了墨汁的端砚里加磨些许老墨，可以使如今崭亮如漆的“一得阁”墨彩变得稍许陈旧古朴一点儿；而抽屉内的小香熏取出来是用作书画时燃香添雅的；那白芙蓉印章则备着为自作的书画落款之用……书桌上的文具匣掌管着这些东西，它们都是“芝麻开门”后的宝贝，让我闲时能享受它们带来的回味不尽的趣味和喜悦。

“金鱼王”与我的金鱼缘

我过去闲暇时喜爱养花弄草。后来因搬新家住在了五楼，高高在上。养花弄草如果要做大市面就需有大院子，或者备个大阳台，当然，如能有个屋顶阳台就更好了。但是，这些现在我都不具备，故而多年来我一直没提升对花儿草儿的情趣。养花弄草之事草草了事，间或在案头搞一两盆不需多折腾的文竹或仙人掌点缀点缀。这样，尚有余闲，便重拾起了儿时那份金鱼情结。后来，这份金鱼情结也化成了我一生的金鱼缘。

虽说如今闲来养花弄草也是雅事，但我觉得多养养金鱼更感觉鲜活有趣。你想想，每天能不用折腾，且能舒心惬意地在大玻璃缸前观赏五彩丹凤金鱼拖着长裙在水中徜徉，这多让人回味。爱屋及乌，养金鱼让我在收藏中对有关绘写金鱼的书画和图册等也徒起了浓厚的兴致。记得上世纪五十年代邮电部发行过一套“金鱼”的邮票。现在此套不满一元钱面值的“金鱼”邮票，因为把那些五彩鱼儿印制得花容月貌一般美丽，现市场价竟卖到了 4000 多元钱。由于金鱼的诱惑，不久前我也会发烧似的去邮市高价买回了那套金鱼邮票回来不时地玩赏一番。当然，如果有钱，能够多收藏些国内历代名画家绘写金鱼的佳作则更有藏趣了。古今国内画鱼之名家不胜枚举，全部搞定当然是异想天开，我国传统国画中画金鱼的一流名家如虚谷、吴作人、汪亚尘、江寒汀等人，所绘的鱼藻佳作都价格昂贵，再眼馋也只能看看拍卖会上那些上拍的预展罢了。好在苏州这个地方是吴门画派的发祥地，古今苏州的书画家们其本事和名声都还可以。素有“金鱼王”之称的当代国画家凌虚就是其中一翘楚。

说到凌虚，这位号万顷的老画家，1919年出生于浙江湖州一书香门第之家。1941年毕业于上海新华艺术专科学校国画系，师从邓散木学习书法、篆刻。后来喜爱画鱼藻图。这可能是他自幼在太湖一角的湖州地区长大，与江南之水所结的不解之缘吧。70余年来，凌虚的金鱼代表作已被中外各大美术馆、联合国儿童基金会等很多单位收藏。上世纪五十年代，他的画多次被作为国礼。如：《鱼乐图》册页一部十二幅1956年被周总理送给印尼总统苏加诺。1957年，一幅50尺长百鱼图卷“幸福的象征”又被作为国礼送给苏联领导人伏罗希洛夫。其后，美国总统里根、布什和苏联总统戈尔巴乔夫等世界名人亦收藏其作品。实际上，凌虚先生的中国画题材多样，兼善人物、山水、花鸟、鱼虫，尤擅画鱼藻，意境清雅、笔墨精练、情趣盎然、独树一帜，人称“画鱼专家”、“金鱼王”。“文革”期间，凌虚右腕骨折，伤残多年后改使左手作书画，更富拙趣。

中国的金鱼有一千年的历史，宋朝苏东坡就有：“我爱南屏金鲫鱼，重来拊槛散斋余”的诗句。在苏州，早就仰慕凌虚的名声。在国内目前尚健在的老画家中，以擅画金鱼为长的画家如排个座次的话，凌虚当之无愧可以排在一流画家的位置上。凌虚绘写的金鱼中，那些五彩丹凤、珍珠和水泡眼等，都是他的拿手品种。他手中画笔就像金鱼养殖专家的巧手一般，能育出一群群令人赏心悦目的五色鱼。尤其像那最令人珍爱的五彩丹凤鱼，经凌虚的画笔在宣纸上那么一勾画，一点缀，墨彩洒染的纸上，丹凤那斑斓的脊背下拖曳着彩裙一般的长尾，摇漾中那般优游自闲地觅食嬉乐，着实令观者迷恋不已。

我有一次借工作之便，采访凌虚后写就一篇有关他曾从事苏州桃花坞年画经历的特写，见报后我将文章送至凌老住处。他看后认为写得较为实际而不浮夸，高兴之余，竟当场表态说这两天什么事也不干了，要专心致志地画张拿手的“丹凤朝阳”予我。当时我真不敢相信这个被人认为“有傲气也有傲骨”的老头，这天竟会像童稚一般天真烂漫，主动地说要使出拿手绝活回报于我“桃李”。

素有“金鱼王”之称的知名老画家凌虚先生所绘的国画“丹凤朝阳”。

凌虚画金鱼画得出色，金鱼品种中，最致力的是那五彩丹凤。在历代书画艺术长河中，名家能出名作，能有自己的绝活和面目，这是画家实践和智慧的结晶。诸如人们所言“悲鸿画马”、“白石写虾”那样，笔下出彩的动物，凝结成了画家心灵间标志性的艺术。凌虚画金鱼，最令人叫绝的是他的五彩丹凤和珍珠鱼这两个品种。

自我有幸得到凌虚老人那张“丹凤朝阳”的金鱼画佳作后，我干脆就将它悬挂于卧室床前的墙壁之上，这样，躺着睡着也可以“鱼在眼前”，作卧游一般地观赏回味。

凌虚是画金鱼的“金鱼王”；而苏州还有一位素有“金鱼王”之

称的金鱼养殖专家王伯伯。

多塔的江南古城苏州，在古城城南的定慧寺巷内，有一对并蒂莲一般的双塔。而在这双塔附近的一处称为“王长河头”的小巷，就三十年代鸳鸯蝴蝶派作家、苏派盆景艺术家周瘦鹃的故居“紫兰小筑”之地，巧的是在离周瘦鹃故居不远的田园边，曾有一处上世纪五六十年代培育养殖金鱼的养鱼之家。这个金鱼之家的户主姓王，有着数十年的培育养殖优良品种的养鱼经验。这处当时苏州城里最大的金鱼养殖户“王记金鱼”，也是苏州金鱼养殖的一块金字招牌。在上世纪五六十年代，苏州园林、宾馆和苏州对外出口所需的各种金鱼优良品种，绝大部分都是来自这双塔边王长河头的“王记金鱼”养殖园里。

记得上世纪六十年代初，我还是个少年。那时闲来在双塔边田园里玩耍，常常会揣着一种童稚的好奇去这“王记金鱼”养殖园观赏金鱼。因为家住在离这不远的望星桥堍，那时穿过大街拐进小巷，沿着密匝的老宅墙根绕行，不多工夫便能走到双塔前那片老城区内少见的田园。双塔南面这片蛙鸣蝉唱的田园虽不够宽阔疏朗，但那丝丝缕缕总也飘散不尽的泥草野田气息，让人感觉这里有着老苏州永不消逝景象。

儿时的这片田园里最有情趣的还是那个养金鱼的篱笆墙园子。这篱笆墙如园林中的花格漏窗一般，能让人看到篱笆墙园子后面的一片老宅，目光掠过老宅的屋面还能望到双塔的两个塔尖。环绕的篱笆墙东边一处有扇竹篱笆门常常虚掩着，一如《桃花源记》中所言“门虽设而常开”那样，这里是处不设防的天地。

只记得这“王记金鱼”的养鱼户姓王，叫什么名字想不起来了。这个姓王的伯伯是个大块头，圆圆的，黑黢黢的面孔，一脸风霜雨雪但又十分憨厚慈祥的样子。所以我们附近的小孩都叫他“大块头王伯伯”。

王伯伯的金鱼园内有口大水井，雕花石井栏上长年染着太阳和雨雪的斑驳，十分古朴。这口养鱼人井绳天天七上八下的水井，是鱼儿们的乳泉，一桶桶井水吊上来经一口口空缸存晒数日后，再换进那一排排的大鱼缸内，鱼儿就有了新的生命之源。如今，那井边的吊桶整日里七上八下“嗵嗵”有声的吊水声仿佛仍回响在我耳畔，那是养鱼人充满生机的时光，似水一般一刻不停地滋润着田园和那宁静恬淡的生活。

说起这金鱼的培育和养殖，苏州地区向有传统的养育方法，且有多种优良的品种。其中，苏州“狮头”、南通“珍珠”、如皋“蝶尾”等，都是中国传统金鱼的特色品种。而这个“王记金鱼”养殖场里，除有苏州特色金鱼品种“狮头”外，其他如“丹凤”、“绒球”、“五彩珍珠”、“红帽子”、“水泡眼”、“乌龙”等，也都是这王大伯手下一等一级的良种。当时，苏州这个“王记金鱼”的鱼儿是出了名的，但王伯伯培育的这些苏州金鱼的良种主要都供给海内外各地的园林、宾馆和展览馆等等，所以，当时苏州的花木公司和各花鸟市场上基本上是看不到这“王记金鱼”养殖场里金鱼的。“王记金鱼”园的各金鱼品种中，最有名的金鱼是“狮头”和“丹凤”。说起这两种金鱼，如“狮头”，因其头部高高隆起类似狮子而称奇。王大伯手下培育的这种“狮头”金鱼身体短壮，头部着生有肥厚肉瘤，凸出如草莓状，特别发达，从头顶一直包向两颊，眼与嘴均陷于肉内，酷似一头威风凛凛的雄狮，有健壮之美感。同时，这种金鱼的尾鲖又特别粗大，头部与背部很宽阔，腹部左右凸出，臀鳍成双隐藏于尾鳍下，不外露，眼与嘴都陷入肉瘤内。据说，狮头金鱼头上的这种突出的肉瘤是一种病态，但具有遗传性，它的发达程度与饵料的质量、数量以及水质、水温等都有关系，也难饲养。欣赏这种鱼，主要看其肉瘤的发育程度，越丰硕

自家卧室墙上挂着凌虚先生惠赠的"丹凤朝阳"金鱼画和海上名画家曹用平先生的"梅花图"。

越名贵。

又如"丹凤"金鱼。丹凤，也叫蛋凤，是蛋种金鱼中的一种。这种鱼有光滑流畅的背部线条，其最大特征是那如风中飘扬的衣裙一般的秀美尾鳍。王大伯的丹凤金鱼里有一种蓝丹凤特别诱人。这种被人称为清水蓝的丹凤金鱼，其鳞片呈银蓝色，体表被一层银蓝色的鳞片所覆盖，在阳光下闪闪发光绚丽夺目，加上随波而动柔软而秀丽的长鳍，就会让人联想起不食人间烟火的仙女飞舞在天空之中，飘逸在云层之上。蓝丹凤一直都是丹凤金鱼种类中的奇葩。所以中国的古人一直把蓝色的金鱼称之为天仙子，真可谓一绝。根据记载，丹凤金鱼出现于 1950 年，色彩多样，其中很多品种曾风靡于上个世纪 60 年代。蓝丹凤，紫丹凤，五花丹凤，凤尾鹅头红，都算是丹凤金鱼当中比较响亮的名字。根据资料记载，1963 年的秋天，日本对外贸易大臣访华期间，曾以30尾日本锦鲤向我国北京动物园换取30尾五花丹凤金鱼。可见当时丹凤金鱼足以算是中国金鱼中身披光环的佼佼者。

这位王伯伯培育的金鱼如此珍贵，王伯伯养鱼养得这么好有何诀窍，要寻找这个问题的答案，我后来通过百般打听，终于找到了一位过去熟悉王伯伯的养鱼爱好者顾师傅。他向我介绍了过去王伯伯养金鱼的几种基本方法。王大伯的养殖园内当时置有六十多口黄砂金鱼大缸，一口水井和几处小型的金鱼育苗池等。王大伯两间屋子也坐落在园内，平时吃住和干活全不出这圈篱笆墙的院子。从金鱼育苗池，到黄砂大缸，再到最后育成良种装箱出品，这金鱼的配种、孵化、饲养都是一条龙养殖。那些刚孵化出来不久只有指甲大小的鱼苗，在王大伯的精心培育下逐渐成长起来，半年时间就有十多厘米长了。

回眸那过去的岁月，双塔边那王大块头的金鱼园让这片田园多了一份鲜活和丰茂。可是后来我已记不清这处金鱼园是何时地老天荒人离散的。只记得在上世纪六十年代后期苏州的一个多雨的初夏，大水漫延着这片田园，王大伯的那个金鱼园亦未能幸免，地上的鱼缸一时全被连日大雨涨满的水漂浮而起，鱼儿们从金鱼园的水缸里游出来，游到了金鱼园的篱笆墙内外，游到了田园各处的田渠里，洼地里，道埂旁……

游鱼四散，这下可喜煞了城里的那些孩儿，大家闻讯个个都赶来赤脚趟水抓金鱼。养金鱼的王伯伯这时真是碰到了天灾人祸，欲哭无泪，一个平静的岁月就这样被搅乱了。记得那多雨的日子过后，邻里那些去田园里捞金鱼的孩子捞回了不少如红帽子，凤尾，狮头，五彩龙种等名贵的金鱼，一条条养在了家中脸盆里，茶缸里，但没多久这些娇贵又可怜的鱼儿都一一死去了。

双塔前田园里这片篱笆墙金鱼园什么时候消失的，以后我没专门留心去考证。新城更替的岁月脚步很快，后来这里的整个田园区域都圈地造了新宅，老苏州乡野风光早已被密匝的楼房替代，哪还会再保留那片篱笆墙金鱼园的旧址和老去的风景呢。

只有记忆是抹不去的。凌虚先生赠我的这幅“丹凤朝阳”金鱼画，也撩起了我对金鱼往事美好回忆的梦境。

笔墨丹青绘园林

一辈子与苏州园林结下了笔墨情缘的孙君良先生，笔下的园林与心中的园林早已成为了他生活中两个不可分离的孪生姐妹。

钟爱画园林境界的孙君良先生，如今把自己那苏州葑门边的居家小院也搞得那般清雅幽静，鸟语花香。小院曲廊蜿蜒，垒砌的太湖石假山畔，蓄着一方池塘，塘内有养眼的睡莲和红色金鱼，与园内遍植的罗汉松、枣树、石榴等树木花草相映成辉。院内一隅筑着一间古色古香的大画室，这便是孙君良每日静思作画的“快绿轩”了。就在这间开门临池见亭的“快绿轩”画室内，孙君良笔下的每一幅园林天地都呈现着清新而丰茂的水乡情韵，构成了他浩浩园林长卷中千姿百态的江南风貌。

散珠一般的名园，在苏州古城内外的各个角落闪烁着它历史不灭的光芒。徜徉中寻觅这些名园像寻觅古诗中隽永的佳句一样，其中的幽深和其精妙，如同奇山异水峰回路转，一切都萦绕在心间久久难以释怀。苏州园林是品出来的，那些随着举旗导游听简介的游人固然可以领略一番园艺叠山理水的意境，略知人与园林命运浮沉的零星往事与奇闻，但是他们在名园面前仅仅是一位匆忙的过客。星移物换，名园的景物却依然清晰，留园曲溪楼与远翠阁虽近在咫尺，却给人有隔山隔水隔季之感；拙政园香洲一带的远香堂、小飞虹、荷风四面和见山楼环绕映衬，构成园中绝佳胜景；网师园园中园明轩小中见幽广，极尽园中精华；沧浪亭更是依山林、临碧水，取意于天姿野趣，使人领略大自然扑面而来的气息，随身心于尘寰，抵达物我两忘的境界。

画园林，实际上是一辈子在读园林，品园林。一生醉心于画园林山水的孙君良出生于与苏州近邻的无锡锡山。按孙君良自己的话来说，自幼喜爱画画，画园林山水至今完全是无师自通。但无师自学却更能激发出君良先生博采众长的灵性，也更使他的画笔精骛八极，心游万仞。

孙君良先生作画以苏州园林和江南山水风光为主，具有吴派清新典雅之风和鲜明的个性特色，他的作品多次参加国内的大展，并被

苏州国画家孙君良先生绘制的苏州园林国画长卷。

苏州国画家孙君良先生绘制的苏州园林扇面画。

中国美术馆、江苏美术馆、中南海、人民大会堂、钓鱼台国宾馆等收藏，作为中国美术家协会会员、国家一级美术师、苏州国画院名誉院长、苏州市美术家协会主席的孙君良先生，画园林至今已成就斐然，并出版有《孙君良作品集》等大型画册和专集十多部。

听枫园如今是国画院的园林天地。记得上世纪六十年代，苏州国画院在怡园湛露堂内成立。其间画院随岁月更替也是几经辗转，其后迁址拙政园远香堂；七十年代又搬迁入狮子林，八十年代中期再迁入经过修葺的听枫园至今……喜爱画园林山水孙君良就是这样有幸一直随国画院几度搬迁，但仍形影相随不离园林，这或许是一种前世修来的缘分，也是他从小就向往园林山水精神天地的情缘。至今每每忆起与园林的这种神交，似乎仍同昨日一般。孙君良说，还记得自己十多岁时参加华东地区一次画展时，画的就是一幅苏州狮子林园林胜景。这似乎就是一种心缘的投合，是与生俱来的一种神会了。

同样，孙君良先生一生相随的国画院似乎也天生与苏州园林有缘分，几经迁徙仍与园林朝夕相伴。这样，一直在国画院中挥笔泼墨的孙君良先生，也有更多的时间与苏州园林长年厮守，零距离接触与交流着，这给了这位习画就从园林山水写生开始的画家有了一片永远那么幽宁雅致的氛围和属于他心中的精神家园。

生长在园林城市中读园林，厮守相伴于园林中画园林，心脑耳际活生生的园林天地，笔墨间墨彩淋漓的纸上园林，孙君良画园林正如苏州女作家吕锦华一篇《纸上园林》的美文所述的那样：孙君良以画园林而著名，走进君良的画中，你也就是走进了苏州千姿百态的园林中——尽管这些都是纸上的园林，但当你站在它们面前时，你分明能听到小园深处泉水流淌的叮咚声，听到假山后面竹林摇晃的沙沙声，看到风卷荷叶月移西窗，看到秋雨横塘荷花烂漫……在江南，画园林山水的画家应该不少，但能像君良画得如此炉火纯青出神入化的，实在不多，而且，君良的园林画中有一种最宝贵的东西，那就是“文化”。

确实，孙君良长年与园林相伴，与园林为友，这并非仅是被园林清幽的氛围和美景所陶醉。孙君良在一年年默诵名园和挥笔点彩，寻找的就是这源远流长的吴地“文化”。

我们这座古城是孕育园林的城市，山林野趣，庭院情韵，都在古城胸襟间的园林里得到完美的融合与体现。在苏州古城，从事山水、花鸟的画家人才济济，但笔触涉及园林并有着深厚造诣的却凤毛麟角。而画家孙君良先生数十年来徜徉于丹青山水，对苏州名园秀色情有独钟，他笔下的一幅幅园林画卷看似犹如人间仙境，世外桃源，但再细细品赏，又觉得与人们现实生活中的苏州古城和园林天地那么的贴近。按孙君良自己的话来说：“江南园林，四季分明，春花秋月，夏荫冬雪，各有境界。四季花木与湖石、假山之融合，亭阁楼台与斜廊曲栏之交错，使园林景色变化万千。由于空间之局限，园林不似真山苏州国画家孙君良先生绘制的苏州园林小品一组。

真水那样丘壑迭现，层次分明，所以画园林除了写生和对传统山水画的借鉴外，更重要的是对园林精神的把握和对园林意境的发掘，便限于水平，仍不能表现园林美之万一，但从赏园、画园的过程中逐渐提高对中国文化精神的理解，也加深了自己的认知和感悟。"

正是由于对园林精神的把握和对园林意境的发掘。孙君良通过数十年的笔墨探索，逐渐跳出一般画家囿于传统古法的笔墨构架，跳出"匠气"与"小气"，于细致精微之中寻求江南大山水的风情和意蕴，糅合自己的艺术想象，把一个个充满"江南味"的私家园林融于江南无限广阔的天地里去。这样的园林在人们的心中是更胜于天工造化，且自然开豁意境深远。

擅长画园林的孙君良先生最先沾墨投笔于传统的山水画，经过多年艺术锤炼画风不断嬗变，从年轻时山河湖野舒卷苍茫之气走向了一生追求园林天地的幽雅宁静、质朴淡远，使人享受园林意境所浮现的和万千佳境。江南园林是由建筑、山水、花木等组合而成的一个综合艺术品，富有诗情画意。叠山理水的造园艺术十分注重“虽由人作，宛自天开”的境界。作为园林山水画家的孙君良先生同样将笔下的园林作为他理想情致中的精神家园，所展现出来的园林天地既是现实的又是浪漫的，使我们这些久居园林城市的人感觉亲近而又陌生。我在孙君良先生的《当代中国画名家邀请展作品选》、《孙君良画集》、《孙君良扇画小品集》等多部画册中感受他泼墨点彩的“造园艺术”，觉得每一幅都那般精心别致，又那般自然洒脱。如一幅为“月下好独坐”的园林画作品，画面取白居易“松声”之诗意。夜半松黑，苍茂峥嵘，松石间亭榭内有人独坐赏月听松，整幅画面黑松擎天，大气磅礴，层层密密的枝叶间那松涛仿佛与众树的枝叶在一起奏鸣。这种颇显壮美的园林意境在孙君良笔下独出机杼。又如另一幅《江南瑞雪》图也出自园林。园中那大座大块的太湖石以及成片的草木和亭台廊阁均被一夜飞雪尽染，但池塘的四周仍茂盛着成片田田绿叶。这就是江南园林，历经霜雪，春意未凋，那白雪覆盖更能装点园的素洁无瑕。

在孙君良众多园林山水画作品中，除他那一幅幅由笔墨巧妙组合而变幻无穷的意境外，给人留下深刻印象的还有那园林景象跃然纸上的动静相间的韵律。图中的亭石楼阁桥廊等都是恒久不变的建筑景观，但园内的草木和池水以及游人都充满勃勃生机，随四季而姹紫嫣红；随风霜雨雪而神采焕发。孙君良笔下那静谧的山石亭阁总有成片松竹梅莲等草木百卉遍布。每当清风徐来，总有竹影摇曳，松声传响；抑或雨打芭蕉，波动莲荷。廊中老者品茗观雨，对弈或弹琴，富有动感的笔触将园中的一枝一叶渲染得那般精神，于自然幽静中展现生命之活力。正如孙君良先生自题扉页画册《园林心境》所曰：身居城市，受尘事纷扰之苦，遂有江湖林泉之想，叠石疏泉，种竹养花，营造一种幽雅宁静的天地。园林为封闭寂寞之地，其实不然，石间林下，俯可观鱼游春水，仰可望云卷秋空……不必江上山间，自可与宇宙共呼吸，于此找到与大自然之契合。

孙君良认为，与北方园林不同，江南园林四季分明，春花秋月夏荫冬雪，呈现出精彩纷呈变化万千的气象，如何找到表现客观对象和主观感受的结构模式和笔墨程式是十分重要的。强调个人风格的鲜明性是现今画人所共识，个人的图式和“符号”是形成个人风格的重要条件。缺少图式、强调客观易流于自然主义的模仿，但如忽视大自然的丰富多姿而以一两种模式来表现就必然会流于重复。主客观的矛盾是永远存在的，关键在于每个作者不断的实践和对度的把握。君良还认为，山水画，平远最难，就是明四家画里的江南也多高远、深远。山多陡峭，水多溪流泉瀑，境皆实，少见山色空蒙、水光潋滟平远之景。而江南之景山明水秀，江河纵横，阡陌相连，古镇小村，长桥古塔，皆天然图画。江南之山山势平缓，少北方连绵大山之雄浑，但灵秀多姿，竹树果林掩映，山村水廓相偎，更近人间烟火而令人备感亲切，江河湖泊无尽，藕池菱塘，蟹簖渔庄穿插其间，生意无穷。

实际上，对一位长期生活在园林城市的画家来说，画园林似乎是耳濡目染、水到渠成的事。苏州园林是苏州古城的金字招牌，苏州画家画苏州园林应该是拿手好戏的特长。但是在艺术上，往往是“不识庐山真面目，只缘身在此山中”。很多画家可以至善至美地尽情描绘园林秀色，但往往也容易将园林画成一幅幅摄影式的画作，将园林固囿在一个狭小的天地里。而孙君良笔下的园林境界与如今现代化生活节奏下人们皈依自然的心境能完美地相互契合，孙君良园林山水画正是用这种建立于园林艺术和自然山水之上的心灵境界，让人们于品赏之中寄托情思而遐想联翩，同时他也在这一契合点上找到了自己最富有表现力的绘画语言。

印香炉的趣味

近儿年来，南方收藏界在古玩杂项中，对一种带有印模的香具十分感兴趣。这种肚子里藏着印模的香具叫印香炉。可能因为赏用起来很有趣味，这种过去曾一度点燃文人商贾闲情逸致的玩艺儿，在沉寂了近一个世纪以后又重新唤起当代人的闲情逸致。

上了年纪的印香炉在如今古玩市场上已不多见。可能是众多藏家在近几年“英雄所见略同”，发现了这种玩艺儿赏用起来别出心裁，意趣无限。于是你争我夺似的，大家差不多“踏遍青山”般地找遍了古玩市场的每一个角落。这样一来，哪还会有多少货真价实的印香炉等着你去淘宝捡漏呢。

不过，如果早十年的话，古玩市场上这类东西还是时不时可以淘到一只两只的。我对炉具的偏爱可从印香炉推而广之，那些小巧玲珑的铜香炉、熏炉、手炉、袖炉，由此爱屋及乌，有一阵连那种旧时民间脸盆般大的铜脚炉也拢入了我的收集视野中了。不过，最后想想，收藏还是要有个主次，真爱与偏爱的天平上，印香炉的雅趣给我增添了“爱的砝码”。我收藏的最好的一件清代白铜印香炉是从一次拍卖会上“铁板打钉”,在众多竞拍者“虎口拔牙”硬“敲”下来的。这件出自某文物商店旧藏的长方形白铜印香炉呈现一种静穆的气象，高高叠起的炉盖布满网状回纹,是印香炉最典型的款式。

在闲聊印香炉之前,先必须聊一下熏香炉。熏香炉是香炉中的一种,又可简称熏炉或香熏。熏香炉是古代焚香的器具。烟气从炉的镂孔中散发出来,既可熏衣,又可调节室内空气。其考古资料显示,我国在汉代就已出现了焚香用的熏炉，比较普遍的就是用青铜制成的所谓“博山炉”。炉体呈半球形,上有镂空的山形盖,以便香烟缭绕。在室内熏香之俗,在我国延续到清代,从皇室到豪门贵族一直把室内熏香作为一种时尚。而作为熏香的必备器具熏炉,自然也就有更高的追求,不仅要有满意的造型,更要制作精美。熏炉用炉内散发出的香味熏衣时，温馨高雅的气味给人带来了心情的愉悦，在古诗文中就有“无不熏衣剃面,付粉施朱”的词句,这是对古代熏炉的历史写照。

熏炉在我国古代人们的生活器具中,也应算作一个门类。熏炉在质地上有青铜、铜、陶、瓷、玉等,在造型上有长竹节柄式炉、博山炉、豆式炉、鬲式炉、鼎式炉等,可谓丰富多彩。至于香料的来源则分为植物、动物两大类。植物香料包括沉香、檀香、丁香、乳香等；动物香料主要有麝香、龙涎香等。把它们或一种或几种放入熏炉内焚烧，借助温度把芳香施于炉外的空气中。熏炉这种器物都配有炉盖，高高隆起的炉盖都是镂空雕制，以利焚燃的香烟散发。那

清代白铜长方形多层印香炉。

清代圆形印香炉。

些高爽丰满的炉盖塑有如麒麟、狮子、松鹤、辟邪等祥兽的形象，十分雅致美观。有些炉盖上面镂空雕有各种几何纹饰和图案，有点儿像古典园林中的花墙漏窗那样古雅秀丽。古代铜熏炉炉盖除有铜质材料的外，尚有不少是用紫檀、黄花梨和老红木配制，也是很古朴雅致的。熏炉炉盖是主人在焚香结束后为盖灭焚燃的烟火而备用的，实际上，炉盖有时候盖在炉顶也起到一种装饰效果。

古时候，用以焚香熏香的各类炉具中，还有一种就是这颇具趣味的印香炉。实际上，印香炉是熏炉中的一个特殊品种。说起印香炉首先离不开这印香。何谓印香，顾名思义，印香应与印有关系。宋代人洪驹父著有《香谱》，其中“香之事”部有“百刻香”一条：“近世尚奇者作香篆，其文准十二辰，分一百刻，凡然一昼夜乃已。”由此可知印香初备时有计时的作用，当然同时具香熏作用。同书“香篆”条云：“镂木以为之，以范香尘为篆文，然于钦席或佛像前，往往有至二三尺经者。”其他条目还载有“香篆”有多大、多厚，字画应刻多宽、多深的记述。依其叙述，这个“香篆”就像一个大印章，把“香尘”即香料粉末，填入香篆所刻的笔画中压实，磕出后就是要燃用的印香。到了明代，“香篆”已改用金属制作，且改刻篆为镂空，体积也逐渐小巧，由于这种变化，“香篆”之名也逐渐被“香印”取代，这“香篆”、“香印”实际都是印香的模子。与古时的香炉和熏炉不同的是，印香炉除了炉以外，还需配有印香模子和香铲等，这才能组成一件完整的印香炉。

历经岁月沧桑，如今存世民间的各类明清时期完整的印香炉已成为珍稀之物了。说到这印香炉究竟从何演变而来，自宋代开始，由于焚香形式的变化，旧有的博山熏炉和一般形式的香炉已均不适用，继后，印香炉便取而代之了。宋时的印香炉，如同今日烙饼用的平底饼锅，上加镂空盖子，炉底有支脚，较笨拙。到明代经文人参与改造，已不注重计时作用，逐步小巧美观。明人周嘉胄《香乘》、高濂著《遵生八长笺》均载有“香印”图式。

因印香炉是燃用印香的专门炉具，在发展中逐步形成与其他熏炉不同的模式，它的特点是多层，配有模子（香印）、香铲、香压等附件。清代初期，由于刻铜技艺的精湛，炉具制作更加精巧。光绪年间，江苏南通石港的文人丁月湖还特意设计了许多造型各异的印香炉，并编谱成书。清代中晚期多银白铜印香炉。其炉最普遍的形制是方型、长方型和圆型。炉身一般常有三层或四层，顶盖常有“福禄寿”、“踏雪寻梅”、“携琴访友”等书画镂空图案，精巧雅致。全炉四层套在一起严丝合缝。有些印香若做工再考究一些的话，其炉身四面还会分别刻有正草隶篆各种书体的书法，以及古鼎文玩和万年青之类的绘画图案。炉之第一层为盖，第二层为焚烧印香之用，第三层存放香印等工具，第四层存放香料、香水等。

我喜爱收集各种熏香炉。对于其中的印香炉更是兴致盎然。因其真正的上品印香炉现已存世不多，故而过去我凡每到一地的古玩市场，总是带着自己这双擅长“地毯式扫描”的眼睛悉心寻觅，但其结果每每又都是失望多于期待。直到有一次，在上海某拍卖会上全力而争得一件清代上佳的银白铜印香炉后，志得满满，此后一发而不可收，相继又觅得十多只不同造型和尺寸的古旧印香炉。

笔者还曾旧藏一件清末民初时期的“踏雪寻梅”印香炉。此香炉银白铜质地，光洁亮丽，高耸的炉盖四周镂雕精刻，玲珑雅巧，特别是炉盖顶上镂刻的古代“踏雪寻梅”人物故事图，和炉身四雕篆刻的博古纹饰，更显其印香炉浓郁的文人气息。而且，此香炉内部为燃香所需的篆香印模、香铲、香压等配件齐全，且保存完好，不失为古时一件难得的香具。可以说，像这类镂雕精湛的印香炉当属旧时富商官宦之家焚香及文玩之雅器。

苏州作家荆歌喜爱收藏古代印香炉。他曾觅得一只清晚期具有苏州地区炉具制作特色的锡点铜方型寿字纹印香炉。这只印香炉制作较为古朴浑厚，其炉身三层叠合精密，浑然一体，高爽丰满的炉盖上镂空古篆“寿”字环转缭绕，玲珑剔透，与一般清末民初那些比较细巧轻薄的铜质印香炉截然有别，当属制作者的手艺佳作，且也能反映旧时苏嘉杭一带铜作艺人讲究文人气息制作观念。

实际上，如今一些藏家收藏印香炉不只是摆设而已，它在我们今天的休闲生活的赏玩中仍具有其实用价值。一次，荆歌带着他那只宝贝香炉，在宝丰堂画廊与友相聚时现场演示了一回古时候燃用印香的方法。他先拿出印香炉中一只带镂空“寿”字的印模，将沉香粉末填进这镂空文字的空隙中后，再用香铲将铺着的粉末压实刮平后轻

清中期白铜“踏雪寻梅”人物图印香炉。

轻提出印模，一个带“寿”字形的印香就在炉中磕成了。然后燃其一端后盖上炉盖，此时，炉内一粒星火会十分缓慢地沿这弯曲有致的“寿”字不间断地绵延向前，直到最后燃尽，其间大约可有一个多钟头的燃香辰光。如有闲情逸致，慢慢品味那炉中袅袅沉香自那镂空的炉盖中缭绕而出，那若即若离，飘忽弥散的幽香让人清心而宁神。这正如荆歌所说的那样，焚香是一件文雅的事，高雅的事，是伴随着富足悠闲的生活而出现的。如果忙于生计，如果没有闲适的心情，谁会去点香呀！即使点了一炷香，忙忙碌碌的，也没有可能细细地去品它，用心灵体会它。

当代人对藏玩印香炉的趣味，我想，也许不仅是怀旧，也不仅是忙里偷闲的念想。有生活趣味的人，都可能会带着更多的新鲜想法去再现和品味古人那些曾经幽雅的事儿。

錾花铜手炉

现在很多人搞收藏,都相信需要有个群众基础。你收藏玩赏的这些东西，最好是过去家家户户都曾经有过的，爷爷奶奶们传下来过的，比如说这一只只昔日三九寒冬江南人常作为取暖用的铜手炉之类。

上了点年纪的人都不会陌生,旧时的寒冬腊月,在中国各地无论是皇宫贵族,还是书香门第,甚至黎民百姓之家,御寒暖手时都喜爱使用铜手炉这种暖具。手炉这种产量丰富的暖具,如今已与当代人的生活渐行渐远。在空调暖气充盈的日子里,如果再像过去的小姐少爷们那样捧上一只铜手炉来暖手消闲，好像有点为刻意怀旧而装腔作势了。现在的人收集过去的铜手炉,主要还是因为此类工艺精巧的老东西可以在闲时赏玩一番。玩赏的方式可以有多种,一可以拿在手中把玩,经手掌中日久地抚摸盘玩,盘熟炉上的皮壳包浆,铜手炉则会变得更加古朴光润。二可搁在博古架上,与香炉、熏炉一起作为铜炉系列藏品来陈列赏玩。三可吸取有些外国人对手炉的玩炉情趣,诸如像有些日本女子,就喜爱将中国式的铜手炉用来搞些插花活动。

作者在家中赏玩手炉藏品。

流行发展于明清时期的铜手炉，又称“袖炉”、“捧炉”、“火笼”，顾名思义就是暖手的工具。手炉虽说大多流行于民间，但由于其工艺精妙雅致，使这种过去民间暖手的用具成为既实用，且又可赏玩的物品。如今存世的实物以及文学、书画作品中，不时也能寻觅到手炉的踪影。清代著名宫廷画家陈枚在12幅《月曼清游图》中，就有两幅图画描绘到了手炉，其中“寒夜探梅”一画中有一位贵妇正怀抱一铜质镀金手炉缓步而行。该画作有御诗一首："卷信侵寻槛外梅，倚吟秉烛共徘徊，轻寒不进深庭院，女伴携炉得得来。”可见，精美的手炉常常被请进皇宫贵族的大雅之堂。

明清时期，手工艺素来发达的江浙地区的民间工匠在宣德炉工艺的基础上制作出了铜手炉。明代嘉兴制炉名匠张鸣岐最先制作出一种铜质匀净，光泽古雅的水磨红铜手炉后，以“张炉”为代表的江浙地区又出现了如王凤江、胡文明等制炉名家。当时，江南的手炉制作最先在浙江省嘉兴地区兴起。手炉在明末清初虽在嘉兴盛行一时，但是自清中期以后，传统手工艺历史悠久的苏州地区，其铜作工艺渐渐兴盛并取代了嘉兴的手炉制作业。关于苏州手炉制作业，清乾隆时期《苏州府志》载："郡中西城业铜作不下数千家，精粗巨细，日用之物无不具。"据《茶余客话》记载和故宫博物院院刊《明清工艺美术名匠》中介绍，明清时江浙一带包括苏州地区的铸铜炉名匠有胡文明、周文甫、蔡家、蒋抱云、徐守素、王吉、潘祥丰等，"皆名闻朝野，信令传后无疑"。清晚期及民国初年，苏州地区的铜作作坊仍有百余家，其中制作手炉、脚炉、水烟桶、茶壶、香熏、鸦片盒等铜器用具的名匠高手也有不少，以云鹤轩、大兴祥、施元记、姚春和等名号，赵一大、沈春茂、钟元兴、余永兴制作工匠较为著名。

明末铜炉名匠潘祥丰制作的瓜棱形红铜手炉。

从如今存世的名家手炉制品来看，主要以张鸣岐、胡文明、王凤江、潘祥丰、赵一大和沈春茂等人的精品手炉为收藏热点。各地拍卖会，及各地收藏品市场上偶有出现的高价手炉一般都是这些名匠的作品。据有关史料考证，张鸣岐制炉先于王凤江著名，而且张鸣岐还擅画善刻，在美术方面颇有造诣，故其制作的手炉品位很高，当时的人将张鸣岐的手炉呼之为"张炉"。张鸣岐系明代万历年间嘉兴人，原居谢洞（今嘉兴郊区新塍一带）。张鸣岐制炉样式丰富，工艺讲究，为人们所重，以致著名画家项元汴（墨林居士）"见而异之"，专门请张鸣岐为他制炉，其他地方的名人雅士也纷纷请张鸣岐制炉，一时"张炉"热手大江南北。以致到了清代，大诗人朱彝尊在《鸳湖棹歌》（鸳湖即今嘉兴南湖）中咏叹张炉之妙："梅花小阁两重阶，屈戌屏风六扇排，不及张铜炉在地，三春长暖牡丹鞋。"这里虽然赞的是张鸣岐制作的脚炉，但其手炉更闻名遐迩。长期致力研究明清铜炉、瓷器及古代文房用品的当代海上文物鉴赏家蔡国声先生对张鸣岐手炉情有独钟，他评价张鸣岐手炉，选料常用水磨红铜，其铜材可塑性强，铜质均净，光泽雅朴宜人，同时在配料上还吸取了明代初期宣德香炉的配料工艺，有少许金、银、锡、铜等多种金属成分，更使其手炉独具光彩。张鸣岐的手炉一般不大，手掌大小而已，炉的四壁较厚，其厚度达 1.5 毫米以上，炉身不加雕凿，保持着厚重、浑朴、素净的特色，手感分量较重，其炉盖的工艺和炉身相比要繁复得多，纹饰是在几何化的冰裂纹框架内，再加缠枝菊、缠枝牡丹，以及梅花等花卉图案，十分华丽、自然和工细。它的艺术加工分敲打、拉锯、雕刻、凿磨等，尤其以浑然一体的敲打和细致入微的水磨工艺最具特色。四百余年至今，可以说"张炉"的内外炉壁均无锈斑痕。故如今市场上常有仿制"张鸣岐制"名款的手炉出现，因其铜质及工艺均达不到"张炉"的水平，一般行家还是能辨其真伪的。另外，张鸣岐手炉的款式多种多样，就其底足而言，有平底、圈底、奶子三足底和回纹器足底等，皆用整块铜料锤打敲击而成，决无钻嵌焊铸之痕迹。"张炉"的小巧玲珑除了工艺特色外，在使用上也优点众多。其一，它的炉盖与炉身盖合紧密，虽经数百年的流传，千万次的开合亦不变松；其二，炉中的火炭甚炽，而炉体的外部却不过热，若以布护之还不烫手，而保暖的时间亦长；其三，"张炉"的胎

清早期红铜圆形手炉。

壁厚、铜质细，转折处理得体，所以“张炉”至今不大有瘪凹和变形的。据有关著作记载“张炉”制成后，炉上可立一成年男子而炉不变形。

继张鸣岐制炉之后，明清手炉制作名匠如嘉兴的王凤江、淞江的胡文明、姑苏的潘祥丰、赵一大、沈春茂等人的手炉，在“张炉”的影响下各具风格特色。王凤江和胡文明的手炉一般与“张炉”风格有近似之处，保持了原有的古朴雅致，小巧玲珑的特点。但王凤江手炉的选料更多采用黄铜合金的成分，刚制成的手炉金光灿亮，传世品亦依然不失光泽。王凤江手炉同样以小巧精致为上，尤其是炉盖上的网纹纹饰更精细繁复，变化多端，让人捧握在手使用和玩赏时有百用（看）不厌之感。据《考古偶编》一文载：“有宣德彝器谱足资考证，手炉帽炉紫铜者以张鸣岐所制为最；白铜、菜花铜以王凤江所制为最；皆工整而灵动若胡文明紫铜錾花鎏金炉。三人制作亦为一时名手后所不能仿。”胡文明的手炉，显然更注重造型的雕塑感和立体感，因胡文明又是明末时期铜香炉、熏炉的著名铸炉工匠。铸造的铜香炉庄重而华丽，又擅长于炉身炉壁的凹凸浮雕和镂刻工艺，故胡文明的手炉常常参考采有铜香炉、熏炉的造型，经失蜡工艺铸造成形后再进行精雕细刻，还常在炉盖及炉身四周施以鎏金或错金银等工艺，使手炉更显雅丽华贵。

明末清初的潘祥丰，也是一位制炉名匠。据有关资料显示，潘祥丰是邻近嘉兴一带“吴根越角”的人，但也有说是明代姑苏的制炉高手。因古时候人们认为手艺人的制作大多不过是雕虫小技，不足以名载史册，故有很多像潘祥丰、赵一大、沈春茂等当时著名工匠的传略如今基本无从进一步考证。但是，从现存的零星地方史料中还能略知一二。更多的是从这些名匠存世的手炉作品中辨知他们制炉的高超技艺。潘祥丰的手炉现今存世较多，各地的拍卖会上也常有潘祥丰的

清“渔樵耕读”图錾花白铜手炉。

手炉精品出现。潘祥丰手炉大多选用红铜和水磨红铜，虽炉身皮壳不太厚重，但造型变化多姿，海棠形、瓜棱形、八角形等等，十分不一般。而且炉盖与炉身特别讲究凿刻，并常饰有花鸟、八宝、暗八仙等吉祥图案纹饰。当时有人认为潘祥丰制炉过分考究精致的图案纹饰，有些手炉过于繁复花哨，有流于世俗之味。但多数使用过“潘炉”的人却认为潘祥丰手艺高超，手炉制作得很讲究，品位也不低。实际上，潘祥丰的手炉制作是在吸收了江浙地区传统民风民俗文化的基础上进行艺术创新，最终研制出了属于他自己风格流派的手炉精品。

晚清至民国年间苏州两位手炉名匠赵一大与沈春茂，他们制作的手炉以小巧玲珑和精细入微见胜。手炉常用含银量极高的银白铜做原料。手炉器型变化不大，以小巧的圆形和椭圆形为主。这两位工匠制炉时都注重炉盖的精雕细刻，炉盖的网纹常交缠着多种花案，且又呼应对称，变化多端且繁而不乱。赵一大的手炉还常在炉柄上做文章，主要有竹节柄、藤柄、錾花柄等等，但他们制炉从不考究在炉身四周雕刻图案，保持了明代手炉素雅简朴的特色。实际上，像赵一大和沈春茂这种繁简有度的制作也是清末民初制炉名匠们追求的一种品位。

如今，从各地民间存世和藏家们珍藏的各种铜手炉来看，其器型丰富多样，圆形、长方形、椭圆形、六角形、八角形、瓜棱形、梅花形、海棠形、龟背形等等不一而足。手炉除讲究器形外，最出彩的工艺是它的炉盖和炉身部分。精美的手炉其炉盖制作常常是精雕细镂，穷极工巧，炉盖上各种精美的几何图形犹如古典园林中的花墙漏窗一般雅致。一些珍贵的铜手炉不但炉盖精巧玲珑，炉身四周也常雕镂錾刻着山水人物与花鸟奇珍的图画，有的錾刻的山水人物甚至还使用了错金错银、烧蓝及镶嵌银丝等特种工艺，使手炉炉身上的图画更具立体感，更加光彩亮眼。

据史料记载，明清时期那些配有炉盖的铜手炉，是受了香炉，特别是熏炉器形的启发制作而成的。古朴雅致的熏炉给手炉制作带来了很多启示，应该说手炉的造型是最接近熏炉的。手炉炉盖上那些千姿百态的纹饰有不少也是受到熏炉炉盖纹饰的影响。熏炉都没有炉柄（提柄），而手炉大多数有炉柄，但也有少数的手炉没有炉柄。没有炉柄的手炉一般都很小，是袖珍式的手炉，冬天那些富家子弟和书香门第中的小家碧玉暖手时，小小的袖珍式手炉可藏在宽宽的衣袖内，故而旧时人们把这类没有炉柄的袖珍手炉称之为“袖炉”。小巧玲珑的袖炉大多做工精细，造型一般也都类似熏炉的圆形、方形和椭圆形。作为一件既可实用又能把玩的袖炉，它似乎兼备着手炉和熏炉两种炉具的性能。袖炉像熏炉这样没有炉柄儿，有时不暖手了也完全可以当作熏炉来熏香了。

从如今存世的明清手炉和各类名家名匠制品来看，极大部分为铜质材料。所以手炉的工艺制作主要是铜作。制作手炉一般都是将铜材，或失蜡浇铸后的铜手炉雏型进行轻捶细敲和錾揲镂刻等。工匠制作手炉的冷作工具一般有木榔头、搭柱、凿子、扶钻、锉刀、刮刀、作凳、铜焊等。木榔头用以敲击捶打手炉器型，扶钻用于打眼，各种大小宽窄的锉刀主要是精修手炉炉盖的网眼及炉柄等。手炉炉身的图案纹饰则要运用各种规格的凿子进行錾刻而成。工匠在手炉加工制作过程中，只有熟练地运用手中的各种工具，才能将高超的技艺融入自己的创造和想象中，融入手中錾

清初“潘祥丰”款瓜棱形红铜手炉。

揲镂刻的铜器之中。

就拿手炉中的“苏式手炉”的制作工艺来说，制炉的生产工具和设备并不高档奢华，主要是纯手艺活。苏州地方志中记载有这样的民谚：“吃煞太监弄，着（穿）煞旧学前，做煞河沿街”；“铜匠师傅出风头，青布短衫一套头”。其意思是说：过去的吃喝，在苏州城中心那条太监弄美食街上；要穿衣，在古城城西部那条叫旧学前的街上；而挣苦力钱的铜作业这一行，全在苏州城西南那条河沿街上。不过，像制作手炉这样的铜作活儿让人看了也很风光，所谓“铜匠师傅出风头，青布短衫一套头”，就是指苏州铜匠艺师们在铜作时展示的衣着和强壮的体魄。精巧玲珑的苏式手炉就是在铜匠师傅的手下这么“笃笃笃、当当当”地敲打了出来。“盈盈一握在手，满脸春风拂面”，苏式手炉过去大都是为家庭生活富裕的江南女子制作或定制的。有的富商之家闺女出嫁，在铜作铺里定制一对手炉作为陪嫁物，手炉选用水磨红铜或银白铜材质，所制的手炉炉上刻花绘凤，精致无比。这样精美的陪嫁物品也显示着江南地区富商或书香门第家庭主人的身份。

清末银白铜鹊梅图手炉。

我多年来关注明清铜手炉收藏。至今已觅藏有明清制炉名家潘祥丰、赵一大等数十只铜手炉。其中一只清代中期錾花细刻的“渔樵耕读图”铜手炉是我家藏的“镇宅之宝”。在铜制手炉中，錾花炉以工艺精致，且独具格调受人青睐。所谓錾花就是在金、银、铜器具上刻凿图案，使器具更具艺术性。据有关史料记载，“渔樵耕读图”与“竹林七贤图”、“东坡夜游赤壁图”、“渔家乐图”等一批传统题材的绘画在康熙年间颇为流行，以后延续至乾隆、嘉庆、道光各时期。这类题材的绘画大多表现在青花瓷瓶、粉彩瓷瓶、瓷插屏、笔筒、印盒等器物上。这只“渔樵耕读图”錾花铜手炉工艺之精实为罕见。此炉炉盖高爽丰满，上面精雕细镂着六角形和梅花图案，炉柄刻有寿字和钱币图形，炉身四周镌刻着一幅“渔樵耕读”图卷。炉身的一面，碧波茫茫的湖面上，渔舟归航，鱼跃人欢；湖对面山坡上，有樵夫数人在柴担旁小憩聊天，颇为自在。手炉的另一面，垂柳岸边有耕夫收犁牵牛归来。那边，宅院高墙内，师爷正在教太子读书，屋前湖岸，有书童在舀水……整个画面充满着田园牧歌式的风情，营造了一种世外桃源般的意境。

家藏的这些手炉如今都成为橱柜中的古董了。可今年冬天来临前，我突然生发了一种奇思妙想，如有时间去乡里搞点儿木炭，拿回来装进这铜手炉内，遇上那某个三九寒冬能在家悠悠然烘烘手，听听古曲赏玩赏玩，闲兴中再看着炉中那一般般淡蓝的轻烟自炉盖上袅袅而出，心里感觉还有丝丝炭火的清香入鼻，这种闲穆幽雅的氛围该有多惬意。

砚屏

在文人雅士们的厅堂楼舍或书斋案头，有一种屏风颇具装饰性和观赏性，那就是如今人们所说的插屏。插屏的个儿小巧，不像那些园林厅堂内坐地开张的地屏那样气势堂皇，仿佛一幅巨型壁画给人以强烈的视觉冲击力。书斋案头搁置的插屏，像咫尺天涯间的立体诗画，点缀着文人雅士书香天地里神游的诗境。

插屏中有一种称作砚屏的，这是屏风中最袖珍的一种，主要置于书桌的砚台的后面，作为为文人砚墨挥毫时既可用于挡尘，又兼可观赏的一种案头设品。素爱收藏文房雅玩的我至今已觅藏有多件砚屏。

在谈我收藏的这几件砚屏前，先来说说古代的屏风。屏风应该是砚屏的老祖宗了。《史记·孟尝君列传》中有“孟尝君待客坐语，而屏风后常有侍史，主记君所与客语”的记载，可见屏风之名在战国时期就早已有之。河南信阳战国楚墓出土的漆坐屏，虽属陪葬明器，然而制作技艺和工艺水平之高，令人惊叹。屏座由数条蟠螭屈曲盘绕，做工圆滑自然，加上彩漆的装点，蟠螭栩栩如生。屏风作为传统家具的重要组成部分，历史由来已久。起初我们先祖的家居陈设是非常简洁

明 双龙开光人物图铜雕研屏。

的，随着社会的发展，人们的物质生活逐渐丰富起来，而审美观念也发生了巨大的变化。于是，家具中的屏风制作也应运而生了。屏风的诞生，开始是专门设计于皇帝宝座后面的，经过一段漫长时间的发展，屏风开始普及到民间，走进了寻常百姓家，成了旧时人家室内装饰的重要组成部分。屏风一般陈设于室内的显著位置，起到分隔、美化、挡风、协调等作用。它与古典家具相互辉映，相得益彰，浑然一体，成为家居装饰不可分割的整体，而呈现出一种和谐之美、宁静之美。

屏风的制作形式是多种多样的，前期主要是立式屏风和折叠式屏风等。后来随着达官显贵和文人雅士赏玩的需要，继而又出现了一种以摆设为主的插屏。插屏大部分是搁置于主人厅堂条案和文人书斋几架案桌上的。小巧玲珑的插屏造型古雅，饶有趣味。古时候，王侯贵族及文人雅士对一些插屏的制作要求也颇为讲究，其材料主要有瓷器、玉器、象牙、云母、水晶、琉璃、大理石等；在镶嵌工艺上，还用了珐琅、翡翠、金银和红珊瑚等贵重物品；在插屏座架的选材上，明清时期主要选用黄花梨木、紫檀木、老红木、楠木等等，可谓极尽奢华。

由于明清时期的插屏融实用性、欣赏性于一体，既有美学价值又有实用价值。故而插屏的设计制作风行一时。从工艺上看，插屏的造型主要是长方形、半圆形、正方形或长形这么几种。插屏的中心是屏心，可以插进或抽出。屏心下面就是各种屏架或屏座。屏心的材料较为丰富，象牙、白玉、碧玉、大理石、瓷板画、水晶雕、红珊瑚雕刻等等淋漓尽致。插屏上面所展示的书画艺术也大都精雕细刻，并结合各种镶嵌工艺，使之俏丽又不失古雅，立体感也十分鲜明突出。屏架和屏座大部分采用木雕工艺，所制的木材根据赏用者不同的身份及家景条件选配选用，屏架和屏座的工艺雕刻系木雕中常用的深雕浅刻、漏雕拉花等等。特别是清代中后期，插屏屏架常用的漏雕和拉花工艺，吉祥纹饰、花草纹饰和图案形纹饰占了较大的比重，如灵芝纹、竹节纹、回纹、绞藤纹等等，使雕刻的红木类屏架和屏座具有较强的文化气息，也为这些古雅俏丽的屏心起到了很好的衬托作用。

明清时期的文玩屏风中，大理石材质的插屏较为流行。大理石插屏一般采用纹理天然如画的云南大理石作为插屏的屏心，这种不事人工绘制，画面得山水之美的大理石插屏具有天然造化神功之趣，受到文人雅士的钟爱。苏州留园五峰仙馆内一座大理石圆形插屏是园中一宝，也是中国古代文人大理石插屏中一件代表之作。因大理石产于云南大理点苍山，故名大理石或点苍石。早在唐代，大理石的观赏价值就已为人知。史称唐相李德裕素爱大理石，曾作诗赞曰："蕴玉抱清晖，闲庭日潇洒。块块天地间，自是孤生者。"自此之后的历代文人雅士都视大理石为珍萃，誉之为"天然石画"。留园的这座大理石插屏天然纹理如山岭逶迤，群峰簇拥，色彩由淡褐、淡绿、淡灰以及鹅黄等多种相互融渗，形成了大理石中最具变化多姿的丰富色泽。这种五彩石质称之为大理石中的绝品。此插屏的石面不仅硕大，而且其自然的纹理和色泽构成了一幅天然的"雨霁图"。令人称奇的是左上方有一朦胧的石晕，如云层中的月亮透散着淡淡的晕色。右上方有题，曰："此石产于滇南点苍山，天然水墨图画。康节先生有句云'雨后静观山意思，风前闲看月精神'，此石仿佛得之，平梁居士。"这座大插屏将明月、清风与山水集中于一块石面，使人于观赏中似置身于明月清风、云遮月掩的峰峦间，其无穷的意境令人遐思悠悠。

应该说，砚屏属于插屏中最小的一种。其用途是置于砚台后面作为挡尘，故有了砚屏的称谓。说到我收藏的几件砚屏，其中一件大理石砚屏得来不易。记得还是上世纪八十年代末的事情。那时候，苏州的古董交易还不像现在这样兴旺。城内的老街旧巷内正儿八经开古董店的没几家。即使有那么七八家开得忙忙碌碌的，也是以日常旧货为主的门面。诸如张三李四家的旧钟表、老烟具，王五赵六家的樟木箱、旧贴盒等等，都是些用后的日常杂什，只是有些儿年纪，作为陈年旧物给那些怀旧之人来挑挑拣拣，拾点便宜货的机会。真正经营上点档次的古董文玩的店好像只有两三家。其中，一家开在古城中心人民路乐桥边的“王记古董”可算当时有点名气的店铺了。这家古董店店面很小，但狭长的店堂内博古架、红木桌椅摆放得雅趣十足。因此店正紧靠苏州集邮门市部，那时古玩尚未真正兴起，可集邮爱好者的集邮活动却蒸蒸日上。每天，在这集邮门市部前那块空地上交换、买卖邮票的人总是熙熙攘攘。实际上，喜欢邮票、钱币类收藏的爱好者，对古物旧货也会有兴趣。“王记古董”店开在集邮门市部边上可谓是“近水楼台”，曾吸引了不少人淘点古董旧物来玩玩的念头，我就是其中的一个。现在细细回想起来，我真正收集上档次古玩的经历，应该是从这“王记古董”店

清 五彩大理石插屏。

清代云石石红木拉花砚屏。

清 山水图青花瓷砚屏。

开始的。

在“王记古董”店淘到的第一件文玩，就是清代红木拉花砚屏。此砚屏小巧雅丽，红木座四边都采用古代的拉花镂雕技艺，犹如园林曲廊间的花格漏窗一般玲珑雅丽，砚屏中间镶嵌的大理石屏面其尺寸比手掌大不了多少，但咫尺间有群峰逶迤，四周云雾苍茫，那微白的石屏间黛绿色的山峦图纹犹如一幅烟雨空蒙的山景，更奇的是群峰间还有“界破青山色”的一条山瀑飞流直下，使整幅画面又平添几分大自然的生命活力。

我当时看中此件砚屏后，经反复思忖最后决意要拿下。经多轮讨价还价后，店老板杀狠价要 400 元。你想想，八十年代末，这小小的红木拉花砚屏要价 400 元，是什么样的价格。当时的 400 元买巧的话可买到一只老红木八仙桌。店老板是“旧货鬼”，精明透顶心也黑。但你是“周瑜打黄盖，一个愿打，一个愿挨”。为此心仪之物，我在集邮门市部前卖掉了心爱的“苏州园林”、“桂林山水”等首日封。最后凑足了钱购回了这件砚屏。至今一直陈列在我家的红木画桌上。

另一件双龙戏珠古铜砚屏。这件明代中期双龙戏珠古铜砚屏，其器物整个体积不过香烟盒般大小。别看它如此小巧玲珑，但造型奇特，工艺十分精湛。这件古代铜砚屏上阶梯式的平面高低差参，上下各塑一条戏珠的苍龙，龙首均朝着一个方向，浑朴古雅。屏左右凹陷出两个窗口，中间均镶嵌有松树和老人，这不由让人联想起江南庭院围墙上那各种几何图形的花窗，玲珑而巧丽。据专家考证，这是一件古代文人在书画时实用兼把玩的铜砚屏。古时候，文人案头常置有竹雕笔筒、青花瓷水洗、印盒等等文具。考究一点的读书人家还会为砚台配一座挡尘的砚屏。砚屏选材一般用大理石、彩绘瓷板等，但用铜材铸成的砚屏比较罕见。

古时候的砚屏也像其他文具一样，常使用瓷、玉、大理石等多种材料制作。数量最多的当是大理石一类。诸如玉雕、象牙和漆器类的砚屏，应属于达官显贵家族案头的玩物，其作用已超出了一般的文具所限的使用功能，以摆设玩赏为主了。

观音像与我的“佛缘”

观音菩萨，是大乘佛教八大菩萨之一，常以其慈悲与智慧的愿力拯救苦难，因而也受到广泛的推崇，尤其在藏传佛教中占有重要地位，被奉为藏民族的保护神，尊为“雪域依怙主”。中国佛教信徒最崇奉的是文殊、普贤、观音和地藏这四大菩萨。四大菩萨中，又以观音菩萨的信仰最为昌盛。关于观音菩萨的形象，在印度佛经中被称为善男子，印度和中国早期的造像中，观音被塑造成蓄须的男子像，南北朝时期，一些造像的面部和服饰上开始具有女性特征。唐代之后，观音的形象完全女性化了。在单独供奉的各种菩萨造像中，观音的形式最多，最复杂。观世音主张“随类化度”，根据众生的不同身份和因缘，化作各类不同的身份度化，济世救苦。据《法华经》载，观世音菩萨的化身共有三十三种，又名“三十三观音”。

小时候就曾听教书的爷爷说过，古时候的百姓就对观音菩萨十分敬重，并作为其供奉的佛仙，家家户户都想请进一尊，安置在堂室至高无上的位置，燃上一炷香，让人生梦境中的无数回祈祷能唤来智慧无穷的神灵，普度众生于苦海之上，以达光明之彼岸。

现在我完全明白了，无论新旧之人，都是尘世间万物之一员。大众喜爱观音是因为它身上可以承载人间百姓太多的寄托。于是，凡尘间观音化生的三十三种世像也成了许许多多人家中的长物。于是，塑造观音图像的材料尽其所好，宣纸的，绢绣的，瓷器白玉，翡翠玛瑙，竹木牙角，甚至连红珊瑚、绿松石等都作为贵材来提升观音造像制品的等级。

清末牙雕“骑凤观音”摆件。

在各种材料塑造的观音中，以我之见，如除去价格昂贵的白玉外，德化白瓷和象牙雕观音应该属最受大众珍爱的一类。你看，德化白瓷观音，白润的瓷色中润透着淡雅的象牙黄，又如白玉般莹润，故俗称“象牙白”；而象牙雕观音像，其牙料经过漂染工艺后牙黄中泛闪着白润的色泽，且又有白玉的质感，亦称“象牙白”。这两种不同材料的“象牙白”观音似乎异曲同工，殊途同归，都从内而外确当地展现观音那种天使般的容貌和雍容大度，佛寿无量、白洁无瑕的精神气质。

我家常年供奉两尊观音像，一尊是用檀香木雕制，另一尊则是清末民初时填彩牙雕。两尊观音像材料不同，造型也大小有别。檀香木观音小巧雅致，而象牙雕观音则稍大一些。先说说这尊牙雕观音，它叫“骑凤观音”。细看此所雕的观音，正骑坐于一只翔落凡尘，昂首欲立着的凤凰之上。观音一手持“如意”，一手作“无畏手”手势。持“如意”之手是佛像中常见的持物形象，观音所持的“如意”法器是护法之用。而观音的另一手则作“无畏手”手印，该手印即右臂屈肘，右手上举胸前，掌心同外，五指自然舒展，寓意佛有无边的法力，布施无怖畏给予众生。佛经中所说的举手说法也是指此印。意思代表能解除众生的一切怖畏。这尊牙雕观音的面容舒展着淡淡的笑意，安详而又光洁。骑凤观音脚下那浮雕中缭绕的层层云纹，仿佛告知世人它来那一尘不染的九天云霄。

檀香木雕观音像。

骑凤观音，其来源与佛祖或仙人骑凤相似，可能是源于古代多种民间传说而生。其中有这样一则传说，说齐国有一位国君，在一次作战中失败，来到一条大河岸边，走投无路，后边追兵就要到了，危急之中，突然，一只大鸟飞到眼前，这位国君急忙骑上大鸟渡过大河，于是便逢凶化吉。古人后来常把这种“骑凤”的装饰放在建筑的脊端，以表示仙人骑凤飞行，逢凶化吉。

象牙骑凤观音是近年海外回流物品。自清晚期至建国初，我国沿海一带手工艺发达的地区曾有大量木雕、牙雕之类的工艺品出口海外。其中，各国的华侨和侨商也相继带出了一部分，作为礼品赠友或收藏欣赏。古代牙雕制品中最普遍的是神仙人物和瑞兽造像。这可能也是长圆形的象牙适合雕制和塑造各种神仙瑞兽之缘故。古代象牙雕的神仙人物造像主要是三种类型：即老翁、仕女、士夫、童子等；仙佛中的寿星、观音、弥陀、魁星、罗汉、八仙等等；外国人物有修女、圣母等。而瑞兽类牙雕则有狮子、麒麟、神驹、朱雀等等。象牙雕观音像，是牙雕中比较普遍的一种，但如今的收藏界，象牙雕刻观音造像似乎更受人关注。因为我也喜爱观音菩萨，这几年寻觅中想请一尊象牙雕观音来家供供。我粗略计算了一下，近两年为此在各地古玩市场逛过的店摊已不下万家，但想得一尊价格适中的明清牙雕观音却十分不易。其间，有不少古玩商，即使有那么一尊两尊的，要么说惜售自藏，要么开价离谱。总而言之，现在的明清牙雕观音人见人爱，奇货可居。不过，如从当今古玩市场上看，如果说算上民间存世，加海外回流的等等来估量，老一点儿的牙雕观音并不算奇货。只是可能爱佛像的收藏者“英雄所见略同”吧。大家都喜爱的东西，价值指数和艺术含量都是不言而喻的。

檀香木是生长在东南亚的一种名贵木材，与沉香、奇楠香、枷楠香等含有幽香的佳木一样，生长缓慢，数量亦有限。檀香木现在最多应用于小件人物造像和折扇等工艺品上。木料用后多余的碎木及木屑，还可以利用起来制成佛珠串，碎木屑可以磨成檀香木粉，是焚香的好材料。我收藏的这尊檀香木观音虽尺寸不大，约有六七公分左右高的样子。但做工极为细腻，尤其是观音的面相，雍容大度，安详且又恬静。仿佛在它的心中，世界凡尘的浮华喧啸、人事纷争，都在它的胸怀间化作一缕淡淡的烟尘，缥缈而散。我将这尊檀香观音搁置于陋室进门的玻璃柜上方，并配置佛龛一座。

我总认为，“佛”这个神仙，本就是信不信由你。要说佛缘，这说起来似乎有点玄乎了。但生活中就有很多与佛牵丝带缕的事，使人从不信佛到笃信，甚至诚信，坚信。说怪不怪，我初结佛缘是三十年前从一次游普陀山开始的。普陀乃全国著名佛山。游普陀时你能处处感受这海天佛国金殿辉煌的气象和梵音萦绕的静穆。佛用一种无形的博大慈悲和庄严感化着你，使我不禁也供奉一烛，念上几句心语。没料想的是，我游普陀时曾在去往盘砣石景区的山路上，在一处偌大的“心”字石崖边替他人拍照时由于粗心不慎遗失了背包一只，内有进口相机和钱物。事后失魂落魄寻找了整整一天，几乎跑遍了所有景区的工作人员办事点询问都毫无结果。即将离别的那天，我在绝望中见到了救星，竟然有两位贵州的游客，拾到我的遗失物后交到了地处“不肯去观音”殿边一个偏远的派出所。待我最后兜到那个派出所找到那遗失物时，那两位好人早已走远了。派出所同志告诉我他们为这遗失物能物归原主，特意赶很多路送来，差一点儿赶不上回去的航班呢。听到此事后我感激涕零，简直笃信在这“佛国”里皆是善人，又感觉可能至此已和佛结下了缘分。

我收藏这两尊观音像，又将它们作为神灵一般供奉起来，以寄托我如今掏自内心的一片虔诚之心和一份情缘，这是真话。

苏州“蟹八件”

“蟹八件”是旧时苏州人吃蟹时所用的八件工具。按现在人们的观念看来，吃一只螃蟹要如此兴师动众，使上这“十八般武艺”作甚，岂不是太折腾螃蟹，也折腾了人么。但这恰恰是苏州人过去会尽情享受口福的一个写照。

记不清是哪一天，我曾在苏州观前闹市的一条老街的旧货店里，看到一套民国年间的铜制“蟹八件”，并出了高价购回了它。此套铜件完整无缺，物件虽看似染上了点岁月沧桑，但其品相依旧不乏锃亮如银的光泽。看得出来，这套旧物如此完好，该是过去苏州大户人家食蟹必备的心仪之物。

生活在苏州这片水乡泽国的丰饶之地，那时的苏州人吃蟹的日子，好似在绢光溜滑的丝绸上享受刺绣一般，丝丝缕缕都镶嵌在了品味和琢磨中。旧时的苏州人吃蟹要动用“蟹八件”来助阵，这一架势倒并不是像当代人所言的“作秀”给人看，而实实在在是吴地人美食文化中的一种情趣。苏州阳澄湖螃蟹鲜美肥嫩，但这多壳多骨的大闸蟹却不像鸡鸭鱼肉那样轻易动筷就可大快朵颐。于是，一种可以将大闸蟹细细解剖得有滋有味的工具便应运而生。苏州人知道，吃蟹人如不懂这“蟹中门道”，如拿起来胡嚼蛮咬一通的话，这蟹便被白白糟蹋了，也正如苏州人所讽嘲的是“牛吃蟹”。于是，深谙品蟹之道的苏州人自然会对解剖刀一般的“蟹八件”情有独钟。

铜制的“蟹八件”精巧雅致，赏用两美。

用“蟹八件”中的铜槌“敲剥”螃蟹也别有情趣。

苏州人过去品蟹时手中所用的蟹八件，好比“庖丁解牛”巧用的牛刀一般。早在明清时期，苏州的文人雅士就将品蟹作为一种文化享受。相传苏州最初发明食蟹餐具的人名叫漕书，他为了吃蟹减少麻烦，吃得方便畅快，创造了锤、刀、钳三件工具来对付蟹之硬壳，后来逐渐发展到八件。“蟹八件”包括小方桌、腰圆锤、长柄斧、长柄叉、圆头剪、镊子、钎子、小匙，分别有垫、敲、劈、叉、剪、夹、剔、盛等多种功能。这些食蟹工具一般用铜制作，考究的则用白银制作。后来据说在晚清时期，“蟹八件”又演变成了苏州女孩的嫁妆。传说当时在苏州阊门，有位富商准备嫁女，其嫁妆丰盛，金银首饰、被褥枕垫，桌椅箱柜等有一百二十抬之多，好不气派。但在人们不绝的夸赞声里，却有一个工匠对富商挑剔说：“你家小姐的嫁妆九十九样，如再添一样‘蟹八件’，那就是真正的百全百美了。”富商是个食蟹迷，听了此工匠这番“讨口彩”的建议，二话不说立马请人连夜赶制“金蟹八件”。第二天喜日，这一抬书写着“飞黄腾达”的蟹八件引起了轰动，一传十，十传百，于是到了民国年间，这蟹八件便成了许多苏州女孩的嫁妆之一。

过去的“蟹八件”竟然如此受人推崇，也不难想象，这是苏州人传统饮食中一种“食不厌精”观念。喜欢把小日子过得有滋有味的苏州人，对于饮食的讲究自然不言而喻：每当热腾腾的大闸蟹端上桌，吃蟹人把蟹放在小方桌上，用圆头剪刀逐一剪下两只大螯和八只蟹脚，将腰圆槌对着蟹壳四周轻轻敲打一圈，再以长柄斧劈开背壳和肚脐，之后拿钎、镊、叉、锤，或剔或夹或叉或敲，取出金黄油亮的蟹黄或乳白胶粘的蟹膏，再剔取雪白鲜嫩的蟹肉细细品味。这一件件被轮番使用的“蟹八件”就这样交替发挥各自的功能，为食客们捧上了一道江南水乡最鲜美可口的盛宴。

刻铜墨盒

在文房雅器收藏方面，我对晚清时期的刻铜墨盒特别感兴趣。

晚清以来一度流行的铜墨盒，因小巧方便，可随身携带，被无数赶考的书生和喜爱交游会友的文人墨客所珍爱。大家喜欢这种铜墨盒是可以储备墨汁。开盒后，备有砚板的盒盖又可用以舔笔挥毫，铜墨盒的功能一时之间就大大优于过去所需的砚台了。铁笔铜盒的刻铜艺人又纷纷以刀代笔，在铜墨盒上镌刻出各种秀雅的书画，为书生们，文人雅士们挥毫时凭添些闲情逸致。

说起中国的传统刻铜工艺，虽然历史不长，但一经兴起便迅速崛起，盛行一时。从大量有关史料记载来看，刻铜工艺准确地说是来自錾花。錾刻的工艺由来已久，西周时期的青铜器壶身及壶柄上都刻有精美的线条，战国时期的很多青铜壶上都刻有大量的铭文，錾刻技艺日臻成熟。唐宋时代的金银器皿上更趋于精细。但中国最早的錾刻技艺都是作为铜器铸造中的辅助工艺，并未成一种独立的工艺品种。到了明清两代，錾刻才经脱胎变革而成为一种刻铜艺术。铜器工艺名师名匠们利用手中的刻刀，以刀代笔直接在铜器具上镌刻书画。这种独立的刻绘手法，到了清光绪戊子年（光绪十四年，1888），刻铜艺人陈寅生将其进一步完善和发展，并将推及至此后大量风行于世的铜墨盒及铜质文房用具等器物上。据文物专家周继烈在“刻铜墨盒小史”一文中考证认为，生活在清代同治至光绪年间的刻铜艺人陈寅生，凭自身的文化素养和天资颖悟，将书之法理，画之意蕴，任刀笔挥洒刻画，制出了一件又一件铜墨盒的精品，开创出铜墨盒上的刻铜艺术，引领了一大批刻铜艺师传承和施展刻铜才艺。

我们今天还能看到有很多很多的刻铜艺术，留在了大量存世的清代晚期同光年间和民国时期的铜墨盒上。由于当时，特别是自清末民初开始，大批传承中国古代刻铜工艺的能工巧匠的热衷，使这小小的文房器具铜墨盒有了广泛的市场和流传。北京地区以及全国各地的城市，制作铜墨盒的店家就有近千家。比较有名的店号、商号如万丰、松古、清秘、荣宝、永兴、吉原、一得阁、老万昌、天津鸿、三益祥、新盛等达上百家。铜墨盒的刻铜名家高手除开山鼻祖陈寅生外，还有张樾丞、姚锡九、孙华堂、石父、松泉、魏长青、徐焕荣、李文新、王景华等等。

作为刻铜工艺，虽说兴盛的时间不算太长，但在这一段时间内，刻铜艺术无论从镌刻品种、品类和题材等都是十分广泛的。当然，至今人们看到存世量最大的刻铜器物还是铜墨盒。当时的文人雅士、政官要人、商贾贤达，甚至平民百姓中的部分读书人等等，都喜爱使用和赏玩铜墨盒，所以，铜墨盒经制作和镌刻后成批量地投放市场。有不少墨盒还都是预先定制的，或送人，或赠友，或自用自赏。带有镌刻图案文字的铜墨盒一时成了时尚。

我比较留心关注刻铜墨盒，也收藏了一些精品之作。有意思的是，在我收藏的多件精品铜墨盒中，竟大部分得自于一次江西革命老区之行的经历中。其中，印象最深的是江西吉安古村的那次收获。

江西的吉安是星火燎原的革命圣地，中国革命的红色摇篮。当年毛泽东走上井冈山创建红色革命根据地时，离井冈山百余里的吉安古城也是红色政权的中心。1929年至1930年，工农红军在创建革命根据地的艰苦岁月中先后九次攻打吉安城，与国民党反动派展开了卓绝而持久的斗争，最后终于取得了胜利。毛泽东在《减字木兰花·广昌路上》一词中写道："此行何去?赣江风雪迷漫处。命令昨颁，十万工农下吉安。"这首词生动地描述了红军当年进军吉安时的场景，表现了红军高昂的革命英雄主义气概。

吉安山清水秀，古称庐陵，北宋时期出现了欧阳修、王安石等名人。在吉安城西约20公里处，有一个欧阳修后裔聚居的古村落叫钓源。钓源古村始建于唐朝末年，距今已有1100多年的历史，唐代末年，庐陵望族欧阳氏的一支迁居钓源繁衍生息，钓源欧阳氏与文坛宗师欧阳修同宗，历代以欧阳修为荣，人才辈出，有治国平天下的贤臣良将，有饱读诗书的儒士文人，有远涉湘、川、贵经商的巨贾。在达官、富商的精心营造下，到了清代，钓源成了显赫一时的大村。据族谱记载，兴盛时有1500多户，人口数千，有16条街路，每路36家店铺，誉为"小南京"。经近百年战乱人患，逐渐衰落，但从现存的古建筑的遗址之中，仍可推想当年的繁华。说起吉安这个钓源古村，如果你已曾经多次游览过江西、安徽等地的一些古村古镇，可能会感觉似曾相识：村口那泥石村路向远处山坡蜿蜒向上，宅前场院的牌坊高高耸立，那村落内的长道短巷，宅院重檐，廊桥楼阁，祠庙商铺，正携着游人的目光一同穿越

清末 携琴访友图刻铜墨盒。

清 “桃园结义”刻铜墨盒。

那时空隧道，撩动着怀古思乡之幽情。不过，这个江西钓源古村，有一道景致却与众古村截然有别，显露出独特的风采。那就是村上那个当导游的老村长，一个被人称为古村的活化石老人。

这位老村长如今成了钓源古村的导游，客观地说是钓源村独一无二的导游。这个独一无二，无论是对其古村的历史、文化，还是对古村的挚爱和理解，以及自身的修养和才能等等都无人能替代。在游客眼里，老村长就是钓源古村的一块金字招牌。

老村长当导游，这个活儿一干就是十多年。这个老村长今年已经七十好几的人了，可一副鹤发童颜，每当在游客面前摆着造型将钓源的历史来个开场白的时候，老村长的神情简直就像小小淘气鬼学唱老生马连良的京腔一般；而当往下依次一一介绍村里的人文历史来更是手舞足蹈，伴着那抑扬顿挫的声调不停地变换着手势和造型，这完全不像是一般的导游介绍，而像是正在上演一出乡村折子戏，让人感觉真有点儿忍俊不禁。当说到古村的遗迹，这个老顽童又像夸耀家珍一般地侃侃而谈。难怪来钓源村的游人都说，这个老头儿做起导游来真会自得其乐。其实也是，钓源村虽是一个有点历史底蕴的古村，但如果与众多同类的古村相比较，基本上也是各具千秋，皆属同类罢了。但是奇就奇在这个老村长不这么认为。就像俗话说的“癞痢头儿子自己的好”那样，老村长对钓源的痴迷和自信，更使他能演绎出与众不同的古村故事。

老村长这般自信和自我陶醉也是有道理的。在老村长家的壁上有一幅这样的诗："欧氏世家有乡贤，阳刚正气驻心田。钟情钓源佳山水，麟阁之志不负天。"这或许就是钓源村的历史文化和钓源人心志的写照。历史上的吉安钓源，是欧氏家族的住地。这不由令人想起那北宋文学家欧阳修与他那脍炙人口的《秋声赋》中的丽词佳句：欧阳子方夜读书，闻有声自西南来者……初淅沥以潇飒，忽奔腾而澎湃；如波涛夜惊，风雨骤至。其触于物也，𨱔𨱔铮铮，金铁皆鸣；又如赴敌之兵，衔枚疾走，不闻号令，但闻人马之行声……童子曰："星月皎洁，明河在天，四无人声，声在树间。"……

欧阳修的千古名篇《秋声赋》，是吉安地区那片神奇的山水与人心境相契合与升华的写照，令后代吟咏不绝，而欧阳修的才学又让钓源古村有了属于自己的风貌。由于钓源古村过去有众多文人学子，历史文化积淀也很深厚。这位老村长生活在古村自然也有很多积累和收获。听说老村长闲暇时喜爱收集古玩，于是我们当时便去了老村长家中参观，看一看他那个小小的家庭博物馆。在老村长家中，他对我们说，他最喜爱的古董旧物是过去各地存世的风土人情和文物古迹的老照片。老村长这么一说，正好说到了我收藏中的强项。我收藏的物品中就数老照片和文房器具最为丰富。此回来江西，我还带了部分江西庐山、湖口和南昌等地的老照片，是想准备与江西各地的收藏者交流一番的。这次来到吉安钓源古村，巧遇了老村长这样的爱好者，真是"知我者"也。我拿出了这批江西各地的旧照，作为交友的一份赠品送给了老村长。老村长喜出望外，他说："君子爱物，取之有道。你把这些珍贵的资料白白赠我，我受之有愧啊。"说着，老村长想来想去，最后从抽屉内拿出了三件精致的铜墨盒作为回赠之物。老村长说，这三件刻铜墨盒是村里人家祖上读书和备考的文房器具，特别是那件"携琴访友图"墨盒，原是村西一家举人之家的家传，那家的后代后来知道我喜爱古董，就曾将此旧物赠我保存。现在，我转赠与你这位喜爱文房器具的收藏家作为一个纪念吧。

多么有书卷气息的刻铜墨盒！它如今是我刻铜文具藏品中的最爱，它来自吉安钓源古村那位老村长的情怀，它是吉安播在我心里的一颗古莲子。我想，即便我现在收藏后再转赠他友，即便光阴会荏苒千秋万代，它依然会“老树新枝”，不断发芽长叶，开花结果。

水盂之美

水盂是文房用具之一，用来为书画研墨将水注入砚台。通常小的叫水丞，大的叫水盂。古代水盂在当年读书人文房用具中为必备，虽盛水不过数滴，却有积水成渊的雅趣。 据《饮流斋说瓷》第九“杂具说”中载：“凡作物形而贮水不多则名曰滴，不名曰盂。”宋人赵希鹄在《沿天清录集》中注：“晨起则磨墨，汁盈砚池，以供一日之用，墨尽复磨，故有水盂。”可知水盂为盛磨墨用水的盛水器。水盂起源于汉魏时期，三国、两晋时期的水盂器形开始变化多样。器形多为敛口，圆形器身，平底或圈足。目前所见实物以魏晋时为最早。晋代、南北朝时水盂多为青瓷。或鼓腹似罐，或为动物，如青瓷兔形水盂、蛙形水盂等，做工无不精巧雅致。

案头的明代铜雕龙等小笔格，可与水盂这种文房器具配套来使用，也别有情趣。

专用的水盂晚唐时就有了，以瓷制为多。早期造型较为单调，一般均是制成壶状或小口罐状。南宋时文风盛，文房用品制作讲究，水盂造型与装饰发展变化较多，如凤头壶型水滴、龙头壶型水滴、瓜棱型水盂等等。及至明代多采用桌置式水盂，使用时以勺取水至砚而研，入清后，此类水盂占了主导地位，很难再见到壶或砚滴了。

明清两代是文房用品发展的全盛期，水盂制作也同样繁盛不衰，且品种丰富，样式纷呈。此时的水盂以玉、瓷、紫砂、料玻璃和铜质等常见，一般配有铜或玉质的小水匙。现在看来，水盂这种小巧玲珑的文房器具，完全是一种实用性和观赏性兼备的文玩。明清时期的各种水盂中，瓷制水盂较为多见。瓷制水盂实用性较强，其形多为圆形。盂口富有陈设性和工艺性，这也是明、清代两代水盂与以前水盂的本质区别。一般来讲，在注重实用性的同时，利用釉色及纹饰增强观赏性，常见有青花、粉彩、单色釉（又称颜色釉）等品种。确实，作为一种文房实用兼玩赏的文玩器物，从现今存世的大多数明清水盂实物来看，所占比重最大的还是瓷质水盂，也是前面所说的青花、粉彩和颜色釉的瓷水盂。这类瓷水盂大部分是江西景德镇的制品。明清时期，景德镇瓷器无论其瓷质、工艺和瓷绘艺术都已达到了登峰造极之境，可以说是一统天下，景德镇同时也成为名副其实的瓷都。明清时期的景德镇瓷器，大大小小的品种种类繁多，争奇斗艳，这小小的文玩水盂自然也是这瓷器“百花园”中的一枝艺术奇葩。

清末彩瓷杯盏形水盂。

明清景德镇瓷水盂其样式和

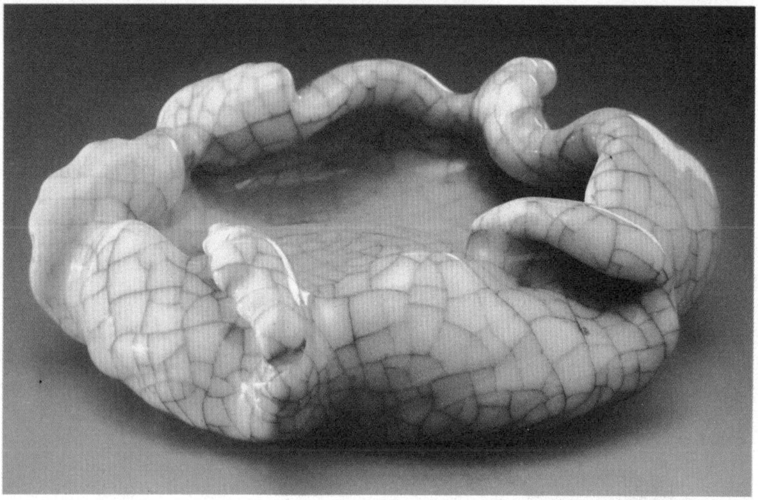

清雍正仿哥窑荷叶形瓷水盂。

绘制也是丰富多彩，品类繁多。小小水盂为迎合更多的文人雅士以及富家子弟们赏用，造型变化多端，有从圆形、方形、三角形、长方形、六角形，到瓜棱形、扁圆形、球形、圆柱形；甚至出现各种物体的象形品类，如鱼篓形、水缸形、船形、青蛙形、卧牛形、卧犬形、游鸭形等等。但是，最常见瓷绘艺术的水盂，一般还是以方圆形制的青花、粉彩和颜色釉品种为上。如青花瓷绘水盂，清康雍乾三朝的青花人物和花鸟类瓷绘，青花发色纯正，釉色清新淡雅，文化气息浓郁。清代的粉彩瓷水盂，大都也是讲究施彩纯正清雅，不搞花里胡哨、斑斓夺目之趣。即使在清中晚期后，瓷器艺术已日渐衰微，但景德镇的很多包括水盂一类的瓷制文玩小品，瓷面上的粉彩艺术仍注重较为高雅的文化品位，比如彩绘大量采用了当时的文人浅绛彩手法，所绘山水人物以及花卉翎毛等都设色淡雅，用笔洗练，讲究画意中的人文意境。这样做，也许就是传承了明清传统文玩小品艺术一贯所倡导的文化性，以及文人品格和意趣所在吧。

清中期白玉小水盂。

清中期景泰蓝小水盂。

名人赵忠祥喜欢收藏，最喜爱的瓷器是水盂，至今已经收藏了近百件。赵忠祥说，水盂是以前文化人写字作文章砚墨时盛水用的小罐子。他每次看到这些水盂，就会想象几百年前，莘莘学子一笔一画地练习写字、苦读寒窗的情景。这些水盂是文化的见证，有的内壁还残留着古老的墨迹，更引人遐思。古人们寒窗苦读中有些故事可能很离奇，又很精彩，但可惜的是，我们不可能去经历。但是，有些故事却是可以续写来历而且同样有趣的。赵忠祥说自己有段收藏往事很有趣，那是多年前他到外地某市出差，办事之余他来到一家文物商店，在里面逛了一圈，并没有发现心仪的东西。但是他一直感觉好像有什么东西在等着自己，于是便提出要到店内的库房看一下。经店主同意，赵忠祥来到一间存货的房间，一抬头他就看见有一个青花的小水盂儿，他忽然觉得那就是他想要的。小小水盂玲珑可爱，上面画着松竹梅。当时周围的人都说他“有眼力”。当时店主还不太舍得出手，说要 300 元钱，赵忠祥给了他 400 元钱。赵忠祥说，这是他收藏以来唯一不仅没有还价还多给钱的一次。因为赵忠祥觉得他和这件水盂很有缘分，即便是多出一些钱也是物有所值。对于自己的水盂藏品，赵忠祥喜欢以“文玩”相称。因为“文玩”这种称谓洗脱了俗气,有很强的文化气息,更能体现收藏的价值和格调。赵忠祥说,文玩是一个很纯净、很雅致的称谓。如果人们能够收藏更多的文玩,那么他们的文化修养、人品、格调也都会越来越高。

如今人们藏玩水盂,作为一种文房实用器皿,还有不少人仍然将其搁置于书斋案头,用于书法绘画时盛水研墨;也兼作案头点缀的文玩小品边用边赏玩。看着水盂这小巧玲珑的造型中绘制的山水人物和花鸟鱼虫的大千世界,一幅幅微缩景观就在手边这么静静地陪伴着你的思绪,消闲着你的心情,营造着你的心境。你如果爱不释手将之在掌间摩挲把玩,小小水盂上的岁月包浆,经日久把抚后会更显得淳厚而古雅。实用赏玩两由之的小小水盂,在如今文人和收藏家的眼里,是文玩小品中的珍宠。

我自幼爱习书法,如今收藏中自然对与笔墨结缘的文房器物偏爱一些。诸如像笔洗、笔筒和古砚等。而像玲珑的水盂、砚滴这类雅器,那就更是情同手足一般珍视。收藏水盂虽然品种繁多,但以我之见,明清时期的瓷水盂最为清雅可人。我家有一张红木大画桌。画桌上的多宝格中常用以陈设一些各种造型的瓷水盂。由于多宝格也是红木制作的,多宝格这色泽深沉的格架上,浅色调的各种青花、粉彩和浅绛彩瓷水盂高低错落陈列其间,点缀着红木多宝格玲珑的空间,仿佛一幅微型的组合盆景,在案桌上无声地陪伴着笔墨纸砚,如一枝梅上清丽的骨朵含苞欲放,点缀了书房案头的一角风景。而这小小瓷水盂,闲时摩挲把玩于手掌间又感觉那般小巧盈盈,它慰你心神,也激发着你的诗画灵性。

水盂之美,有点“乱花渐欲迷人眼”,美不胜收。

苏绣“发绣”绽奇葩

苏州刺绣是中国的四大名绣之一。而在这异彩纷呈刺绣中，有一种被人称为“刺绣艺术奇葩”的发绣艺术更让人惊叹和着迷。刺绣，是采用丝线进行创作和制作；而发绣，则是利用人的头发丝作为刺绣材料进行艺术创作的。相比之下，这种用头发丝进行创作的发绣艺术远不如丝绣这样普及。在苏州依然繁荣兴盛的刺绣艺术百花园中，发绣像一枝形单影只但却独具风采的奇珍异卉在山花丛中笑迎春风。

如今，在苏州刺绣天地里，继承传统刺绣的绣娘仍有成千上万。但是，继承并仍然从事发绣艺术的创作者却是凤毛麟角了。而当代发绣传人周莹华女艺师则是其中的佼佼者。现在，这位家住葑门的周莹华正全身心地投入发绣艺术创作之中，并在她家中和苏州观前地区设立了“周莹华发绣工作室”。

说起这品种稀罕的发绣，实际上并非刺绣中的新生事物，它也有着悠久的历史传统。根据史料记载，发绣起源于唐朝。那时候佛教鼎盛，虔诚的信女用自己的秀发在丝绢上绣成佛像，顶礼膜拜，成为最早的发绣。但因古人将头发视作生命，有“肌肤毛发，受之父母，不可损伤”之说，所以流传下来的发绣作品并不多。

在中国刺绣史上，发绣以“细若蚊睫，侔于鬼工”独树一帜。迄今最早的发绣当属现存于英国伦敦博物馆的《东方朔像》。相传为南宋皇帝赵构之妃刘安所绣。另有出自明代韩希孟之手，现由日本正仓院所藏的《弥勒佛像》，以及上海博物馆收藏的明代嘉靖年间《倚琴伫月图》，成都文殊院藏有清代道光五年陕西总督杨延春之女的《水月观音》等。发绣于唐代开始，流传于元末明初，这一艺术突破了宗教题材的局限性，艺术手法推陈出新，画绣结合，曾产生一批精品佳作。但至晚清时，这一艺术几近湮没。

在现当代的发绣艺术中，苏州刺绣领域也曾有涉及其创研和传承的作品问世。如在苏州工艺博物馆的陈列中，有两件不同寻常的苏绣珍品：一件是苏州最早的也是独一无二的双面彩色机绣艺术插屏。它是苏绣艺人殷忆娟的得意之作。另一件是发绣《牧牛图》，出自苏

苏绣大师周莹华在绣绷前制作“发绣”作品“姑苏繁华图”。

州刺绣厂老艺人朱世英之手。

一般来说，机绣的画面不如手绣那样细腻传神，可殷忆娟的这件机绣作品，无论是上面的人物还是花鸟，其精妙和灵动令人难以置信。这种效果究竟靠什么方法获得，人们始终无法破译。看来这只能把这种奇迹的创造归结于她那双巧手了。《牧牛图》则是以张大千先生的国画为蓝本，用头发丝创作的。牧童与水牛跃然于乡村野柳的岸边，水天空蒙，细雨霏霏。整幅作品透露着淡淡的绿意和宁静的诗意。人们惊叹于作品中那准确而柔和的色泽——黑色、棕色、淡绿色、淡粉色……头发的颜色没有经过处理，都是它的自然色彩，是从少数民族那里收集来的。

虽然如今苏州从事发绣的艺术家寥寥无几，但民间工艺家周莹华却坚持不懈地将这个传统技艺不断传承和发扬着，以中国经典名画为素材，绣制出了一批又一批的精美绝伦的发绣作品。

说起周莹华与刺绣、发绣的渊源，首先要提及的是她的父亲，曾有一位媒体记者在数年前采访周莹华的绣艺成长历程时有其相关的介绍。报道说，周莹华的父亲高伯瑜是苏州刺绣研究所的创办人之一。周莹华从小就经常在父亲的研究所玩耍，那五彩缤纷的绣线和一幅幅精美的《绣猫图》、《金鱼戏水图》等刺绣打开了她的眼界，使她从小就耳濡目染，浸染在苏绣艺术的氛围之中。当时，刺绣研究所里的顾文霞、李娥英等刺绣大师都是带着她玩耍的长辈。

“文革”时期，高伯瑜被下放到苏北。在苏北，高伯瑜被东台县工艺品厂聘请参与产品开发，他就将发绣带去，在当地传播开来。因为同时下放的还有很多苏南地区的书画家、刺绣师等艺术家，高伯瑜将这些艺术家集中起来，既将他们从不堪重负的农业劳动中解放出来，又能发挥他们各自的特长。这些艺术家共同研究探讨发绣技艺，并在当地收徒授艺，使得发绣的推广传播在当地进行得很顺利。如今，发绣已成为东台市主要的艺术品产业，寻根溯源还得回到苏州来。当时，周莹华一个人留在苏州。在苏州和苏北两地间奔波的父亲每次回来，都将带回的发绣作品拿给她看，一边给她讲解，教给她发绣的绣法技艺、如何检验鉴赏。接触多了，周莹华也开始绣起了发绣，父亲再不时加以指点，周莹华尽得真传，提高得很快。

其实，一直以来刺绣都不是周莹华的本行。“文革”以后，周莹华进了苏州手表厂专职手表产品的检验工作，这样上班下班，整天忙于工作一干就是十多年。虽然，钟表行业的技术检验工作与周莹华小时候那种苏绣艺术是完全不同的两个行当。但是，手表制作的缜密精细，和检验钟表的严密细致，使手巧心细的周莹华始终保持着一种对那些精美的艺术品、日用品的追求和仰慕的情怀，致使她在后来数十年的工作中一直没有丢弃对苏绣艺术的传承。在工作之余的闲暇中，她仍然不忘经常拿起绣针来琢磨一番，有时也会从苏州的刺绣厂拿一些外发件回来做一些刺绣加工。周莹华认为这也是一种不放弃，同时又是一种锻炼。

后来，因为一直放不下心里对刺绣的挂念，周莹华终于下了决定，辞去工作专门做刺绣。八十年代后期，她在十全街上开了一个苏绣艺术小店，将自己的各种发绣作品放在店里出售。在这条中外游客人流如织的十全街上，小店里常常顾客盈门，来参观选购周莹华发绣艺术品的外国友人也络绎不绝，这更激发起周莹华的创作热情。此时周莹华深深感到，如今这条按自己的想法来专心致志搞发绣的路走对了。

一次，有人在采访周莹华时提及苏州刺绣中的发绣与丝绣相比究竟有何不一样，如何能更好地传承这种手艺，创作出优秀的发绣作品等问题时，周莹华说，发绣在选用材质和制作工艺等方面都有所不同。发绣所用的绣布须是苏州特产的塔夫绸，质地紧密，这样才经得

苏州“发绣”制成的“姑苏繁华图”长卷局部图之一。

苏州“发绣”制成的“姑苏繁华图”长卷局部图之二。

起发丝的拉力，不至于在落针处出现一个个小洞眼。从底稿来说，发绣基本是在完整的工笔画稿上进行绣制的，所以前期的勾稿尤见功夫，真正的发绣工艺师必须经历长年积累，同时具备绘画、刺绣和鉴赏能力。

头发是发绣的基本材料，也是最重要的。发绣要用完全未经烫、染的“原发”，烫染过的头发会变脆，一拉就断。去除发质不佳的发尾，为方便刺绣，可供使用的部分约在 35 厘米左右，这样一来，就得找留长到腰际的长头发。为了寻找这样“原生态”的头发，周莹华经常四处搜罗，到农村和少数民族聚集的地方去找，每一缕将被用作发绣的头发，都要经过周莹华的亲自检验。

找到合适的头发原料之后，还要经过筛选、分类以及一系列的科学处理，去掉头发中的蛋白质，达到防蛀、灭菌的效果，再进行软化、晕色。刺绣的丝线一种颜色可被分为 15 到 20 个跨度，色级变化过渡柔和，头发因为受天然材质的限制，一种颜色只能分成四五个跨度，所以在选色时的要求更高，绣制时常要抓一把头发在手中细细比对，挑出最接近要求的发色。过去受染色条件限制，精品发绣大多都是黑白色的，能用头发本色的不同深浅表现出丰富的层次变化。

近年来，周莹华潜心研究，使染色的头发不脱色，用色彩更丰富的头发创作出一些彩色的发绣作品，令人叹为观止。2005 年，周莹华被评为苏州民间工艺家。同年，周莹华自己设计、勾稿、绣制的发绣精品《千手观音》获得了“百花杯”中国工艺美术精品奖金奖。2007 年，她的另一幅发绣作品《维摩演教图》又一次获此殊荣。《维摩演教图》是根据北宋著名画家李公麟的同名白描画绣成，发挥了发绣长于表现线描人物的特点，通过发丝的浓淡、粗细、曲直等表达出原作的神态、质感，生动刻画出人物衣履长纱的飘逸和室内家具线条的刚硬，运用简洁的发绣线条构成画面，整幅画气势磅礴，人物神韵自然流露，不施丹青而光彩照人。

在苏绣这条移步换景的艺术长廊里，我静心感受着这位发绣艺术家对苏绣艺术的传承和创新的人生历程。周莹华的发绣之路，让我想起了那吐丝不已的春蚕，由此即兴吟得一首《苏州绣娘》诗，以表对周莹华的一份钦佩之情："春蚕未老丝未尽，嘴角抽不断丝缕缠绵。丝缕缠绵的绣线，蹁跹着绸衫上花蝶，挑亮了金丝猫眼帘。蚕儿吐丝春暖人间，绣娘穿针美意延年。江南绣娘水乡蚕，哺育绵延着一条条丝绸之路，千年百岁朝朝暮暮，将姑苏风韵情扯意牵……"

苏州文物商店旧事多

姑苏多文物，这也是历史文化名城的特色之一。

记得十八年前，苏州文物商店新楼落成，又值开张30周年，双喜临门，它和苏州博物馆联合举办了“苏州文物商店征集历代文物展览”。首次展出的历代名家书画和陶瓷珍品300余件中，有吴门画派坛主沈周的《茆斋谈心图》、文徵明的《五月溪亭图》、祝枝山的《草书七律》以及徐渭的《青天歌》诗卷等，使观众大开眼界。

这家商店在苏州古城老少皆知。它坐落在人民路乐桥旁，上下多层的购物大厅宽敞明亮，各式古代瓷器玉雕、诗画书卷、文房珍玩、古籍碑刻、古典家具及古旧民间工艺品等应有尽有，一派古色古香的经营气氛。

这些厅堂里的文物古董仅是店藏的一小部分，更多的珍宝，特别是上了级别的文物，都按规定保护和珍藏了起来。有的已献给国家博物馆或交文物管理部门保存，这是文物商店的又一项职责。

如今苏州文物商店为国觅宝，为民传宝50年，其间硕果满枝，也留下了无数慧眼识宝和传宝的感人故事。

金屋藏娇荟奇珍

在文物商店的文物珍品库房内，保管员小心翼翼地捧出来的，都是平时从未露面的国家级文物珍宝，每件文物身上的历史光泽仿佛都有一段曲折动人的经历。

这是一尊羽人捧青铜灯座，那斑斑铜锈和暗绿色将人带入远古的梦境。这件距今有1500年历史的南朝文物，设计十分新颖别致。人物呈立相，造型端庄，头部有触，衣裾飘拂似飞鸟羽翼，双手捧的圈与膝部的圈相对应，似为插烛之用。底部是莲花形座台。莲座是佛教的装饰，南北朝时最为风行。这是当时上层社会的灯具，此青铜羽人灯座将装饰性和实用性巧妙地融合于一体，能完整无缺地保存至今实属难得。

瓷器是中国的国粹，其历史源远流长。自汉魏至今历代都有变化和发展。在明清两代，烧瓷工艺更是争奇斗妍，时有惊世之作，尤其是官窑瓷，其精湛的工艺让人珍爱有加。店内藏有一件明代成化年间的青花人物鹿拉车大碗，就是极为罕见的明代官窑瓷器传世精品。此大碗内外均以青花绘饰，口沿内外则绘双圈，碗表面图案为"鹿拉车仕女出游图"。碗心绘"松竹梅三友图"。胎体精细轻薄，釉质莹润如脂，青花蓝中泛青，淡雅沉静。图案线条纤细柔和，行笔流利飘逸，典型地反映了明代的美学思想和技术水平。这只青花大碗曾引起不少专家的关注，纷纷慕名前来观赏，甚至想拍照留样。北京故宫博物院陶瓷专家冯先铭先生就是第一位来苏州观赏并拍照留样的人。上海博物馆曾想出高价购下此碗，但苏州文物商店婉言谢绝，这件珍品才有幸留存在了古城的文化沃土中。

作者与苏州文物商店同仁一同鉴赏明成化年间的青花瓷器。

令人惊叹的是，有一只被红木盘架高高支托着的“缠枝菱花口盏托”。这盏托造型十分古朴奇特：盘形边为菱花口，浅底大圈足，底施火石红，盏托内有凸起的圈，以白釉作地，青花釉里红绘纹饰。画面上缠枝菊、缠枝莲、缠枝牡丹有机组合在一起，形成了精美的艺术图案。这件文物虽无印款，但从其胎质洁白细腻和釉质匀净程度来看，绝非当时民窑所制，应是洪武年间官窑器无疑。这盏托原收购进来时为十件一套，保存如此整套完整的明代瓷器，在我国绝无仅有。其中九件已由文物商店转到苏州博物馆珍藏。这十件盏托造型一致，但工艺制作和纹色图案却是各式各样，因此，这实是一套珍稀至极的文物名瓷。

除此之外，在文物珍品库里，还有清康熙年间的豇豆红太白尊，宋哥窑贯耳瓶，元磁州窑坐相瓷观音等不同朝代的瓷器代表作和明清书画家唐寅、文徵明、祝允明、吕纪、徐渭、任伯年、吴昌硕和近代张大千、吴湖帆等一大批书画精品。

苏州文物商店的领导对店内的文物珍宝也是“爱不释手”，不管求购者愿出多么惊人的高价，从未轻易出手，因为他们知道，每件珍品都是历尽辛苦得来。

风尘寻宝走四乡

1956 年，全国第一家文物商店在苏州开张，但实力寒微，仅有资本 1 万多元，幸而苏州自古就是物华天宝之地，民众家藏十分丰富。经商店采购员辛勤寻觅，数十年来艰苦创业和精心积累，拥有文物数量之多，在全国同行业中屈指可数。老一辈员工为觅购文物，几乎跑遍了当时苏州的八个县，三十多个公社和四乡八野。

年逾古稀的老店员龚明勋，自创店到退休，为采购文物呕心沥血历尽艰辛。他第一次带队去吴江庙港镇蹲点采购，三个人一到镇上把

苏州文物商店大楼外景。

海报一贴，镇上人还闹不清是怎么回事。等到弄明真相，又争先恐后拿出家中古董旧物排着长队卖给采购站。有的甚至摇船数十里来出卖，这种盛况实是少见。

老龚觅宝认真勤快，凡他到过的乡村古镇，只要获悉哪家有什么传世之物，他决不轻易放弃，就是踏破门槛、磨破嘴皮也要动员你卖给国家。由于他腿勤嘴勤，人缘又好，很多想出手的人都愿意与他联系。七十年代在吴江一个小镇，老龚从曹澄的后代家中发现书画大师徐渭《青天歌》手卷。这手卷已破旧不堪，不识货的可能把它看作废物。而老龚没花多少钱就把它买下了。后经精心装裱，成为店藏的珍品。又一次，浙江南浔有人送来一只清康熙豇豆红太白尊，开价千元。这个数字在当时是个咬手的高价了，但老龚仔细研究后发现此物釉质精细，做工讲究，尊外有团龙暗花，底部"大清康熙年制"三行六字款式工整清晰，属典型清三代官窑珍品。他和店领导商量后决定按价收购，成了店内又一件珍藏品。

老龚从十几岁开始学古玩，数十年熏濡和实践使他见多识广，积累丰富，成为地道的古董文物专家。经他之手觅购来的国家级文物已不计其数，他的学生汪成现也已成为文物商店的副总经理，苏州东方艺术品拍卖公司的总经理。

文物商店的退休老人许龙，在过去收购名家书画中也是功不可没的。几十年来，他采购的名家书画可以车载船装。还在上世纪六十年代初，许龙在江阴一旧家大宅中发现了唐伯虎的《农训图》名画。为收购这件国宝，许龙曾五赴江阴，画主为他的挚诚所感动，决定卖出此画后再附赠一幅清代石涛大师的山水册页，许龙收下后，献给了文物商店。后来，《农训图》作为国宝被苏州博物馆珍藏。还有一幅任伯年早期精品《风尘三侠图》，古拙的双勾笔法，变形变色，具有变化丰富，形神兼备的独特艺术效果。这是许龙和他的采购员上世纪七十年代初意外在苏州采芝斋一职工家中觅购到的。

老店员钱才清也是当年采购队的骨干。1976 年的一天，他在太仓一家旧货店的杂物堆里意外发现了一只罕见的宋代官窑贯耳瓶，当时，店主还认为此物是清雍正年间的仿品呢。钱才清用低价购得后回来经专家鉴定，最后确认是南宋官窑珍品，价值无法估量。

采购队中还有一骨干叫黄尚志，采购的文物亦难以计数。其中两件珍宝是他一生的荣耀。一件是他在吴县发现并购得的元代朱碧山银槎。银槎是一种银制的独木舟形酒具，工艺卓绝，是元代银器的代表。现全世界此银槎真品仅存四件。另一件是元代釉里红白地刻花云龙盖罐，是他在吴县通安一处村民家中觅来的。这件元代罕见的云龙大罐至今是存世孤品，故属国家国宝级文物中的佼佼者。

还有一位采购队队员张子明，他在商店采购中专长书画，但他独具慧眼，如在采购中遇到其他门类的文物珍宝也不会轻易放过。一套十只的明洪武年间的缠枝花菱口盏托就是他在苏州近郊一古镇上采购到的。当他拿回来时还一直担心收购价是否高了一点儿，会不会挨批评，哪知这是国内绝无仅有的国宝呢！

慧眼识宝传后人

苏州文物商店建店近五十年来，提供各地博物馆国宝级和一级文物近 200 件，二三级文物千余件。也培养了一批文物意识强，鉴宝水平高的人才。其中，享有“国家文物管理局、国家文物鉴定委员会委员”头衔的专家张永昌先生一直是店内挑大梁的人物。几十年来一直身兼采购队长、鉴定组长、业务组长的张永昌有着一双鉴别文物的“火眼金睛”。当年张子明购回来的那套明洪武力缠枝花菱口盏托时，心怀忐忑，谁知张永昌一见就拍案叫好，认定是套稀世珍宝。他鉴定文物的功夫，来自长期刻苦钻研和知识的积累，形成了一套科学的鉴定顺序，以瓷器为例，大致离不开六个方面的辨析，即：瓷胎、釉色、造型、纹饰、工艺、款识。从而确定年代、真伪和价值。按这个辨析法，诸如玉器、铜器、陶器、石刻等等，只要稍加变通也能适用。这种鉴定虽凭肉眼观察，其实全仗经验和知识的积累。其中奥妙之处，既难讲述，也非笔墨所能描绘的。

名师出高徒，苏州文物商店的能人就像滚雪球那样越来越多。张永昌带出的学生林兰英曾做过十多年的经理工作，后来是商店的书记；老店员许龙带出的高徒韩欣、方梅梅、马恒华等人，现在都成了商店的骨干。老珠宝鉴定师陈百群的高徒王伟明、廖金凤等人，如今也都是鉴定珠宝的骨干人物。还有购得两件国宝级文物的老店员黄尚志，他的女儿继承父业，如今也成了一名经验丰富的文物鉴定员。

文物商店除了采购、鉴定，还有重要的一环，那就是精裱收藏。店里藏有一幅十分珍稀的明代大画家陈道复的山水立轴，收购得它时已破旧得像“麻酥糖”一般。收藏前店里请来裱画师按照原存绘画资料一起对照着精心装裱。经“画郎中”巧手“医治”，这件破旧不堪的画作终于起死回生。

文物商店为国家收购文物，主要还是搞古董旧物的经营。这一项业务不仅要具备很强的专业知识和经验，还得细心谨慎。有一回，店里一位职工一时疏忽，将一只乾隆时期竹雕名家周芷岩的竹雕笔筒误作工艺品卖给了顾客，谁知那人也不识货，拿回去后左思右想嫌贵退了回来。如今这件笔筒被编入上海出版的《集古聚珍》一书中，认同它是件竹

苏州文物商店珍藏的明成化“鹿拉车”青花瓷大碗。

雕珍宝。

有一回,林兰英在整理采购来的物品时,发现一只明代永乐年间的压手杯,她反复细察感觉此杯非同一般,意识到可能是件珍品。经过张永昌等几位专家鉴定后,一致认定是永乐真品,定为国家一级文物。

苏州文物商店收藏经营文物的旧事说不完，新事也在不断地继续。就像传宝于子孙万代一样,文物的保存和流传,文物商店起到的作用功不可没。